강화도 참성단과 개천대제

강화도 참성단과 개천대제

윤이흠, 서영대, 김성환
이 욱, 장장식, 최종수

景仁文化社

간 행 사

    강화도는 단군의 유적지로 알려져 있습니다. 남한에 있는 가장 오래된 유적일 뿐 아니라 단군의 고조선 통치와 관련한 곳으로도 유명합니다. 특히 참성단은 고조선의 시조 단군이 하늘에 제사했던 제천단(祭天壇)으로 이후 신성한 곳으로 여겨져 왔습니다. 고려 원종 때는 국난으로 왕이 직접 이곳에 올라 제사를 하기도 했습니다. 이 전통은 후대에 계승되어 매년 봄·가을로 나라에서는 관리를 파견하여 하늘에 제사하였고, 조선시대를 거쳐 현재에 이르고 있습니다.

    하지만 오랜 세월이 흐르는 동안 우리는 참성단에서의 그 의미를 잊고 있었습니다. 그보다는 우리의 관심에서 멀어지다보니 돌아볼 여유를 가지지 못했는지 모르겠습니다. 그럼에도 불구하고 참성단은 여전히 강화인의 마음에 살아 있었고, 이에 대한 국가의 관심에서 멀어졌을지 몰라도 강화인에게 더욱 되살아나고 있었습니다.

    강화군에서는 이제 개천대제의 원형을 복원하고 이를 강화군의 축제는 물론, 국가적인 축제로 돌려놓으려 노력하고 있습니다. 또 더욱 활성화시켜 우리나라를 대표하는 세계적인 축제로 키우려고 합니다. 첫 걸음을 이제 시작하였습니다.

    강화군과 강화문화원에서 올해에는 개천대제의 복원과 활성화를 위한 큰 방향을 세우기 위한 기초적인 작업을 하였습니다. 그리고 그 결과를 내년에는 부분적으로 개천대제에 적용해보려고 합니다. 물론 이에 대한 시행착오도 분명히 있으리라 생각합니다. 그렇지만 앞으로 지속될 연구를 통해 이 역시 바로잡을 수 있을 것이라고 확신합니다.

개천대제의 원형 복원과 활성화를 위해 가장 먼저 안덕수 강화군수님, 구경회 강화군의회 의장님의 열정과 관심을 말씀드리지 않을 수 없습니다.

또 강화의 역사문화에 끊임없는 관심을 보여주신 최종수 한국문화원연합회장님, 김형우 강화역사문화연구소장님, 학술 심포지움에 참여해주신 강화군의 여러 어르신과 학계의 선생님들의 도움도 컸습니다. 고마운 말씀을 드립니다. 우리 역사문화의 지킴이인 강화군민의 적극적인 참여에도 더욱 감사드립니다.

2008. 12
연구자 일동

차 례

간행사

강화도 마니산 참성단의 옛 모습 ▎1

참성단 악보 ▎34

학술논문

참성단의 단군정신에 담긴 우리의 과거와 미래 ▎윤이흠 ▎39
   1. 단군 이해에 대한 오늘의 문제 ···40
   2. 단군 정신을 되새겨 우리 민족의 평화와 발전을 추구하자 ·······················45

한국의 제천의례 ▎서영대 ▎47
   1. 머리말 ··47
   2. 고조선의 제천의례 ···48
   3. 『삼국지』 동이전에 보이는 제천의례 ···50
   4. 삼국시대의 제천의례 ··53
   5. 고려시대의 제천의례 ··56
   6. 조선시대의 제천의례 ··59
   7. 대한제국기의 제천의례 ··61

국가제사에서의 단군과 참성단 제사 ▎김성환 ▎65
   1. 머리말 ··65
   2. 국가제사에서의 단군 ··68
   3. 참성단의 축조와 수축 ··71
   4. 참성단 제사의 의례 ··75
   5. 참성단 제사의 기능과 의미 ··85
   6. 맺음말 ··95

신종교의 단군제사 ▮ 이 욱 ▮ 103

1. 서론 ·· 103
2. 조선시대 단군 제사의 두 유형 ·· 104
3. 민족 시조에 대한 제사 ·· 106
4. 천신에 대한 의례 ·· 116
5. 결론 ·· 125

강화도 참성단 개천대제의 재활성화와 방향 ▮ 장장식 ▮ 129

1. 머리말 ·· 129
2. 무형문화재로서의 참성단 축제 ·· 131
3. 축제의 의의와 지역문화 ·· 138
4. 참성단 축제의 문제점 검토와 제안 ·· 143
5. 맺음말 ·· 151

종합 토론 ▮ 155

보 론

참성단의 역사와 의의 ▮ 서영대 ▮ 177

1. 머리말 ·· 177
2. 참성단 관련 자료 ·· 178
3. 명칭과 의미 ·· 179
4. 참성단의 축조 시기 ·· 181
5. 참성단 의례(儀禮) ··· 183
6. 참성단의 형태 ·· 189
7. 참성단의 의의 ·· 191
8. 맺음말 ·· 194

개천대제의 현황과 과제 ▮ 최종수 ▮ 197

1. 머리말 ··197
2. 참성단 천제의 취지 ··198
3. 현황 ··199
4. 타 지역의 실태와 강화군의 대응 ···202
5. 강화지역민의 개선에 관한 다양한 의견 ··204
6. 참성단 천제 기록문헌 ··205
7. 고려사의 제천의례 ···206
8. 향후대책에 대한 의견 ··206

부록 : 참성단 개천대제 사진 ▮ 209

찾아보기 ▮ 217

강화도 마니산 참성단의 옛 모습

일러두기

1. 수록된 자료는 규장각 한국학연구원에서 제공되는 고지도중 강화와 관련한 것을 실었다.
   (http://e-kyujanggak.snu.ac.kr/sub_index.jsp?ID=GZD)
2. 규장각 한국학연구원 소장 고지도는 필사본(회화식) — 광여도·해동지도·1872년 지방지도·여지도·지승, 필사본(방안식) — 조선지도·팔도군현지도·동여도·청구도· 청구요람, 필사본(기타) — 경기도부충청도지도·동국여도·동역도·조선팔도지도·조선지도·여지도·팔도지도·좌해지도·좌해분도·지도·청구팔역도·팔도분도·해동지도· 관동지도, 목판본(방안식) — 대동여지도·대동방여전도, 목판본(기타) — 동국여지도· 동국지도·여지도·지도·동국여지승람·조선지도·팔도지도 등으로 세분되어 있다.
3. 자료는 강화 전도를 싣고, 마니산 부분을 상세하게 싣고자 하였다.
4. 자료의 순서는 제작시기와 관계가 없음을 밝힌다.

강화도 마니산 참성단의 옛 모습 ■ 3

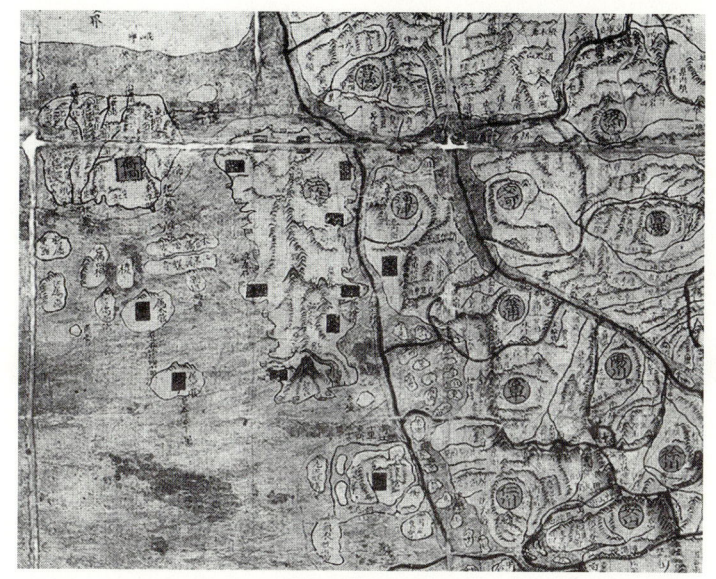

경기 부 충청도지도(강화)

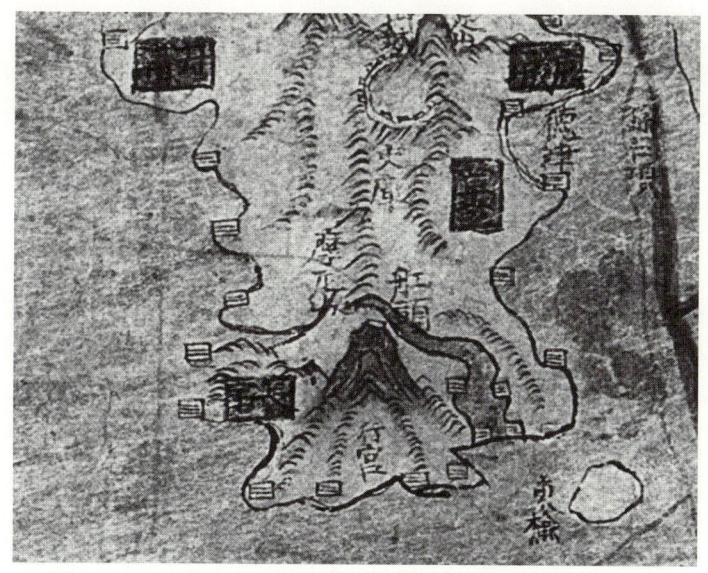

경기 부 충청도지도(강화 마니산 참성단)

4 ■ 강화도 참성단과 개천대제

광여도(강화부 古4790-58)

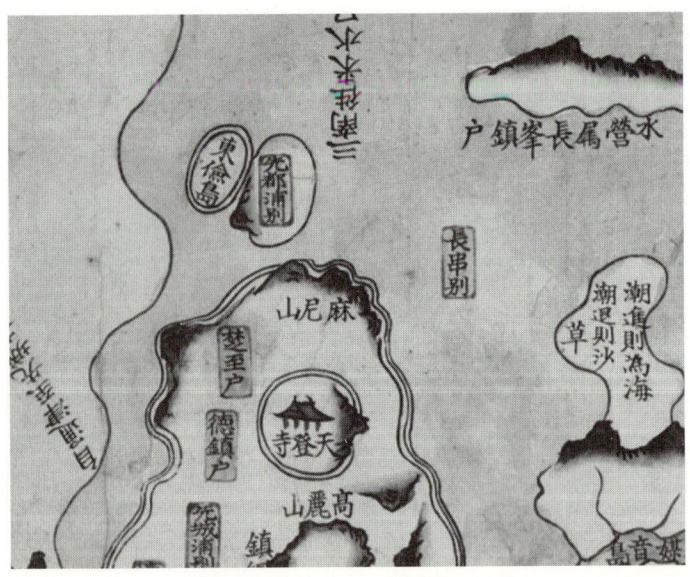

광여도(강화부 마니산, 古4790-58)

강화도 마니산 참성단의 옛 모습 ■ 5

대동방여지도(경기도, 13첩 6면)

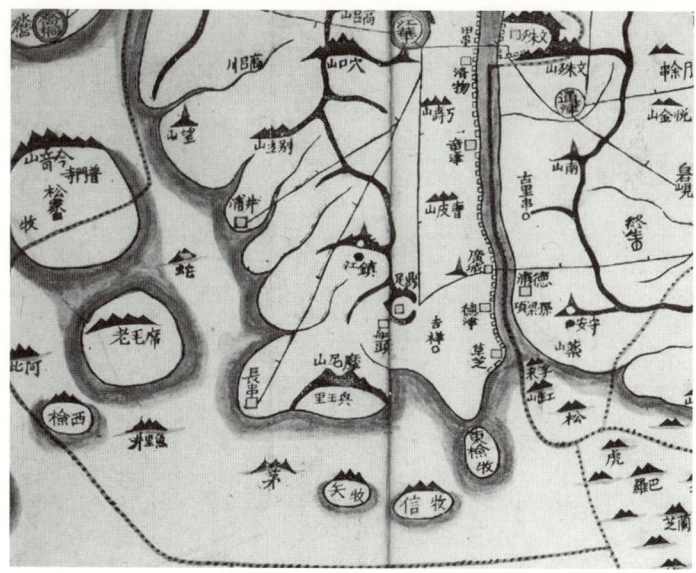

대동여지도(13첩 5면)

동국여도(강화부도, 古大 4790-50)

동국여도(강화부도 마니산, 古大 4790-50)

강화도 마니산 참성단의 옛 모습 ■ 7

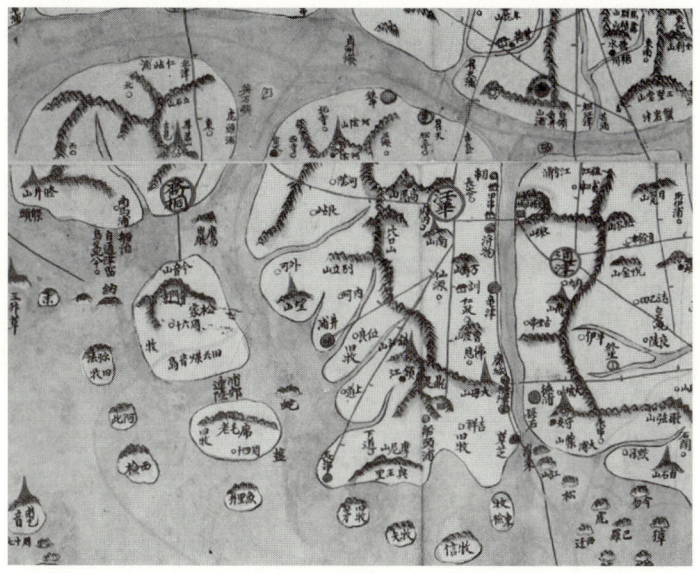

동여도(강화)

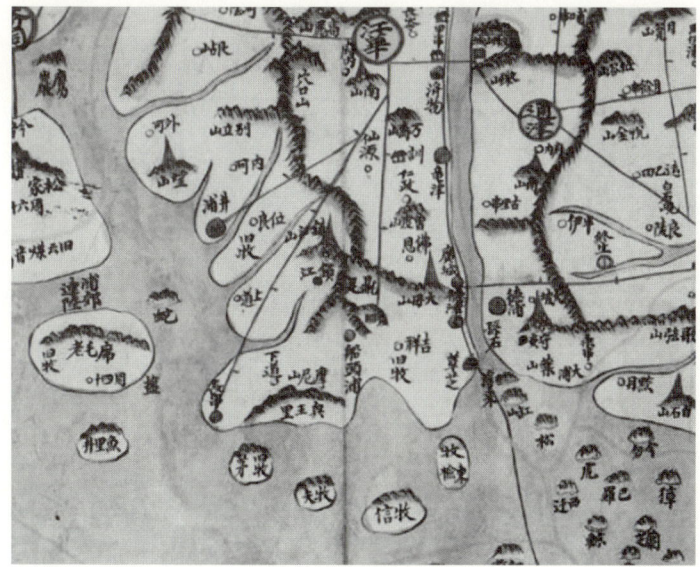

동여도(강화, 14첩 5열)

동역도(경기도 충청도, 강화, 古 4709-27)

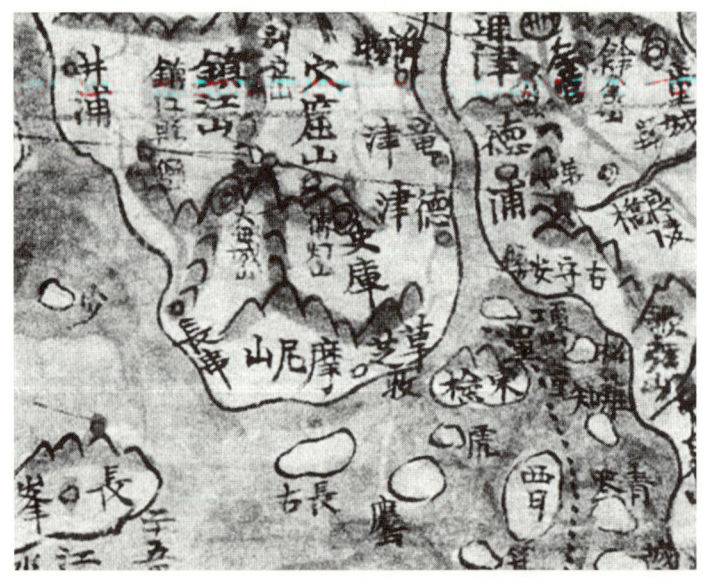

동역도(경기도 충청도, 강화 마니산, 古 4709-27)

강화도 마니산 참성단의 옛 모습 ■ 9

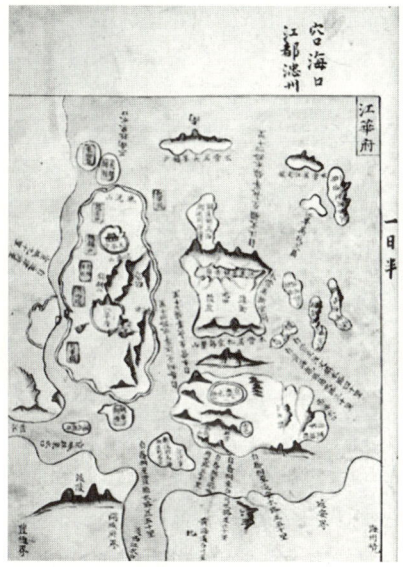

여지도(강화부)

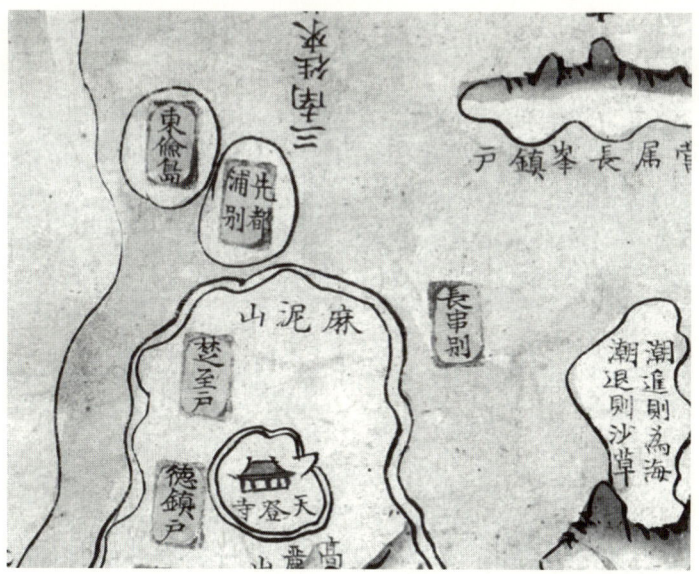

여지도(강화부 마니산)

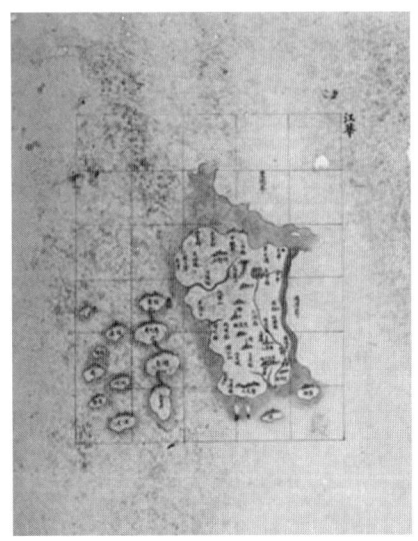

조선지도(강화, 奎16030)

조선지도(강화 마니산, 奎16030)

강화도 마니산 참성단의 옛 모습 ■ 11

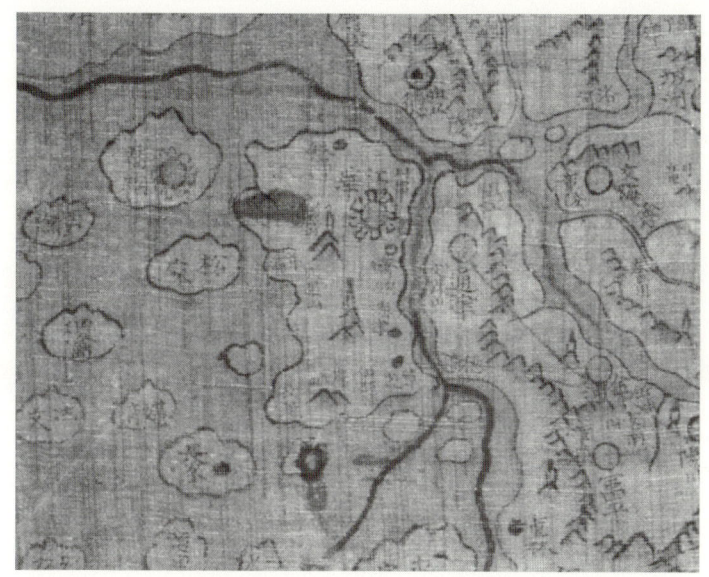

조선팔도지도(경기도 충청도, 강화, 奎 12419)

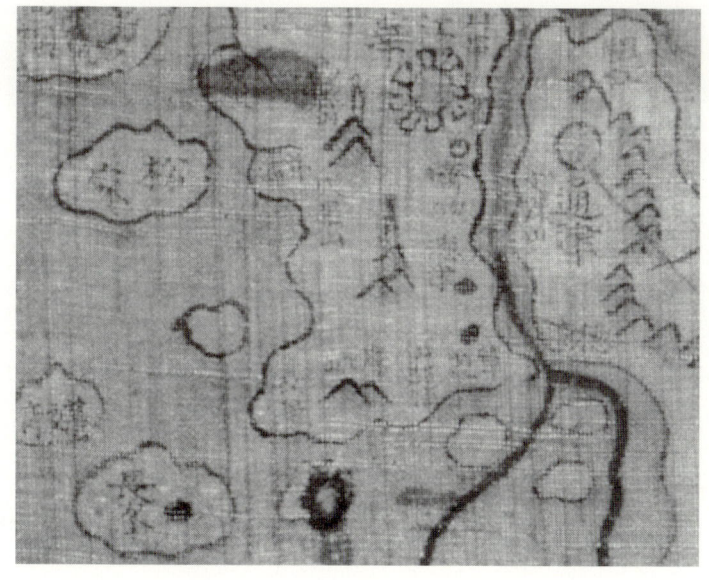

조선팔도지도(경기도 충청도, 강화, 奎 12419)

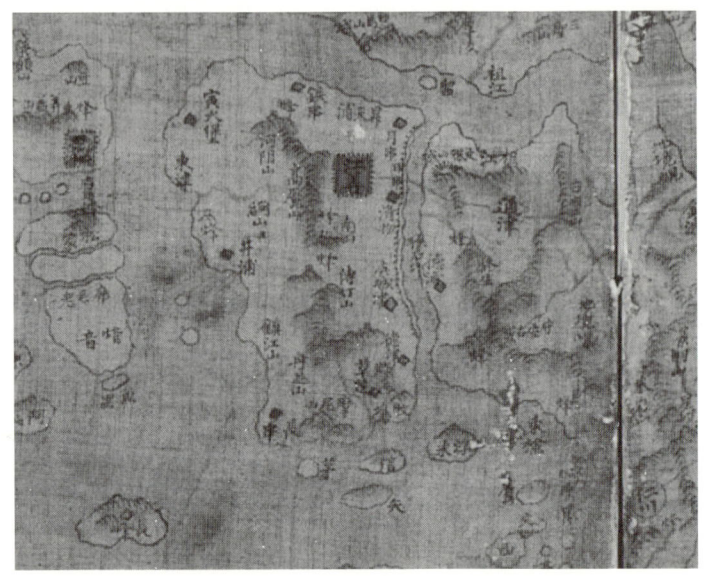

조선팔도지도(경기도 충청도, 강화, 古屛 912.51-J773)

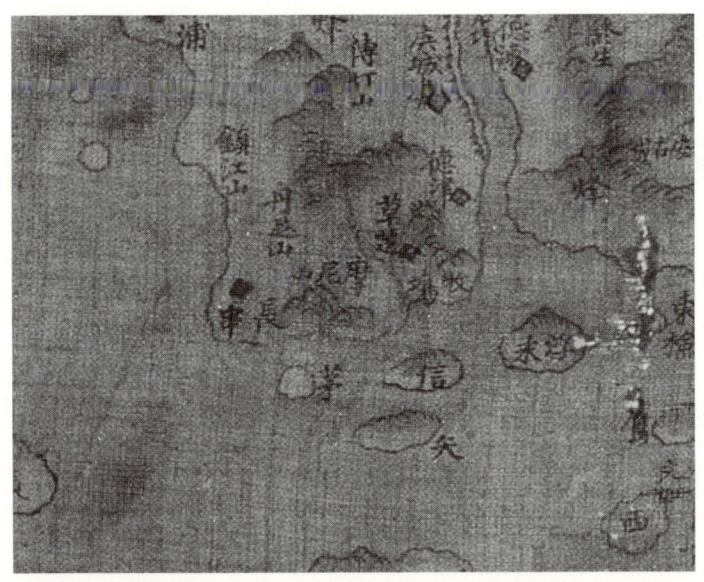

조선팔도지도(경기도 충청도, 강화, 古屛 912.51-J773)

강화도 마니산 참성단의 옛 모습 ■ 13

조선팔도지도(경기도, 강화, 古 4709-54)

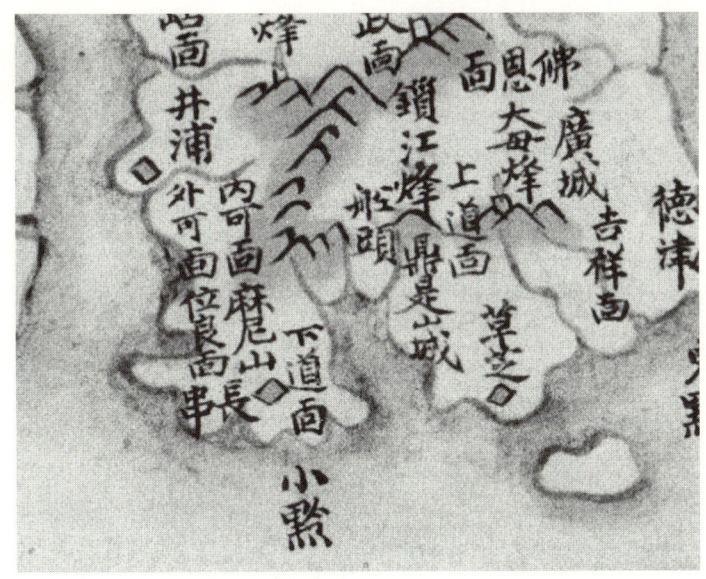

조선팔도지도(경기도, 강화 마니산, 古 4709-54)

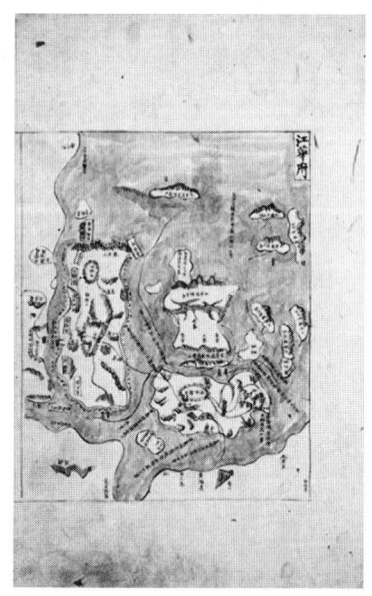

지승(강화부, 奎 15423)

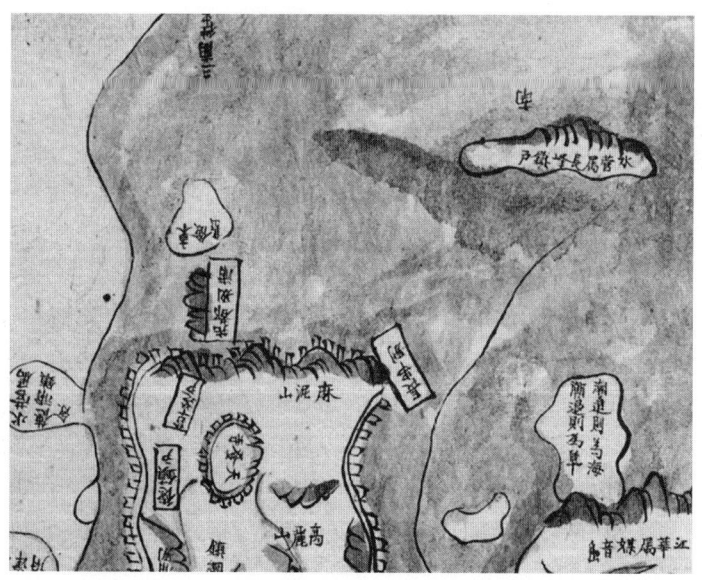

지승(강화부 마니산, 奎 15423)

강화도 마니산 참성단의 옛 모습 ■ 15

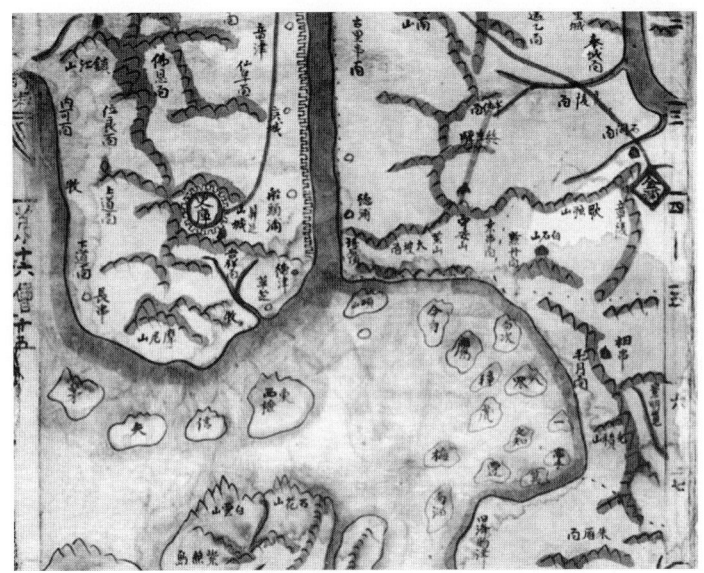

청구도(16층 15판)

청구요람(16층 15판)

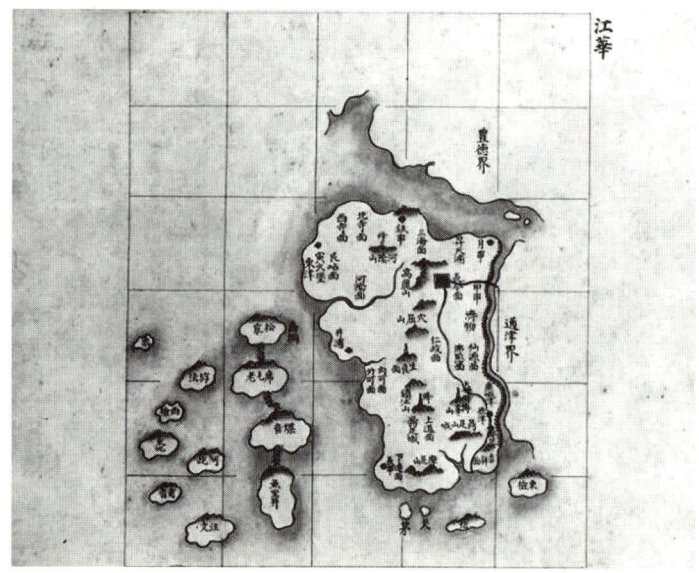

팔도군현지도(강화, 古4709-111)

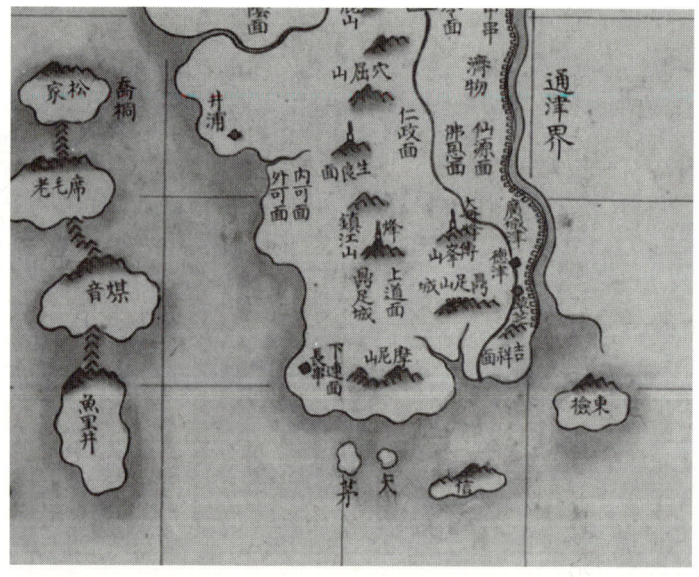

팔도군현지도(강화 마니산, 古4709-111)

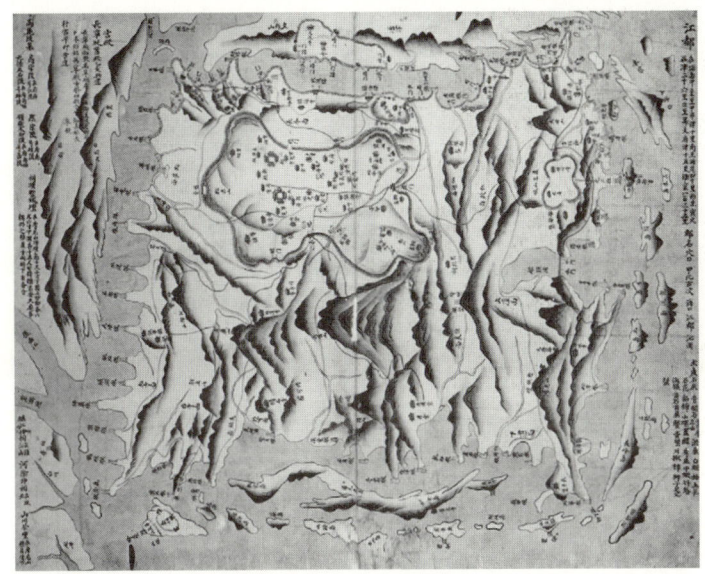

해동지도(강도, 古大4709-41)

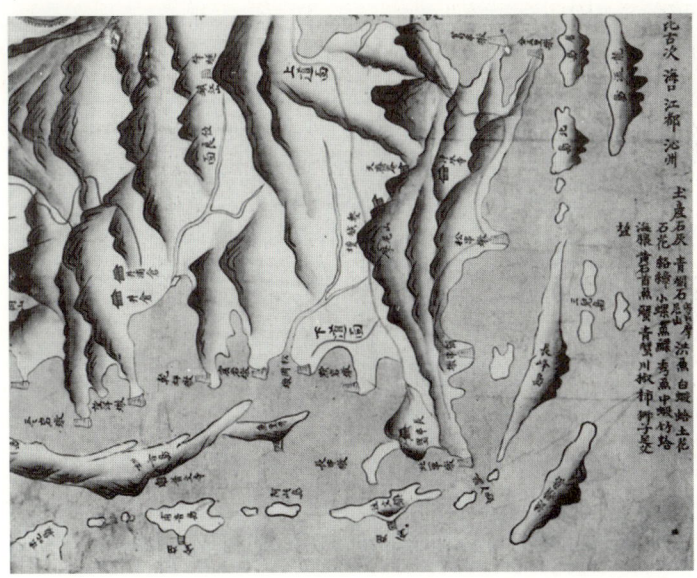

해동지도(강도 마니산, 古大4709-41)

18 ■ 강화도 참성단과 개천대제

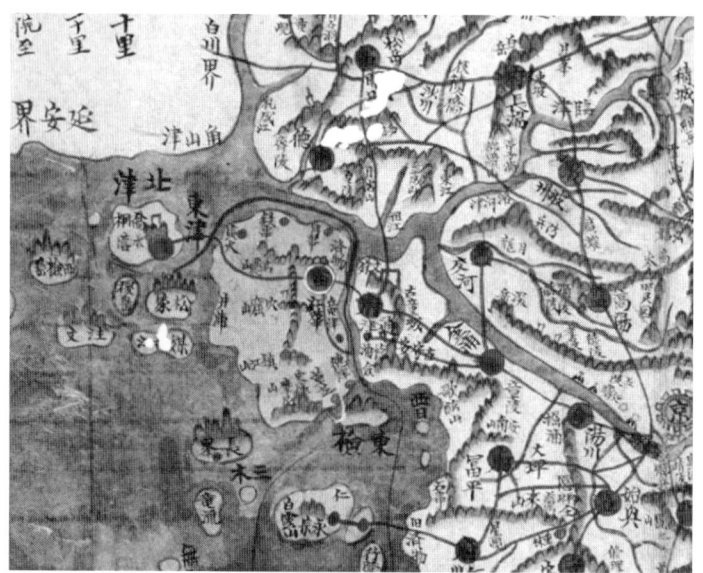

여지도(경기도, 강화, 古 4709-37)

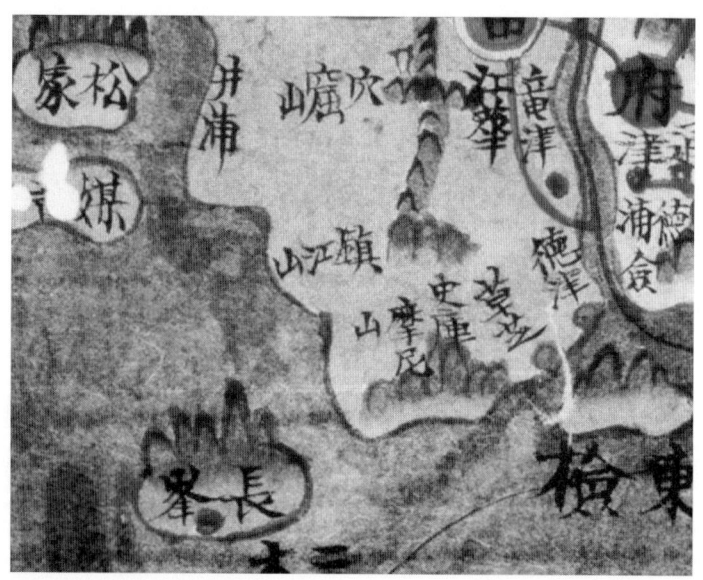

여지도(경기도, 강화 마니산, 古 4709-37)

강화도 마니산 참성단의 옛 모습 ■ 19

여지도(경기도, 강화, 古 4709-78)

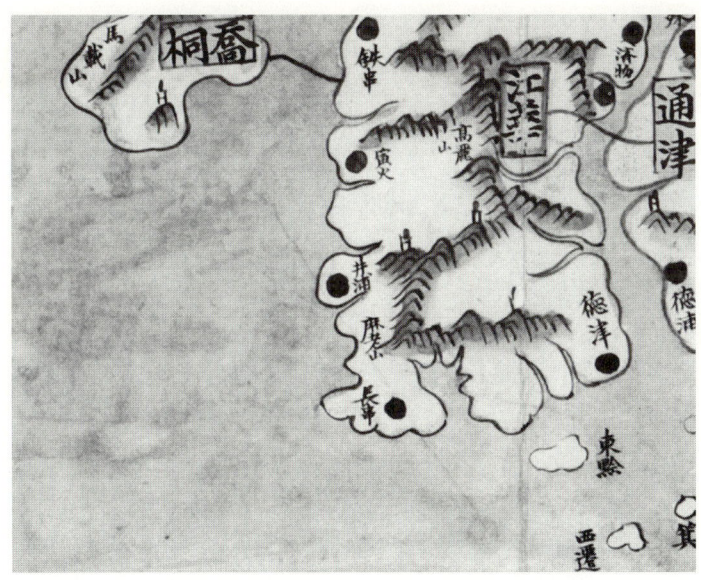

여지도(경기도, 강화 마니산, 古 4709-78)

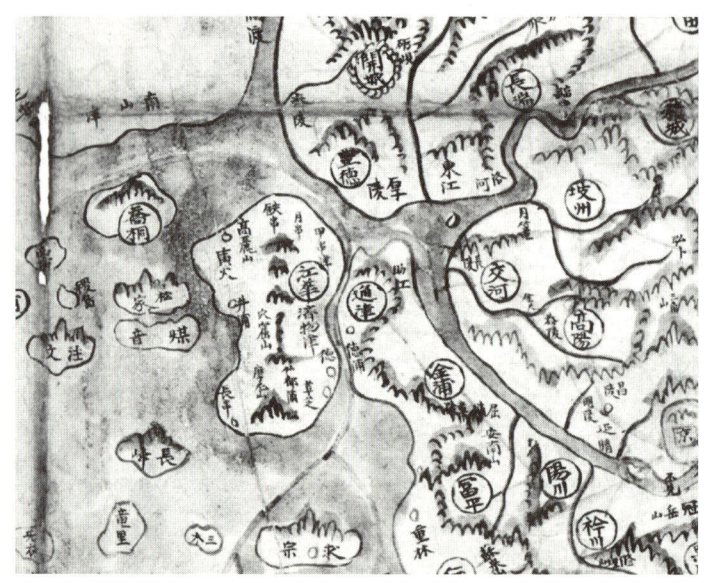

팔도지도(경기 부 충청도, 강화, 奎 10331)

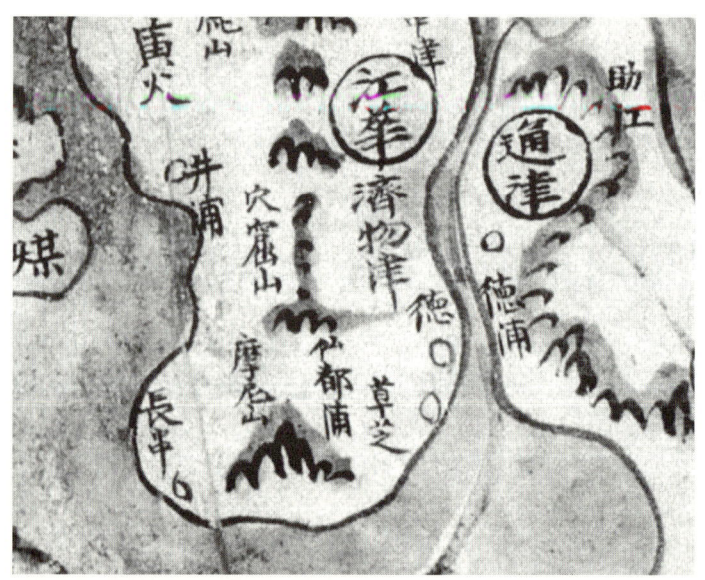

팔도지도(경기 부 충청도, 강화 마니산, 奎 10331)

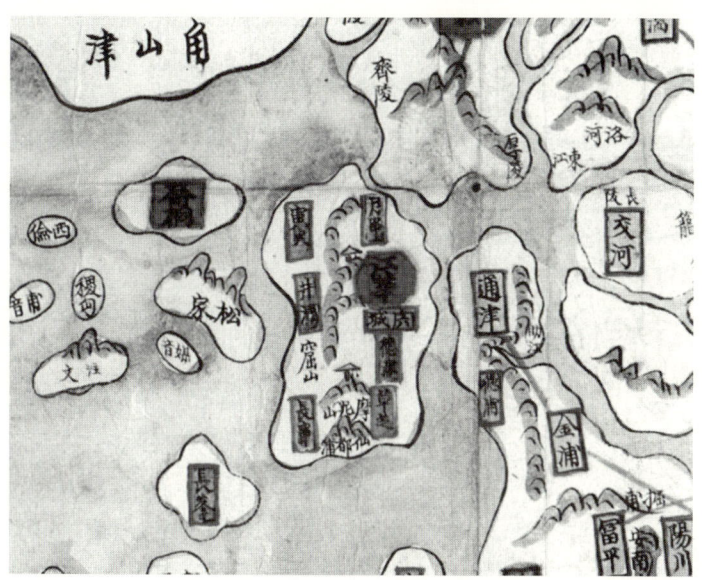

팔도지도(경기충청도, 강화, 古 4709-14)

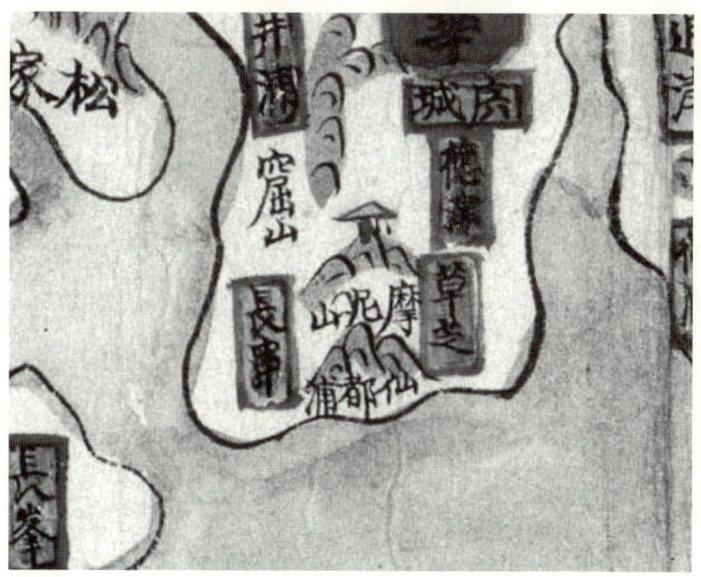

팔도지도(경기충청도, 강화 마니산, 古 4709-14)

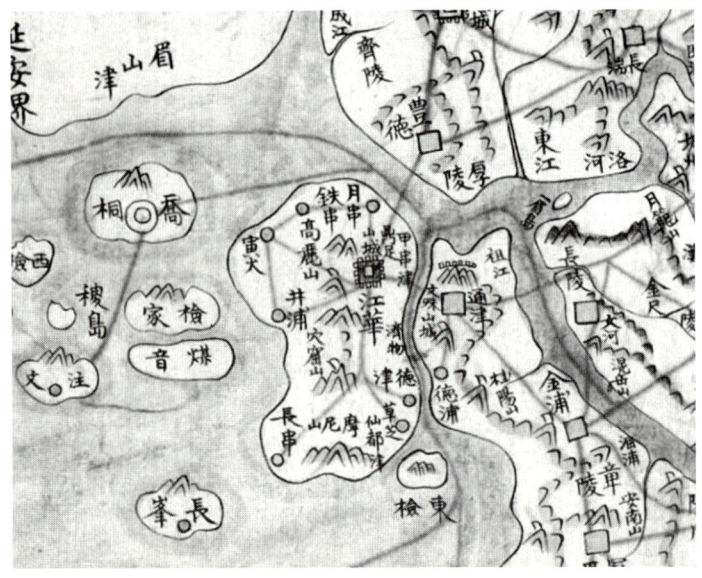

팔도지도(경기도충청도, 강화, 古軸 4709-48)

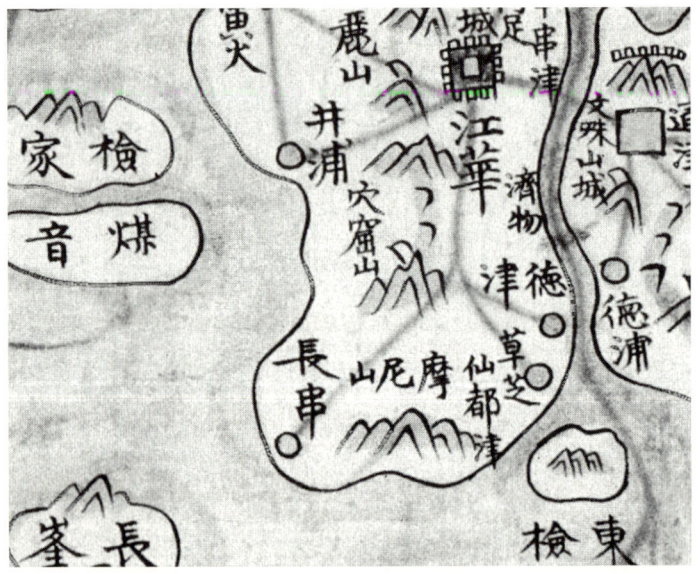

팔도지도(경기도충청도, 강화 마니산, 古軸 4709-48)

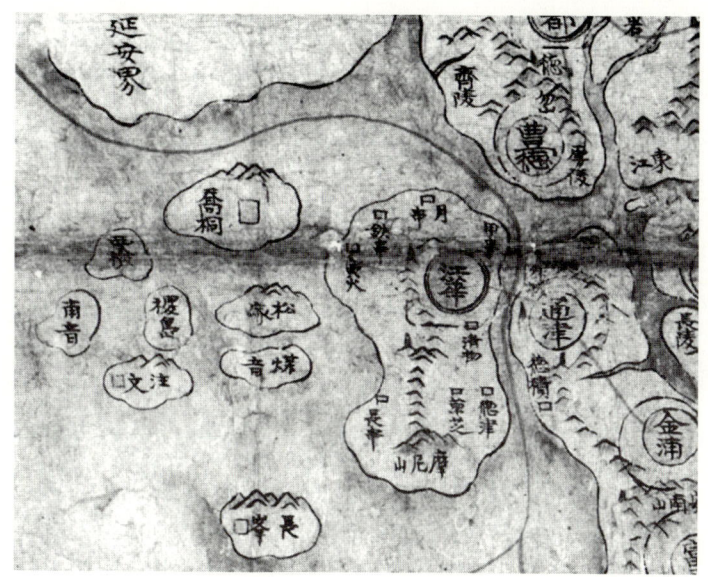

좌해지도(경기도충청도, 강화, 奎 12229)

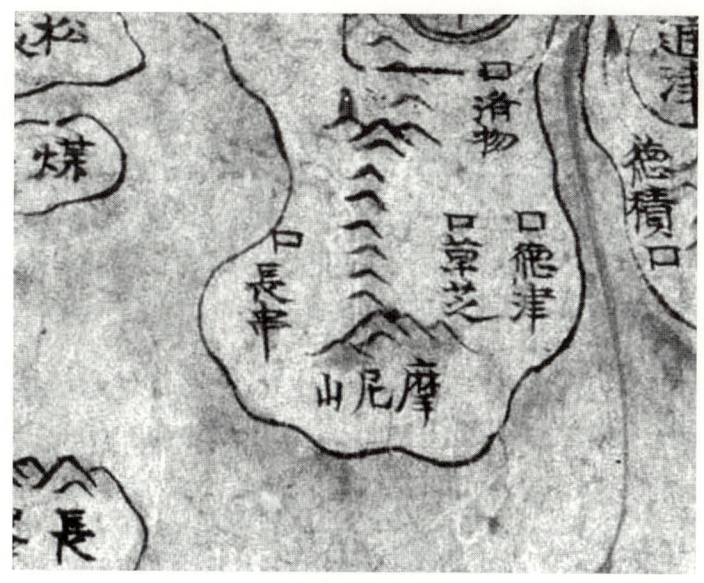

좌해지도(경기도충청도, 강화 마니산, 奎 12229)

지도(경기도, 강화, 古 4709-92)

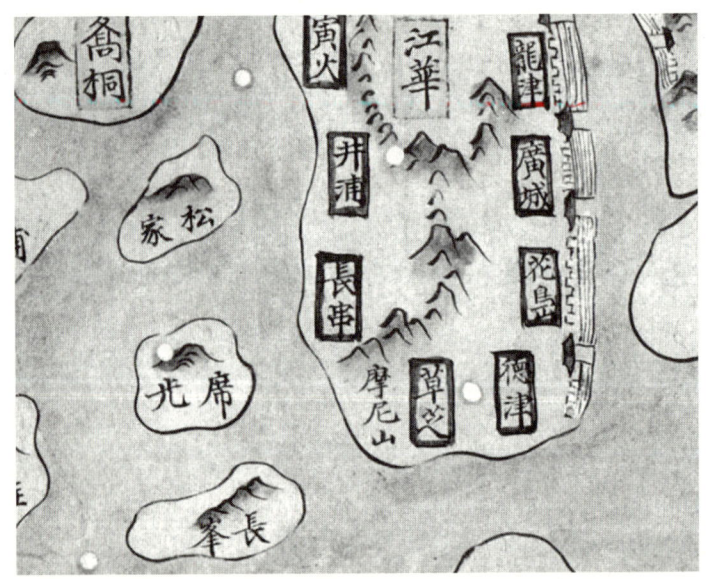

지도(경기도, 강화 마니산, 古 4709-92)

강화도 마니산 참성단의 옛 모습 ■ 25

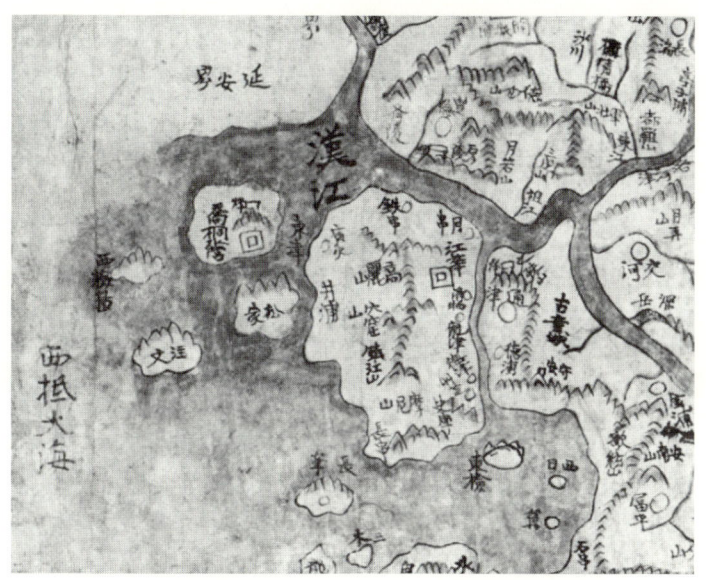

팔도분도(기보, 강화, 古 915.1-p173)

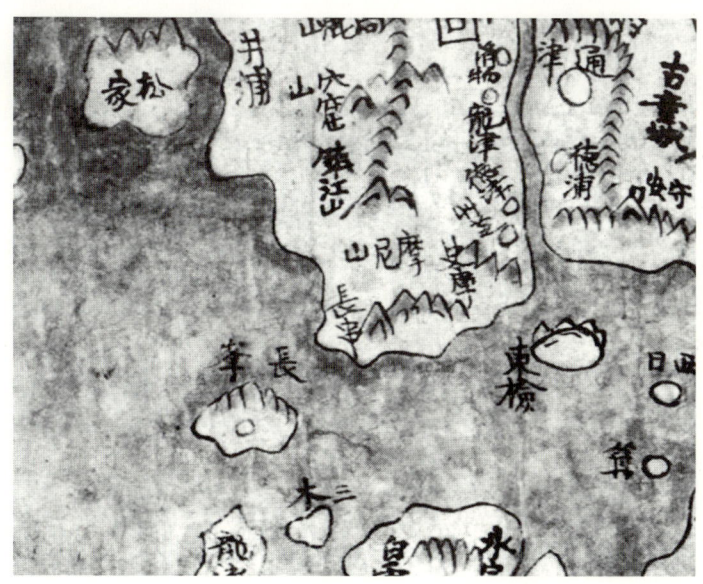

팔도분도(기보, 강화 마니산, 古 915.1-p173)

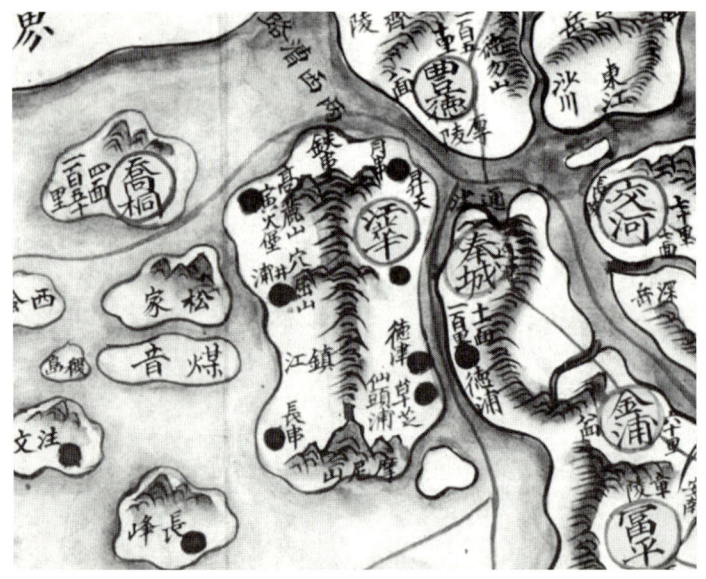

해동지도(경기도충청도, 강화, 古 4709-61)

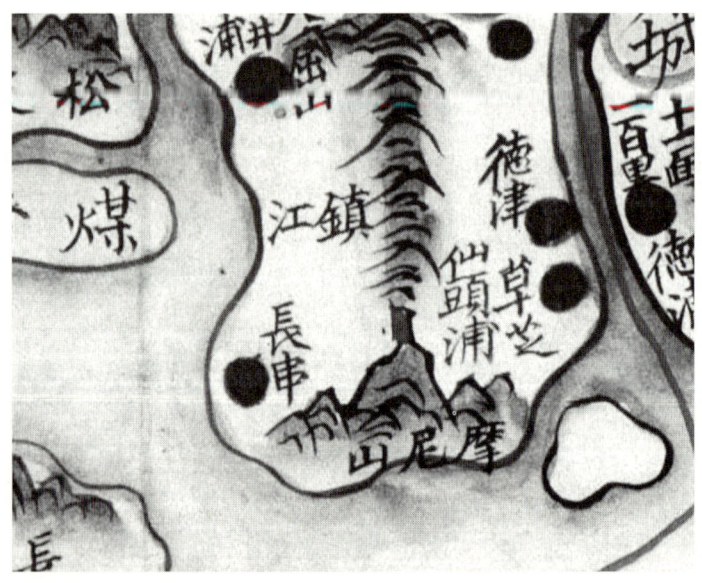

해동지도(경기도충청도, 강화 마니산, 古 4709-61)

강화도 마니산 참성단의 옛 모습 ■ 27

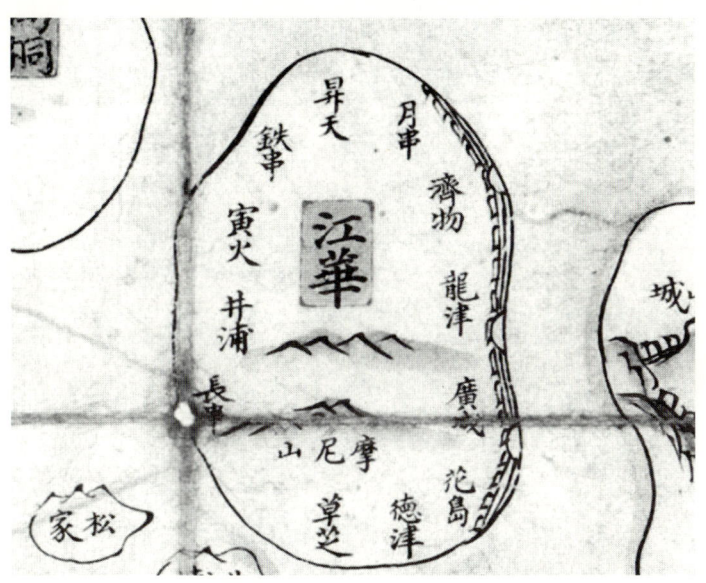

관동지도(경기도, 강화, 古 4709-35)

광여도(개성부)

지방지도(강화부전도, 1872)

지방지도 세부(강화부전도, 1872)

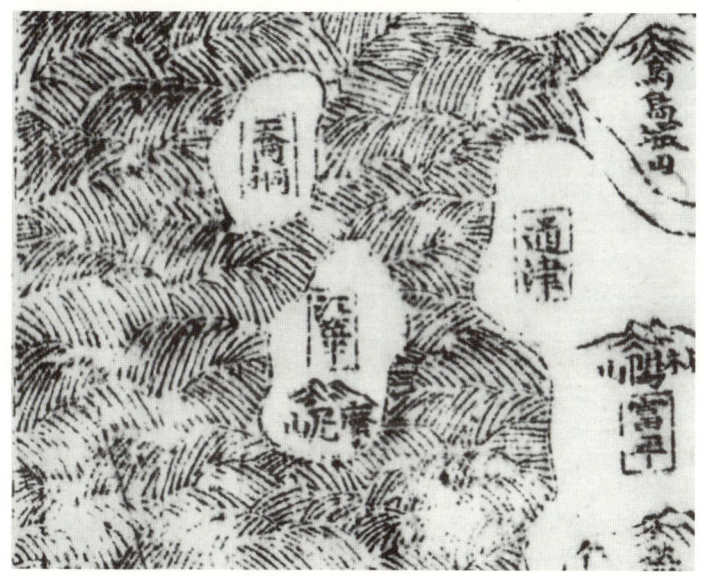

동국여지승람(경기도, 강화, 古4700-45)

팔도지도(경기, 강화, 古4709-73)

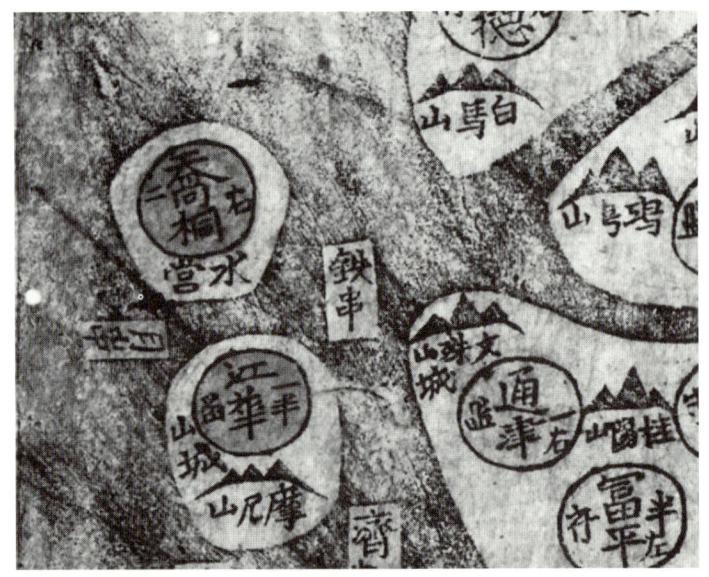

조선지도(경기, 강화, 古4709-38)

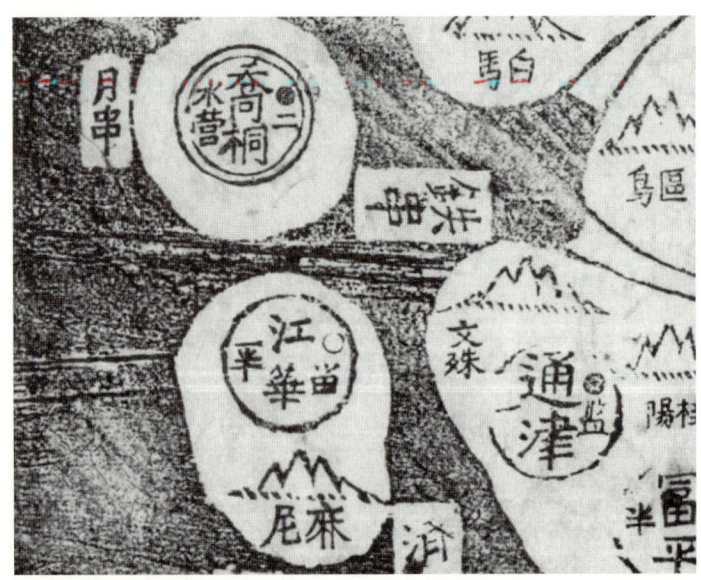

여지도(경기도, 강화, 古4709-58)

강화도 마니산 참성단의 옛 모습 ■ 31

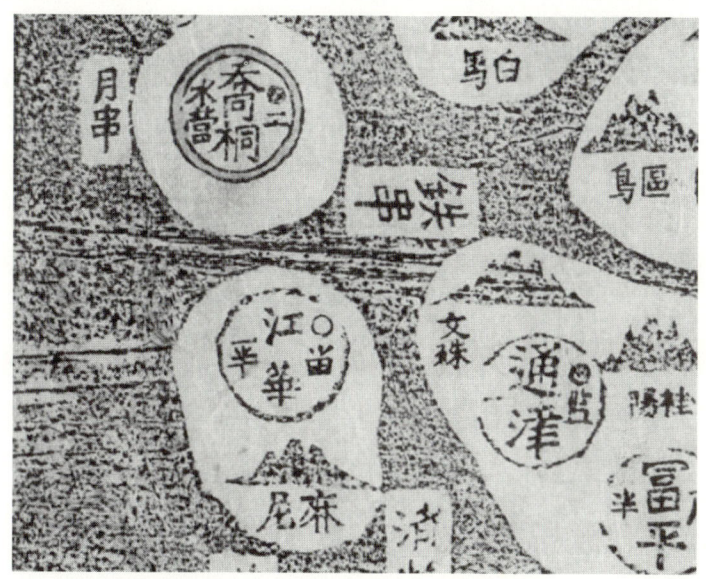

동국여지도(경기도, 강화, 想白古 912.51-D717)

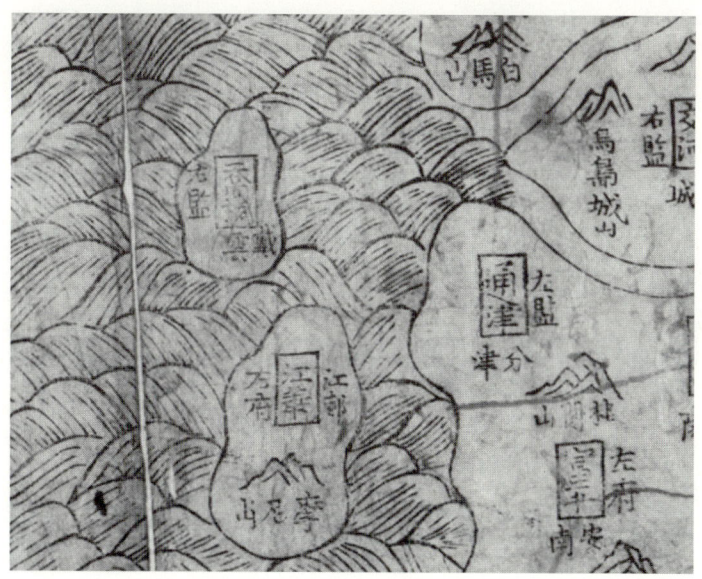

동국지도(경기, 강화, 일사. 古912.51-D717)

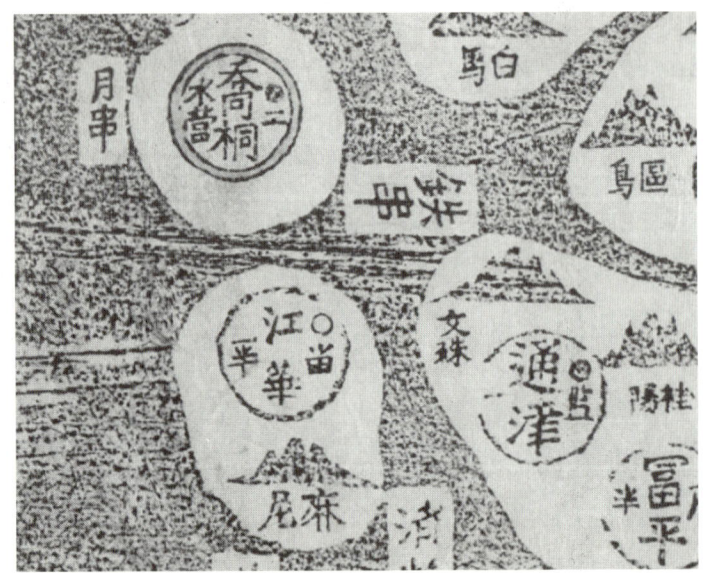

동국여지도(경기도, 강화, 想白古 912.51-D717)

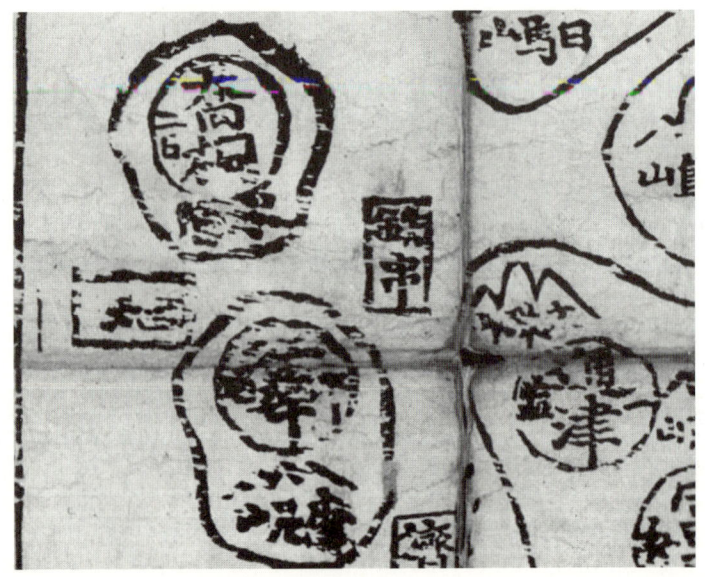

지도(경기도, 강화, 가람古912.5-J561)

강화도 마니산 참성단의 옛 모습 ■ 33

팔도지도(경기, 강화, 古4709-73)

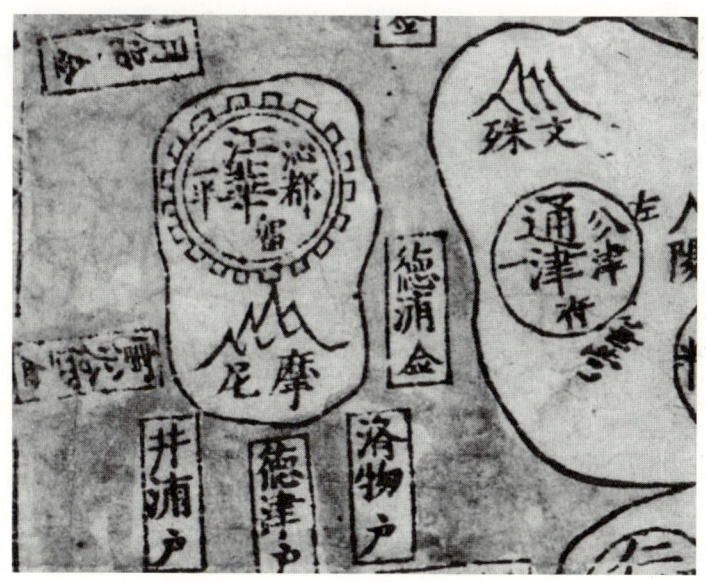

조선지도(경기도, 강화, 古4709-32)

강화도 마니산 참성단의 옛 모습 ■ 35

학술논문

참성단의 단군정신에 담긴 우리의 과거와 미래 ∎ 윤이흠
한국의 제천의례 ∎ 서영대
국가제사에서의 단군과 참성단 제사 ∎ 김성환
신종교의 단군제사 ∎ 이 욱
강화도 참성단 개천대제의 재활성화와 방향 ∎ 장장식

참성단의 단군정신에 담긴 우리의 과거와 미래

윤 이 흠
(서울대학교 종교학과 명예교수)

　우리 민족은 장구한 역사동안 수 없이 많은 외세로부터의 위협을 받아 왔다. 그리고 우리는 단일민족이라는 각성을 다지면서 모두가 힘을 하나로 합하여 역사의 난관들을 극복하고 오늘의 자랑스러운 한국사회를 이룩하였다. 우리는 모두 단군의 자손이라는 확신을 통하여 단일민족의식을 갖게 되었다. 그리고 하늘님 환인과 그의 아들 환웅이 그들의 후손인 단군이 지상으로 내려 보내어 고조선을 이룩하게 하였다. 이에서 우리 민족이 비로소 태어나게 되었다고 단군신화가 말한다. 이러한 신화의 내용은 우리가 신성한 하늘의 존재인 단군의 자손이기 때문에, 성스러운 민족이라는 민족의 정체성을 지닐 수 있게 하고 있다. 이처럼 우리 민족이 성스럽다는 각성을 통하여 우리는 단군왕검에 대한 감사한 믿음과 존경을 갖고 아득한 과거로부터 지금까지 제사를 지내왔다.
　또한 단군이 우리의 최초의 왕국인 단군조선을 세우면서 "세상을 이롭게"한다는 정치철학을 폈다. 우리 민족은 이러한 단군왕검의 사상을 실현하려고 노력하였다. 그리하여 수많은 외부로부터의 압력과 침략에도 굴하지 않고, 도전적으로 역사적 난국을 극복할 수 있었던 것이다. 그러면서도 우리 민족은 주위의 다른 민족이나 나라들을 점령하고 탈취하면서 팽창주의를 구가하지 않았다. 한마디로 단군왕검의 평화의 사상을 따랐었기 때문에 우리는, 팽창적 제국주의가 아니라, 언제나 평화를 추구하면서 결코 포기하지 않고 다시 일어나서 내일의 희망을 열정적으로 추구하여 왔던 것이다.

이처럼 우리 민족은 시조인 단군왕검으로부터 우리가 성스러운 민족이라는 정체성을 부여받았으며, 나아가 단군의 평화사상으로부터 내일을 위한 힘과 희망을 지니고 도전적으로 미래의 꿈을 추구할 수 있었다.

그 대표적인 사례가 바로 몽고가 대군을 이끌고 고려를 침입했을 때, 고려왕실이 강화도에 옮기고, 아득한 오래전부터 마니산에 자리 잡고 있던 참성단에서 하늘에 제사를 지냈다. 그 이후에도 우리 민족이 어려운 위기에 처했을 때마다 단군사상이 새롭게 대두되면서 민족주의가 새롭게 일어나곤 하였다.

민족과 국가의 시조에 대한 감사와 존경의 마음을 정중한 의례를 통하여 표현하는 것은 세계의 모든 민족들에게서 보편적으로 나타나는 현상이다. 우리 민족이 우리의 시조인 단군왕검에 대한 감사와 존경의 마음을 제사로 표현하는 것 역시 인류역사에 나타나는 보편적인 현상의 하나이다. 다만 우리는 모두가 단군의 자손으로서 하나라는 단일민족 의식으로 뭉친 것이 특성이라 말할 수 있다.

우리의 역사는 다음과 같은 사실을 보여준다. 단군은 우리 민족의 시조이며, 우리가 역사의 위기에 처할 때마다 그 어려움을 극복할 수 있는 힘을 주었으며, 단일민족이 앞으로 가야할 희망을 안겨주었던 것이다.

1. 단군 이해에 대한 오늘의 문제

지금까지 우리 민족사에서 단군은 분명히 우리의 시조이며, 우리가 역사적 어려움을 극복할 수 있는 힘과 희망을 주었다는 사실을 살펴보았다.

이는 특별히 우리가 천손의 후예이기 때문에 우리는 세상에 화평을 널리 펴야 한다는 역사적 사명을 지니게 하였다. 이러한 민족의식이 바로 민족의 시조인 단군에 대한 신화에 근거하고 있다. 그 신화에 담긴 단군왕검에 대한 사상이 단일민족으로서의 우리의 정체성과 미래의 꿈을 담고 있다는 확신을 갖게 된 것이 지금까지의 전통이었다. 이러한 전통적인 단군사상에 대한 이해가 세 가지 측면에서 논란과 혼동 그리고 거부에 이르는 경향으로 나타난다.

첫째는 단군왕검의 이해가 지닌 혼돈은 단군의 역사성에 관한 논쟁에서 비롯된다. 이 혼돈은 대체로 단군신앙을 강조하는 보수진영과 실증주의적 사회과학자들 사이에서 일어난다. 먼저 단군신앙의 입장은 단군에 관한 모든 한문 기록이 사실이기 때문에 그 어느 것 하나도 거부해서는 안 된다고 주장한다. 반면에 실증주의 입장은 단군사상은 신화일 뿐이어서, 그 내용이 역사적 사실이라고 말할 수는 없다는 것이다. 객관적으로 볼 때, 둘 다 옳은 점이 있다. 그러나 둘 다 부족한 점 또한 있는 것이 사실이다. 따라서 이러한 대립은 결과적으로 의미 없는 논쟁의 수렁에 빠지게 마련이라는 점을 상기할 필요가 있다.

우리는 앞에서 단군사당이 우리의 장구한 역사를 통하여 우리 민족을 하나로 묶어 역사의 굴곡을 이겨내고, 나아가 우리의 얼과 정신을 지켜오게 하는 중요한 역할을 한 점을 살펴보았다. 단군사상이 지닌 역사적 실재성은 다름이 아니라 단군이 우리 민족의 역사적 역동성으로 나타났다는 사실이다. 우리의 정신사에는 단군사상이 역동성으로 존재하면서 살아 숨 쉬고 있다는 사실을 우리 민족사를 드려다 본 사람이라면, 아무도 거부할 수 있을 것이다.

그러므로 우리에게 지금 무엇보다 중요한 점은 민족의 얼 안에서 살아 숨 쉬고 있는 단군사상을 보존하는 것이다. 그러기 위하여 우리는 먼저, 단군왕검이 역사적 존재이냐 아니냐는 끝없는 논쟁의 수렁에서부터 벗어나야 할 것이다. 결론적으로 우리가 해야 할 일은 바로 단군사상의 역사적 역동성을 보전하고 나아가 또 다시 발현하는 길을 찾는 것이다.

둘째, 최근 우리 사회에서 회자되고 있는 이른바 세계화의 입장이다. 단군사상은 국수주의이기 때문에 세계화에 저해 요인이 된다는 주장이 그것이다. 민족주의와 국수주의는 전혀 다르다는 사실임을 이 주장은 간과하는 것이다. 예컨대 세계적인 경제 불황에 처한 오늘의 국제사회는 자국의 이익을 위한 이른바 민족주의(사실은 국가주의)의 각축장이 되고 있다. 모든 국가는 이 경쟁에서 살아남지 않으면 고사한다는 절박감에 빠져 있다. 우리 민족이 지닌 단일민족주의는 이러한 경쟁의식과는 다르다. 앞에서도 언급했듯이 우리의 민족주의는 평화주의이다.

우리의 평화사상은 기본적으로 외부로부터 밀려오는 허다한 압력과 침입으로부터 우리의 정체성을 보존하기 위한 것이지, 제국주의적 팽창주의에서 비롯된 것이 아니다. 또한 우리 민족은 대단히 폭넓은 관용적 태도로 외부로부터 문물을 받아들였다는 점을 상기한다면, 우리의 민족주의가 폐쇄적이 아니라는 점 또한 분명해진다. 이처럼 우리의 민족주의는 언제나 자신의 정체성을 유지하면서 평화를 추구하고 또한 대외적으로는 개방적이었다는 사실을 지니해야 할 것이다.

이러한 우리의 민족주의는 세계화를 실현하는 기반이 될 것이다. 먼저 세계화란 세계사회의 정회원이 되는 것을 의미한다. 정회원의 자격을 갖는 것은 다름이 아니라 권리와 의무를 세계사회에서 당당하게 수행하는 것을 의미한다. 예컨대, 세계화의 대표적인 영국이나 불란서 국민에게 세계화를 위하여 그들의 문화전통과 민족(국가)의식을 포기하라고 한다면 한갓 웃음거리에 지나지 않게 된다. 왜냐하면 그들은 자신의 민족주의(국가주의)라는 전체성을 지닌 국민으로 세계사회의 정회원으로의 권리와 의무를 다하기 때문이다. 따라서 그들로 하여금 민족정체성을 포기하라는 것은 사실상 그들로 하여금 세계화를 포기하라는 것과 다름이 없다.

그렇다면, 우리에게만 민족주의가 세계화에 저해 요인이 된다는 것은 어디에 근거하는 것인가? 민족(국가)단위의 정체성이 확립되지 않은 세계화는 환상에 빠진 헛된 모방주의에 지나지 않고, 반대로 국수주의에 입각한 세계화는 바다건너 먼 섬을 바라보는 형국에 지나지 않는다. 따라서 진정한 세계화는 민족(국민)정체성을 지니고 세계사회에 동참하는 정회원의 자격을 취득하는 길이다.

같은 맥락에서 최근에는 외국인들과의 혼인이 많아지면서 "다원사회"라는 말이 유행되고 있다. 이러한 시대적 흐름은 외국인을 받아들인 다민족 가정과 사회에서 그들로 하여금 한국의 가정과 사회에서 사랑으로 보살펴서 한층 더 행복하게 살 수 있게 하자는 의미라면 바람직한 일이다. 그러나 그 목적에 대한 정확한 파악이 없이 막연하게 다민족이 모였다는 점에서 다원사회라면, 양면의 오류를 범하게 된다. 하나는, 외국에서 온 사람들이 언제까지나 한국사회에서 이국인으로 남아 있으면서 그들의 문제를 벗어나지 못하게 하는 위험을 안게 한다. 그보다 더 중요한 일은, 우리가 전통적으로 지켜오던 모든 국민이 다함께 "이롭게 한다"는 평화의 사상을 흔들 가능성이 있다는 점이다. 그러므로 우리는 우리사회의 모든 구성원이 언제나 하나로 뭉쳐서 서로 의지하고 살 수 있는 국가, 그 안에서 살고 있는 모든 국민이 동일한 권리로 살아가는 "단일민족"으로 평화를 누릴 수 있게 되는 것이 우리의 전통적인 희망이었다. 그것이 바로 단군사상의 이념이 아니었던가 우리는 자문하게 된다.

이러한 맥락에서, 우리는 다시 한 번 더, 우리 민족의 구성원에 대한 실증적 논쟁을 벗어나야 할 것이다. 그리고 다시 한 번 더 우리 민족(국민)이 강력한 공동체 의식으로 힘을 모아 세계화의 정회원이 되어, 지구촌의 평화를 이루는 데 주역이 되기를 희망하게 되는 것이다.

이 세상에 오직 하나의 민족만 존재한 사회는 없었다. 그러나 앞에서 살펴본 바와 같이 우리 민족은 특별히 단군의 자손으로서 하나로 힘을 모아 내일의 희망을 실현하려는 의지를 갖고 있다는 점에서 고유한 특성을 지니고 있다. 우리 안에서 이러한 특성을 확인하고, 그 특성을 발전시키는 것이 오늘과 내일의 현대사회에서 우리가 해야 할 과제이다.

셋째, 단군이 미신이라고 주장하는 태도이다. 이러한 주장은 주로 특정 종교의 극단적 교조주의에 근거한다. 여기서 우리는 그러한 주장이 해당 종교의 주류를 이루는 사람들의 태도가 아니라는 점을 상기할 필요가 있다. 아무리 극단적인 주장을 해도 그들 역시 우리의 단일민족의 일원이다. 이 점 또한 해당종교의 주류를 이루는 분들과 특히 지성인들은 잘 알고 있다.

여기서 한 가지 문제를 상기할 필요가 있다. 모든 민족과 국가는 그들의 시조를 존경하고 존중하는 마음으로 그들의 민족과 국가에 충성하는 것이다. 이는 실로 보편적인 현상이어서 구태여 많은 예증이 필요 없다. 다만 이태리 국민은 그들의 수도 한 가운데 그들의 조상인 로물루스가 늑대의 젖을 물고 있는 석상을 잘 보존하고 있다. 늑대의 보호를 받고 자라난 로물루스가 이태리 국민의 조상이라는 신화를 자랑스럽게 여긴다는 산 증거이다. 그런데 로마는 기독교가 역사에 정착한 중심지이고, 가톨릭교회의 심장이며, 모든 기독교문화가 탄생한 고향이다. 그런데 그곳에 로물루스 신화의 상징이 귀하게 보존되고 있다는 사실을 상기할 필요가 있다. 그럼에도 불구하고 유독 한국에서만 민족의 시원에 관한 신화와 그에 담긴 단일민족의 정체성을 거부하는 이유는 어디에 있는가? 평화의 사상을 바탕으로 한 단일민족의 정체성을 훼손하는 이러한 일이 조속히 극복되어야 마땅하다. 유럽의 국가들을 포함하여 세계 보편적인 현상인 민족(국가)의 시조에 대한 경외심의 표현을 거부하는 것은 위험스러운 사실이라는 점을 우리나라의 모든 종교들은 각성해야 할 것이다.

그러면 이처럼 위험스러운 태도를 교정하는 길은 어디에 있을까? 그 해답은 무엇보다 우리나라의 모든 종교전통들이 그들의 현대사회의 가치관과 사상과의 호흡을 하루속히 정확하게 파악하여 우리사회 발전에 협력하는 길을 찾는 데 있다. 세계 보편적인 시조에 대한 경배를 미신이라고 거부하는 태도를 종교단체 안에서 일어나는 현상을 간과하고 있다면, 이러한 종교의 지성인에게 책임이 있다는 사실을 부인할 수가 없다. 따라서 각 종교는 서둘러 교리학 또는 신학의 발전을 도모해야 할 것이다.

2. 단군 정신을 되새겨 우리 민족의 평화와 발전을 추구하자

우리는 앞에서 단군에 대한 존중과 경배는 곧 우리가 민족의 정체성을 확립하고 나아가 정회원의 자격을 갖고 세계사회의 나아가는 준비를 하는 의미를 지닌다는 사실을 살펴보았다. 이러한 준비를 하기 위하여는 먼저, 단군 신앙주의와 실증주의 사이의 끝없는 논쟁, 피상적인 세계화주의의 허구, 그리고 미시주의의 위험을 극복해야 할 것이다.

앞에서 살펴 본 현대사회의 허점들을 벗어나서 우리 민족 모두가 바라 마지 않는 것은 우리의 고유한 평화주의로 나가가는 것이다. 이를 위하여 우리는 우리 민족의 고유한 특성을 확인하여 우리 민족의 정체성을 확립하여야 하며, 이는 다시 우리 민족의 시조인 단군을 존경하고 그의 사상을 실현하는 의미를 지닌다. 그러한 과정을 거쳐서 우리는 민족애를 아름답게 발현할 수 있게 될 것이다.

이러한 우리 민족의 영원한 과제를 상징하는 것이 바로 강화도 마니산에 있는 참성단이다. 참성단에 관한 다양한 연구는 앞으로 발표될 저명한 학자들의 개별 연구 발표에서 자세하게 언급될 것이다. 그런데 우리 역사에서 가장 대표적인 참성단에서 단군왕검에 대한 제사를 지내는 것은 우리민족이 우리의 정체성을 되찾는 일이며 나아가 세계사회에 평화를 이루는 데 주역이 되겠다는 의지를 민족의 시조에게 고하는 것이다. 이러한 성스럽고 영광스러운 일에 우리 민족이 모두 함께 하기를 감히 기원하는 바이다. 그리고 이처럼 성스럽고 영광스러운 우리의 전통문화인 참성단에 관한 학술연구발표회를 하는 것 또한 민족사에 길이 남을 만큼 큰 뜻이 있은 일이 아닐 수 없다.

이러한 학술연구회에 자리를 같이한 모든 분들과 발표자들에게 경의를 표하는 바이다.

한국의 제천의례

서 영 대
(인하대 교수)

1. 머리말

강화도의 참성단은 단군이 하늘에 제사하던 곳으로 전한다. 특히 하늘은 천명을 받은 천자만이 제사할 수 있다는 유교적 명분론에 따라 제천을 중단했던 조선시대에도 참성단에서는 하늘에 대한 제사가 계속되었다.

그렇지만 참성단에서의 의례도 한국의 제천 전통에서 크게 벗어난 것은 아니라고 생각된다. 따라서 한국의 역대 제천의례를 살펴보는 것은 참성단 의례의 복원을 위해 필요한 작업이 될 수 있다. 이런 의미에서 여기서는 한국의 제천의례들을 시기별로 나누어 살펴보고자 한다.

본문을 시작하기 전에, 짚고 넘어갈 사항이 있다. 제천의 개념이 그것이다. 제천은 천제(天祭)라고도 할 수 있는데, 풀이하면 하늘에 대한 제사이다. 그런데 하늘에 대한 관념에는 자연천(자연현상으로서의 하늘)·인격천(인격적 존재로서의 하늘)·이법천(理法天; 우주의 질서로서의 하늘)이 있다. 이 가운데 제천의 대상이 되는 것은 주로 인격천이다.[1]

또 인격천으로서의 하늘을 천신이라 한다면, 천신에는 여러 종류가 있

---

1) 서영대, 2006, 「한국 고대의 천신신앙」, 『역사에서의 종교와 신앙』, 한일역사가회의 조직위원회 참조.

다. 하늘에 있거나 하늘과 관련 있는 존재라면 모두 천신의 범주에 포함될 수 있기 때문이다. 따라서 최고신(supreme being)은 물론, 해·달·별·천둥·번개의 신 등을 모두 천신이라 할 수 있으며, 나아가 이들 중 어떤 신을 제사하더라도 문자 상으로는 제천이 된다. 그러나 여기서는 범위를 한정하여 최고신으로서의 천신이 포함된 제사를 제천 또는 천제라 부르기로 하겠다.

최고신이 다른 것처럼, 제천의 방법이나 형태도 종교마다 다르다. 전통시대의 한국만 하더라도, 고유의 제천의례가 있는가 하면, 유교적·도교적 제천의례도 있었다.[2] 그래서 여기서도 이 점을 염두에 두고, 선행 연구들에 의지하면서,[3] 논지를 전개해 나가고자 한다.

2. 고조선의 제천의례

강화 참성단은 『고려사』이래로 고조선의 건국 시조 단군이 하늘에 제사하던 곳으로 전한다.[4] 그렇다면 한국에서 제천은 고조선 때부터 행해졌

---

[2] 불교의 천신(예컨대 제석)에 대한 의례를 제천의례에 포함시켜야 할지는 아직 고민 중이다.
[3] 한국의 제천의례를 통시대적으로 다룬 것으로는 다음과 같은 연구가 있다.
林陸朗, 1974, 「朝鮮の郊祀圓丘」『古代文化』26, 古代學協會.
琴章泰, 1990, 「祭天儀禮의 역사적 성격」『대동문화연구』25, 성균관대 ; 1994, 『유교사상과 종교문화』, 서울대출판부.
최기복, 1993, 「유교의 제천의례」『이성과 신앙』, 한국가톨릭대.
趙駿河, 1994, 「우리 나라의 제천의례에 관한 연구」『同大論叢』24, 동덕여대 참조.
[4] 참성단의 구체적인 축조연대에 대해서는 다음과 같은 설이 있다.
최경환(崔景煥)의 『대동역사(大東歷史)』(한말 교과서로 1905년 간행) ; 단군왕검 59년 병인(기원전 2265년).
『규원사화』「단군기」; 단군 재위 10년 갑비고차(甲比古次=강화) 남이(南夷)의 반란을 진압 후 건립.
『환단고기』「단군세기」; 단군왕검 재위 51년 무오(기원전 2283년)에 축조.

던 것이 확실하다.

그러나 여기에는 의문의 여지가 있을 수 있다. 우선 참성단이 단군의 영역에 포함되었는지 확실하지 않다. 또 고려시대 사람으로서 참성단에 대해 보다 많은 자료를 접했을 이색(李穡; 1328~1396)조차 참성단을 누가 축조한 것인지 모르겠다고 했다.5) 따라서 참성단만을 근거로 고조선의 제천의 존재를 확신하기 어렵다.

그렇지만 고조선의 제천은 다른 각도에서 유추될 수 있다. 다시 말해서 의례는 신화를 재연한다는 관점에서 생각해 보자는 것이다. 반드시 그런 것은 아니지만, 신화의 내용을 연극적으로 보여주는 것이 의례의 주요 부분을 구성하는 경우가 많다. 이 점에서는 한국도 예외가 아니니, 예컨대 고구려의 제천의례인 동맹제(東盟祭)나 가야의 '희락사모지사(戱樂思慕之事)'가 그것이다. 다시 말해서 동맹제는 유화부인이 햇빛을 받아 시조 주몽을 잉태했다는 고구려 건국신화를 재연한 것이며, 7월 29일 개최되는 '희락사모지사'는 가야 시조 수로왕이 왕후 허황옥을 맞이하는 『가락국기』 신화의 장면을 재연한 것이다.6)

그렇다고 할 때 고조선에서는 단군신화7)를 재연하는 의례가 있었을 가

---

5) 『목은집』 권4, 「마니산기행」 중 "大韻山上作"; "此壇非天成 不知定誰築".
6) 김열규, 1971, 「傳承祭儀」『한국민속과 문학연구』, 일조각, 147~149쪽.
7) '단군신화'란 표현에 대한 거부감이 상당히 있는 것으로 안다. 일본 사람들이 단군의 존재를 부정하기 위해 단군전승을 신화로 불렀다는 것이다. 그러나 아직 단군신화란 말을 어떤 일본학자가 언제 처음 사용했는지를 누구도 밝히지 못하고 있다.
그런데 필자가 조사한 범위 내에서 일본학자들은 단군전승을 신화라 하지 않고 전설이라 했으며, 자국의 전승은 신화라 했다. 그것은 자신들의 전승은 신성한 이야기이고, 한국의 전승은 신성한 이야기가 아니라고 생각했기 때문인 것 같다. 그리고 20세기 초 중국학자들은 자국에도 신화가 있다는 사실을 증명하기 위해 많은 연구를 했던 점도 시사적이다(홍윤희, 2005, 『중국근대 신화담론형성 연구』, 연세대박사학위논문 참조). 그러니까 20세기 전반기 동아시아에서는 아무 국가나 신화를 가질 수 있는 것이 아니고, 신화의 유무가 문명의 척도라는 생각이 있었던 것 같다(서양에는 그리스·로마신화가 있다는 점을 상기할 것). 필자가 조사

능성이 있다. 주지하는 바와 같이 단군신화는 천신의 아들 환웅과 신성한 곰 여인이 혼인하여 단군을 낳았고, 이러한 단군이 고조선을 건국했다는 것이다. 결국 고조선의 시조 단군은 신성한 혈통의 소유자라는 것인데, 이를 통해 단군신화의 목적이 나변에 있는지를 짐작할 수 있다. 즉 단군신화는 시조의 혈통상의 신성성을 부각시켜 고조선 정치권력의 정당성을 뒷받침한다는 것이다.

이렇듯 단군신화는 권력 정당화의 이데올로기였기에, 고조선으로서는 그것을 되풀이해서 재확인할 필요가 있었을 것이고, 이를 위해서는 의례만큼 유용한 수단이 없었을 것이다. 의례는 신화를 시각적으로 보여주기 때문이다. 그리고 의례를 통해 신화를 재연한다면, 그 중심은 단군의 혈통이 하늘로 소급된다는 점을 강조하고, 나아가 하늘에 대한 의례로 귀결될 가능성이 많다. 이러한 추측이 용납될 수 있다면, 고조선의 제천의례는 충분히 상정될 수 있으며, 단군이 참성단에 제천했다는 전승도 우연한 것만은 아니라고 생각된다.

3. 『삼국지』 동이전에 보이는 제천의례

아무리 개연성이 크다고 하더라도 고조선의 제천의례는 추론의 영역을 벗어나지 못하는데 반해, 『삼국지』 위서(魏書) 동이전은 한국에서 일찍부터 제천의례가 거행되었음을 확실하게 알려주고 있다. 『삼국지』는 3세기 말 진(晉)나라의 진수(陳壽; 233~297)가 편찬한 중국 삼국(魏·蜀·吳)시대의 역사를 기록한 사서이다. 그러므로 『삼국지』 동이전에 언급되어있다는 사실은 한국에서 제천의례가 3세기 이전부터 거행되었음을 알려준다. 나아가 『삼국지』 동이전에 언급된 사실 중에는 3세기 보다 훨씬 이전의 사

한 범위 내에서 단군과 신화를 연결시킨 것은 최남선이며, 최남선이 신화란 말을 사용한 것도 이런 의식 때문이 아닌가 한다.

실도 있다고 하는 바, 여기서 언급된 제천의례는 3세기 이전부터 존재했다고 할 수 있다.

그럼 먼저 『삼국지』 동이전에 언급된 제천의례 기록들을 살펴보기로 하자.8)

夫餘 ― 以殷正月祭天 國中大會 連日飮食歌舞 名曰迎鼓 於是時斷刑獄 解囚徒 … 有軍事亦祭天, 殺牛觀蹄以占吉凶, 蹄解者爲凶 合者爲吉

高句麗 ― 以十月祭天 國中大會 名曰東盟 其公會 衣服皆錦繡金銀以自飾 大加主簿頭著幘 如幘而無餘 其小加著折風 形如弁 其國東有大穴 名隧穴 十月國中大會 迎隧神還于國東 (水)上祭之 置木隧于神坐

東濊 ― 常用十月節祭天 晝夜飮酒歌舞 名之爲舞天

三韓 ― 國邑各立一人 主祭天神 名之天君

『삼국지』 동이전에 의하면, 제천의례는 부여·고구려·동예·삼한에서 행해지고 있었으며, 각각 고유의 명칭을 가지고 있었다. 부여의 영고, 고구려의 동맹, 동예의 무천이 그것이다. 그리고 제의는 엄숙하게 진행되는 것이

---

8) 『삼국지』 동이전에 언급된 제천의례에 대해서는 다음과 같은 연구 성과 등이 있다.
김택규, 1958, 「迎鼓考」 『국어국문학연구』 2, 청구대; 1980, 『한국민속문예론』, 일조각.
양재연, 1979, 「위지 동이전에 나타난 제천의식과 가무」 『대동문화연구』 13, 성균관대.
최광식, 1990, 「한국고대의 제천의례」 『국사관논총』 13, 국사편찬위원회; 1994, 『고대한국의 국가와 제사』, 한길사.
이기백, 1997, 「한국 고대의 축제와 재판」 『역사학보』 154, 역사학회.
김두진, 1999, 「고구려 초기 동맹제의의 소도신앙적 요소」 『한국고대의 건국신화와 제의』, 일조각.
서영대, 2003, 「고구려의 국가제사-동맹제를 중심으로」 『한국사연구』 120, 한국사연구회 참조.

아니라, 밤낮없이 음주와 가무를 하는 등 축제 분위기에서 치러졌음을 알 수 있다. 이러한 전통은 오늘날의 마을 굿으로까지 이어지고 있으며, 유교나 도교의 제천의례와 구별되는, 고유 제천의례의 특징이라 할 수 있다.

또 제천에는 거행하는 시기가 정해져 있는 정기의례와 유사시에 치러지는 임시의례가 있다. 부여에서 전쟁이 발발하면 소를 잡아 하늘에 제사했다는 것은 바로 후자의 경우이다. 그러나 제사의 시기는 사회에 따라 차이가 있다. 부여의 영고는 12월(殷曆 정월)인데 반해, 고구려의 동맹과 동예의 무천은 10월이다.

이밖에도 차이는 더 있다. 희생 제물로 부여에서는 소를 잡았지만, 고구려에서는 사슴이나9) 멧돼지를 길러서 바쳤다.10) 또 제천의 규모에서 부여와 고구려는 국중대회(國中大會), 즉 거국적 행사인데 반해, 동예의 무천은 그렇지 못한 것 같다.

이러한 차이는 환경이나 생업에서 비롯된 것일 가능성이 많겠지만, 사회발전 단계와도 관련이 있는 것 같다. 즉 국중대회로서의 제천은 왕이 존재하는 부여나 고구려에서 개최된 반면, 훨씬 후진적인 동예나 삼한에서는 그렇지 못하다는 것은 이러한 사실을 반영한다.

그렇다면 국왕이 존재하는 부여나 고구려에서만 전 지배계층이 참가하는 국중대회로서의 제천이 거행된 이유는 무엇일까? 부여나 고구려의 경우, 지배층이 많고 영토가 넓기 때문에 왕을 중심으로 한 사회통합의 필요성이 크다. 이럴 때 전 지배층이 참여하는 국가의례는 사회통합에 기여할 수 있다. 그리고 의례의 내용이 왕권의 정당성을 뒷받침하는 것이라면, 효과는 더욱 크다. 그런데 고구려의 경우, 건국신화는 건국의 합법성과 지배의 정당성을 뒷받침하는 것이며, 동맹이란 제천의례는 바로 이러한 건국신화를 재연하는 것이다. 즉 평소 수혈이란 이름의 국동대혈(國東大穴)에 모

---

9) 이규보, 『동국이상국집』 권 3, 「동명왕편」.
10) 『삼국사기』 권 13, 고구려본기 1, 유리왕 19년, 21년 ; 『삼국사기』 권 16, 고구려본기 3, 산상왕 12년.

서져 있던 수신을 동맹제 때 압록강 강변으로 모시고 나오는 의례 부분은 시조 주몽의 부모인 해모수와 유화가 압록강에서 만났다는 신화나 유화가 금와왕의 궁중에 유폐되었다가 햇빛을 받아 시조 주몽을 잉태했다는 신화의 재연이다. 그러니까 동맹제는 고구려 전 지배층이 건국신화를 주기적으로 재확인하면서 국왕을 중심으로 한 고구려의 결속을 뒷받침하는 기능을 가졌다고 할 수 있겠다.

4. 삼국시대의 제천의례

고구려·백제·신라 삼국 역시 제천의례를 거행하였음은 기록을 통해 확인된다. 먼저 고구려의 경우, 매년 10월 정기적으로 개최되는 동맹에 대해서는 언급한 바 있으며, 이밖에 또 다른 제천의례가 있었음이 전한다.

> 고구려에서는 언제나 3월 3일을 기하여 낙랑 언덕에 모여 사냥을 하여 잡은 돼지와 사슴으로 하늘과 산천의 신령에게 제사를 지냈다. 이 날이 되어 왕이 사냥을 나가는데 여러 신하와 오부(五部)의 병사들이 모두 따라갔다. 이때 온달은 자기가 기르던 말을 타고 왕을 수행했다.[11]

이에 의하면, 고구려에서는 매년 3월 3일 낙랑 언덕에서 사냥대회를 개최하고, 잡은 짐승으로 하늘과 산천신에게 제사했으며, 참가범위는 상당히 넓은 것 같다. 그러나 이것과 동맹의 관계는 미상이다. 동맹이 폐지되면서 이 의례가 시작된 것인지, 아니면 동맹과 병행되었는지 등등, 알 수 없는 부분이 많다. 그렇지만 이 의례가 동맹과 마찬가지로, 개방적이고 축제적 성격의 고유 제천의례의 하나임은 분명한 것 같다.

다음으로 백제의 경우, 시조 온조왕 대부터 지(地)와 함께 천을 제사했

---

11) 『삼국사기』 45, 온달전 "高句麗常以春三月三日 會獵樂浪之丘 以所獲猪鹿 祭天及山川神 至其日 王出獵 群臣及五部兵士皆從 於是 溫達以所養之馬隨行".

음이 확인된다.12) 『삼국사기』의 관련 기사를 정리한 것이 <표 1>인데, 이것은 모두 국왕이 친제(親祭)한 경우이다. 그런데 국가제사에서는 국왕의 친제 보다 관리가 국왕 대신해서 제사한 유사섭사(有司攝事)가 많다. 또 친사라 하더라도 누락된 경우가 많을 것이다. 따라서 <표 1>은 극히 한정된 사례에 불과하지만, 현재로서는 이를 토대로 백제의 제천의례를 살펴볼 수밖에 없다. 여기서 우선 주목되는 것은 천과 지가 합사된 점이다. 그리고 제사의 장소는 국도의 남쪽 교외이며, 의례는 제단에서 베풀어졌기 때문에 제단을 대단(大壇) 또는 남단(南壇)으로 불렀다.

〈표 1〉 백제의 천지 제사

대수	왕·년·월	서기	기 사
1	온조 20년 2월	2	王設大壇 親祀天地 異鳥五來翔
1	온조 38년 10월	20	王築大壇 祀天地
2	다루 2년 2월	29	王祀天地於南郊
8	고이 5년 정월	238	祭天地 用鼓吹
8	고이 10년 정월	243	設大壇 祀天地山川
8	고이 14년 정월	247	祭天地於南壇
11	비류 10년 정월	313	祀天地於南郊 王親割牲
13	근초고 2년 정월	347	祭天地神祇 拜眞淨爲朝廷佐平
17	아신 2년 정월	393	謁東明廟 又祭天地於南壇 拜眞武爲左將
18	전지 2년 정월	406	王謁東明廟 祭天地於南壇 大赦
24	동성 11년 10월	489	王設壇祭天地

제천의례에서 천과 지의 합사는 신(新)의 왕망(王莽)에서 시작되었다. 그리고 천지를 국도의 남쪽에서 제사한 것 역시 중국의 전통이다. 따라서 백제의 제천은 중국의 영향에서 비롯된 것으로 볼 수 있다. 그런데 백제의 제천에서는 제단을 '설(設)'했다느니, '축(築)'했다는 표현이 보여, 제단이 영구적이 아니라 의례 때마다 매번 새롭게 축조된 것 같다. 제단을 다시

---

12) 차용걸, 1978, 「백제의 祭天祀地와 정치체제의 변화」『한국학보』11, 일지사; 1991, 『백제사의 이해』, 학연문화사 참조.

만들고, 의례가 끝나면 제단을 없애는 사례는 다른 지역에서도 확인되며, 제단의 신성성이 오염되지 않도록 하기 위한 조처로 해석되고 있다.13) 이렇듯 백제의 제천이 임시 제단에서 거행되었다면, 그것의 시행을 중국으로 영향으로만 돌릴 수 없다. 따라서 백제의 설단제천(設壇祭天)은 백제 고유의 전통을 따른 것이라 할 수 있다.

그러나 웅진시대 내지 사비시대가 되면, 백제에 중국 제천의례의 영향이 보이기 시작하는데, 오제(五帝)에 대한 제사가 그것이다.14) 『주서(周書)』백제전에 의하면, 백제에서는 매년 4중 지월(四仲之月)에 왕이 하늘과 오제의 신에게 제사했다고 한다.15) 즉 2·5·8·11월에 하늘과 오제를 국왕이 친제했다는 것이다. 여기서 오제란 호천상제(天皇大帝)라고도 하며, 하늘의 중앙인 자미원(紫微垣)에 거주하며, 이름은 요백보(耀魄寶)의 아래에 있으면서, 하늘의 한 방향이나 오행을 주관하고, 교대로 자신의 정기를 지상에 내려 보내 왕조 창업을 돕는다는 하늘의 신이다.

〈표 2〉 오제

五帝名	방위	계절	오행
蒼帝 靈威仰	동	春	木
赤帝 赤熛怒	남	夏	火
黃帝 含樞紐	중앙	土用	土
白帝 白招拒	서	秋	金
黑帝 汁光紀	북	冬	水

그런데 이러한 오제에 대한 언급은 『주례』와 같은 유교경전에서 언급되고 있으며, 오제의 중요성 강조한 대표적인 인물은 후한의 유학자 정현(鄭玄)이다. 따라서 백제의 하늘과 오제에 대한 제사는 중국의 유교 제천의

---

13) Wilson Wallis, 1939, Religion in Primitive Society, F. S. Croft&co., p.31.
14) 서영대, 2000, 「백제의 오제신앙과 그 의미」 『한국고대사연구』 20, 서경문화사 참조.
15) 『周書』 권 49, 백제전; : "其王以四仲之月 祭天及五帝之神".

례의 영향이라 하겠으며, 나아가 중국의 유교 제천의례는 삼국시대부터 한국에 영향을 미치기 시작했다고 하겠다.

한편 신라의 경우, 제천에 대해서는 아달라왕(154~184)대를 배경으로 한 <연오랑과 세오녀 설화>에 언급이 있다. 즉 세오녀가 짠 비단을 가지고 영일현[都祈野]에서 하늘을 제사했더니, 신라의 해와 달이 빛을 되찾았다는 것이다.16) 그러나 『삼국사기』「제사지」에서는 신라가 분수를 지켜 천지에 대해서는 제사하지 않았다고 하면서 신라의 제천의례의 존재를 부정했으며, 신라의 제천에 대해서는 자료가 없는 것이 사실이다. 따라서 신라의 제천 문제는 앞으로 계속 검토하여야 할 문제이다.

5. 고려시대의 제천의례

고려시대에는 다양한 제천의례가 존재했다. 즉 종교전통을 달리하는 제천의례가 행해졌던 것이다.17)

이 중에서 먼저 언급되어야 할 것은 유교적 제천의례인 원구단(圓丘壇) 제사이다. 원구단은 원구단(圜丘壇)이라고도 쓰는데,18) 하늘에 제사하는 제단으로 그 평면이 하늘을 본떠 둥근 데서 유래한 이름이다. 중국에서는 하늘에 대한 제사를 교사(郊祀)라고도 하는데, 그것은 제사 장소의 위치가 남쪽 교외에 있다는 점을 강조한 것이고, 원구제라고 하는 것은 제단의 형태에 초점을 맞춘 것이라 할 수 있다.

---

16) 『삼국유사』 권 1, 기이 2, 「연오랑 세오녀」 참조.
17) 고려시대의 제천의례를 집중적으로 거론한 연구로는 다음과 같은 성과가 있다.
奧村周司,「高麗の圜丘祀天禮について」『早稻田實業學校研究紀要』 21 (1987)
奧村周司,「高麗の圜丘祀天禮と世界觀」『朝鮮社會の史的展開と東アジア』 (山川出版社, 1997).
김일권,「고려시대 국가 제천의례의 다원성 연구」『고려시대의 종교문화』 (서울대출판부, 2002).
18) '圜'의 발음은 '환'이지만, 둥글다는 뜻으로 사용할 때는 '원'으로도 읽는다.

원구단은 개성 회빈문(會賓門) 밖에 있었는데,[19] 여기서 원구제가 처음 실시된 것은 성종 2년(983)이며, 이후 제도의 정비가 계속되었다. 원구제는 고려 국가제사 중 가장 중요한 대사(大祀)에 속하며(축판에 왕은 "고려국 왕신왕모(高麗國王臣王某)"라고 써, 신이라 칭했다), 제사의 대상은 호천상제와 오제 및 고려 태조이다. 정기적 제사는 년 2회 거행되었는데, 정월의 첫 번째 신일(辛日, 上辛)에는 기곡(祈穀)을 했으며, 4월에는 길일을 택하여 비를 비는 우사(雩祀)를 거행했다. 그러나 한발과 같은 특수한 경우에는 임시제를 거행하기도 했으니, <표 3>에 5월 원구제가 자주 보이는 것은 이 때문이다. 또 제사는 국왕의 친제가 원칙이나 대신을 파견해서 치제하는 유사섭사(有司攝事)가 많았으며, 친제냐 유사섭사에 따라 제사의 절차에 약간의 차이가 있었다.

〈표 3〉 고려시대의 원구제

王代	왕·년·월·일	서기	기사	전거
6	성종 2년 정월 신미	983	祈穀	세가
16	예종 15년 7월 경술	1120	禱雨	세가·오행지
16	예종 16년 윤5월 신사	1121	雩祀	오행지
17	인종 22년 정월 신유	1144	(祈穀)	세가
24	원종 2년 4월 신축	1262	禱雨	오행지
25	충렬왕 15년 5월 갑오	1289	禱雨	세가
25	충렬왕 34년 5월 갑신	1308	禱雨	세가·오행지
26	충선왕 원년 4월 정축	1309	禱雨	세가·오행지
27	충숙왕 즉위년 5월 신묘	1313	禱雨	세가·오행지
27	충숙왕 8년 3월 계사	1321	禱雨	오행지
27	충숙왕 8년 5월 계사	1321	禱雨	세가
31	공민왕 19년 정월 병진	1370	(祈穀)	세가
32	우왕 5년 5월 을유	1379	雩祀	오행지

이상과 같은 내용은 중국, 특히 당대(唐代)의 원구제와 같은 점이 많다.

---

[19] 『신증동국여지승람』 권 5, 개성부(하) 고적.

따라서 고려의 원구제는 중국의 제도를 수용한 것이라 할 수 있다. 그러나 차이점도 상당하다. 우선 규모가 작다. 원구단의 크기는 1/6 정도에 불과하며, 층수도 4단이 아니라 1단에 불과하다. 또 왕의 의복이나 음악도 천자의 것이 아니다.

그러나 무엇보다 큰 차이는 원구제의 종류이다. 중국의 경우, 원구제 가운데 가장 비중이 큰 것은 동지제이며, 동지제에서는 호천상제 이하 수많은 하늘의 신들을 모셔놓고 제사함으로서 우주질서와 천자의 권위를 연결시키는 것이었다. 그리고 기곡제와 우사는 다음이었다. 그러나 고려에서는 동지제를 지내지 않았으며, 기곡제와 우사만 지냈다. 따라서 고려의 원구제는 농경의례적 성격이 강한 것이었다고 하겠다.

그렇다고 해서 고려의 원구제가 농경의례 그 이상이 아니라고 할 수는 없다. 유교적 명분론에 의하면, 하늘에 대한 제사는 천자만이 지낼 수 있으며, 제후 이하가 지내는 것은 참월한 짓이다. 따라서 원구제를 지냈다는 것 자체만으로도 고려의 주체의식 내지 자존의식을 읽어낼 수 있다. 따라서 고려에서 원구제는 농경이란 실리적 목적과 천자국이란 자존심을 동시에 충족시키는 것이었다고 할 수 있겠다.

<표 3>을 통해 짐작할 수 있는 바와 같이, 원구제는 몽고압제기에도 계속되었다. 천자의 의례인 원구제가 몽고압제기에도 계속될 수 있었다면 그 이유는 무엇일까? 원구제란 이름 뿐 단순한 농경의례로 전락했기 때문인지도 모른다. 그러나 현재로서는 답을 찾지 못하고 있다.

고려시대의 제천의례와 관련하여 또 하나 주목되는 것은 도교의례이다. 도교의례를 재초(齋醮)라고도 하는데, 고려에서 재초는 현종 9년(1018)에 구정(毬庭)에서 대초(大醮)를 거행한 이래 빈번히 거행되었다. 이 중에는 삼청(三淸)·천황대제(天皇大帝)·호천오방제(昊天五方帝) 등에게 지내는 재초도 있었다. 이러한 재초가 확산되어 강도기(江都期)에는 참성단에서 재초를 거행하기도 했다.

6. 조선시대의 제천의례[20]

조선왕조는 성리학을 지도이념으로 건국한 국가였기 때문에 유교적 명분론을 중시했다. 이러한 명분론은 국가의 예제에로 확대되었다. 그래서 태조 원년(1392) 국가의 사전(祀典) 정비과정에서 원구는 천자가 제사하는 곳이니 폐지해야 한다는 주장이 나오기에 이른다.

그러나 원구단은 원단(圓壇)으로 이름을 바꾸는 선에서 명맥을 유지하다가, 다시 태종 12년(1412) 그 제사는 중단되고 말았다. 그런데 원구단이 지닌 중요한 기능, 즉 기곡과 기우는 농경국가에서는 필수였으므로, 국가에서는 기우를 위한 우사단을 새로 마련하고 풍운뇌우단을 정비했다.

그런데 태종 16년(1416) 한발이 극심하고 다른 기우방법이 효험을 보지 못하자, 변계량(卞季良)의 건의에 따라 원구제는 복설된다. 그러나 이때 원

---

20) 김상태, 1996,「조선 세조대의 원구단 복설과 그 성격」『한국학연구』6·7, 인하대.
桑野榮治, 2001,「高麗から朝鮮初期における圓丘壇祭祀の受容と變容－祈雨祭としての機能」『朝鮮學報』161.
桑野榮治, 2002,「朝鮮世祖代の儀禮と王權－對明遙拜儀禮と圓丘壇祭祀を中心に」『久留米大學文學部紀要』19, 久留米大.
鄭景姬, 2004,「한국선도의 수행법과 제천의례」『도교문화연구』21, 한국도교문화학회.
鄭景姬, 2005,「한국 제천 전통에서 바라본 正祖代 天祭 기능의 회복」『조선시대사학보』34, 조선시대사학회.
中村榮孝, 1970,「朝鮮世祖の圜丘壇祭祀について(上)」『朝鮮學報』54, 朝鮮學會.
平木實, 1999,「圜丘壇祭祀儀禮를 통해서 본 王權과 官僚制의 一側面」『東洋三國의 王權과 官僚制』, 朝鮮時代史學會.
平木實, 1995,「朝鮮後期における圜丘壇祭祀について(一)」『朝鮮學報』157, 朝鮮學會.
平木實, 2000,「朝鮮後期における圜丘壇祭祀について(二)」『朝鮮學報』166·167, 朝鮮學會.
韓亨周, 1996,「조선 세조대의 제천례에 대한 연구」『진단학보』81, 진단학회; 2002,『조선초기 국가제례 연구』, 일조각 참조.

구제는 상일(常日)을 가진 정기의례로서의 의미를 상실하고, 비상시의 임시제로 존속하다가, 그나마 세종 20년대를 전후하여 중단되고 만다.

이렇듯 원구제가 폐지된 이후에도 가뭄 등을 당하면 원구제의 복설 주장이 심심찮게 대두되고 했다. 그러다가 세조가 집권하면서 원구제는 부활한다. 원구제가 부활되는 것은 세조 3년(1468)이며, 이때부터 10년까지 거의 매년 정월 15일 친제로 제사를 거행한다. 그러니까 부활된 원구제는 고정된 날짜가 없는 임시제가 아니라 상일(정월 15일)을 가진 정제(正祭)가 되며, 국왕이 친히 주관하는 친제가 된다. 또 천지합제라는 점에서 고려의 그것과는 다르다.

세조가 원구제를 부활한 데는 두 가지 의미가 있다. 하나는 민족 자존의식이다. 세조 때 사대의 상징인 중국 천자에 대한 망궐례(望闕禮)가 치러지지 않은 것과 같은 맥락이다. 그리고 다른 하나는 비정상적 집권을 천의 권위를 빌어 정당화하려는 의도이다.

그러나 원구제는 세조 10년 이후 중지되고 마는데, 그 이유는 자세하지 않다.

이후 유교적 제천의례의 부활에 대한 시도는 계속되어왔다. 예컨대 광해군이 원구제를 부활시키려 한 것이 그것이다. 다시 말해서 광해군 역시 영창대군 살해 등의 정치적 문제를 원구제 부활을 통해 돌파하려 했다. 그리고 정조는 풍운뇌우신을 제사하는 남단의 정비를 통해 제천의례에 대한 갈증을 해소하고자 했다. 그러나 조선시대를 통하여 유교적 제천의례는 부활되지 않았다.

한편 조선시대에는 도교적 제천의례도 중단되고 말았다. 그것은 유교의 배타성 때문인데, 결국 조선시대에는 참성단을 제외하고는 유교식이든 도교식이든 제천의 전통은 일단 단절되고 말았다고 하겠다.

7. 대한제국기의 제천의례[21]

원구제가 부활하는 것은 고종 33년(1896)이다. 이것은 국가제사의 정비의 일환이었지만, 독립된 원구단에서 거행된 것이 아니라, 풍운뇌우신을 모시는 남단에서였다.

그러다가 고종 23년(1897) 고종은 칭제건원하고 대한제국을 수립하면서, 독립된 원구단의 필요성이 제기된다. 이에 따라 새로운 원구단의 후보지가 회현방[현 조선호텔 자리]으로 물색되고, 축조를 시작하여 마침내 그 해 10월 12일 여기서 고종이 대한제국의 황제로 즉위한다. 그리고 원구제에 대한 의절(儀節)을 정비하고, 원구제의 신주를 모실 황궁우(皇穹宇)를 건설한다.

그러나 순종이 즉위하면서 국가제사가 전반적으로 위축되는 과정에서 원구제도 명맥을 유지하기 어려워진다. 융희 2년(1908)에는 원구단을 관리하거나 제사에 참여하는 인원을 줄였고, 마침내 1911년 2월에는 건물과 터가 모두 조선총독부로 넘어갔고, 같은 해 조선총독부는 그 자리에 철도호텔을 지었다. 이로서 한국 역사상 제천의례는 사라지게 되었다.

---

21) 박종서, 1998, 『한말 국가제사의 변화에 관한 사회학적 연구』, 서울대 석사학위 논문 참조.

참고문헌

자료

『주서』,『규원사화』,『대동역사』,『동국이상국집』,『목은집』,『삼국사기』,『삼국유사』,『신증동국여지승람』,『환단고기』

단행본

琴章泰, 1994,『유교사상과 종교문화』, 서울대출판부
김열규, 1971,『한국민속과 문학연구』, 일조각
김택규, 1980,『한국민속문예론』, 일조각
차용걸, 1991,『백제사의 이해』, 학연문화사, 1991
최광식, 1994,『고대한국의 국가와 제사』, 한길사
한형주, 2002,『조선초기 국가제례 연구』, 일조각

논문

琴章泰, 1990,「祭天儀禮의 역사적 성격」『대동문화연구』25, 성균관대
김두진, 1999,「고구려 초기 동맹제의의 소도신앙적 요소」『한국고대의 건국신화와 제의』, 일조각
김상태, 1996,「조선 세조대의 원구단 복설과 그 성격」『한국학연구』6·7, 인하대
김일권, 2002,「고려시대 국가 제천의례의 다원성 연구」『고려시대의 종교문화』, 서울대출판부
김택규, 1958,「迎鼓考」『국어국문학연구』2, 청구대
박종서, 1998,『한말 국가제사의 변화에 관한 사회학적 연구』, 서울대 석사학위논문
서영대, 2000,「백제의 오제신앙과 그 의미」『한국고대사연구』20, 서경문화사
서영대, 2003,「고구려의 국가제사-동맹제를 중심으로」『한국사연구』120, 한국사연구회
서영대, 2006,「한국 고대의 천신신앙」『역사에서의 종교와 신앙』, 한일역사가회의 조직위원회
양재연, 1979,「위지 동이전에 나타난 제천의식과 가무」『대동문화연구』13, 성균관대
이기백, 1997,「한국 고대의 축제와 재판」『역사학보』154, 역사학회
鄭景姬, 2004,「한국선도의 수행법과 제천의례」『도교문화연구』21, 한국도교문화학회
鄭景姬, 2005,「한국 제천 전통에서 바라본 正祖代 天祭 기능의 회복」『조선시대사학보』34, 조선시대사학회

趙駿河, 1994, 「우리나라의 제천의례에 관한 연구」 『同大論叢』 24, 동덕여대
차용걸, 1978, 「백제의 祭天祀地와 정치체제의 변화」 『한국학보』 11, 일지사
최광식, 1990, 「한국고대의 제천의례」 『국사관논총』 13, 국사편찬위원회
최기복, 1993, 「유교의 제천의례」 『이성과 신앙』, 한국가톨릭대
韓亨周, 1996, 「조선 세조대의 제천례에 대한 연구」 『진단학보』 81, 진단학회
홍윤희, 2005, 『중국근대 신화담론형성 연구』, 연세대박사학위논문

林陸朗, 1974, 「朝鮮の郊祀圓丘」 『古代文化』 26, 古代學協會
奧村周司, 1987, 「高麗の圜丘祀天禮について」 『早稻田實業學校研究紀要』 21
奧村周司, 1997, 「高麗の圜丘祀天禮と世界觀」 『朝鮮社會の史的展開と東アジア』, 山川出版社
桑野榮治, 1997, 「高麗から朝鮮初期における圓丘壇祭祀の受容と變容－祈雨祭としての機能」 『朝鮮學報』 161
桑野榮治, 2002, 「朝鮮世祖代の儀禮と王權－對明遙拜儀禮と圜丘壇祭祀を中心に」 『久留米大學文學部紀要』 19, 久留米大
中村榮孝, 1970, 「朝鮮世祖の圜丘壇祭祀について(上)」 『朝鮮學報』 54, 朝鮮學會
平木實, 1999, 「圜丘壇祭祀儀禮를 통해서 본 王權과 官僚制의 一側面」 『東洋三國의 王權과 官僚制』, 朝鮮時代史學會
平木實, 1995, 「朝鮮後期における圜丘壇祭祀について(一)」 『朝鮮學報』 157, 朝鮮學會
平木實, 2000, 「朝鮮後期における圜丘壇祭祀について(二)」 『朝鮮學報』 166·167, 朝鮮學會

Wilson Wallis, 1939, Religion in Primitive Society, F. S. Croft&co.

국가제사에서의 단군과 참성단 제사

김 성 환

(실학박물관)

1. 머리말

마리산¹⁾ 참성단은 강화부 전체를 조망할 수 있는 곳이었다.²⁾ 참성단의 지형적 위치를 설명해주는 것이기도 하지만, 당시 사람들이 참성단을 어떻

---

1) 이 글에서 참성단이 위치한 마리산의 명칭으로는 '마리산'으로 정리해서 사용하고자 한다. 조선왕조실록에는 마리산과 마니산이 혼용되어 사용되고 있는데, 마니산 보다는 마리산의 명칭이 보다 오래되었고, 본래의 뜻에 있어서도 근사하다고 생각되기 때문이다. 하지만 자료의 인용과 불가피한 경우에는 마니산의 명칭도 함께 사용할 것임을 밝힌다.
2) 이것은 정조 때 지중추부사 具善復이 강화의 지세를 설명하고 있는 가운데 "신이 또 을유년 訓局에 대죄하고 있을 때 왕명으로 가서 吉祥의 목장을 살펴본 다음 마니산 叅星壇에 올라가 두루 사면을 바라보니, 바둑알처럼 널려 있는 섬들이 오로지 강화 한 府를 위해 설치된 것 같았다"는 언급에서 알 수 있다. 『정조실록』 권7, 정조 3년 3월 임진; 『승정원일기』 정조 2년 윤6월 12일(경오) 원본1423책/탈초본79책(20/22) 참조. 『승정원일기』에는 참성단의 한자가 '摻星壇'으로 기록되어 있다. "臣待罪訓局時 承命視吉祥牧場 轉上摩尼山摻星壇 周視四面 則諸島之星羅碁布者 專爲江華而設矣". 하지만 이튿날의 기록에는 '參星壇'으로 확인된다. 『승정원일기』 정조 2년 윤6월 13일(신미) 원본1423책/탈초본79책(17/19) "臣又於乙酉 待罪訓局時 承命往視吉祥牧場 轉上摩尼山參星壇 周視四面 則諸島之星羅棋布者 專爲江華一府而設 實是海路之關阨 神京之捍蔽也". 조선후기까지 참성단의 명칭이 확정적이지 못했음을 보여주는 사례이다.

게 생각하고 있었는지의 단면을 보여주기도 한다.

긴 바람 내게 불어 신선 사는 곳에 오르니 　　　　　長風吹我上瑤臺
넓은 바다 먼 하늘 만 리나 터졌네 　　　　　　　　海闊天遙萬里闊
옷 털고 발 씻을 것 없다네 　　　　　　　　　　　不用振衣仍濯足
학 탄 신선 피리소리 구름 속에서 들려오는 듯하니 　似聞笙鶴駕雲來
(『목은시고』권4, 摩尼山紀行, 「次韻」)

이 시는 고려 말 이색(李穡)이 참성단에 올라 지은 것이다. 정상에서 본 광경은 그의 표현대로 넓은 바다와 먼 하늘만 보이는 만리(萬里)가 툭 트인 그것이었다. 이곳에서는 신선밖에 살 수 없었다. 그런 곳이 참성단이었다.

이곳에서는 매년 봄·가을 정례적으로 천제가 설행되었다. 이외에 국가의 이변과 마을공동체의 안녕, 개인의 기원 등을 위해 수시로 많은 제사가 이루어졌을 것이다. 그리고 그 연원은 고조선 시조 단군에 닿아있었다. 마리산 참성단은 단군이 제천하던 곳이라는 전승이 그것이다. 이후 이에 기대어 성리학적 통치이념을 바탕으로 하는 조선사회에서도 그 제사는 중단되지 않았다. 소격서의 혁파 논의의 와중에도 그러했고, 오히려 그 논의의 중심에 참성단이 있었다.

참성단과 관련한 연구는 제법 상당하다.[3] 특히 강화군과 강화문화원, 강화역사문화연구소의 주도로 참성단과 관련한 제반 문제는 심도 있게 논의되고 있다.[4] 필자 역시 최근 조선시대 사류층의 문집 자료를 중심으로

---

[3] 대표적인 연구성과는 다음과 같다. 서영대, 1995,「崔錫恒의 <塹城壇改築記>에 대하여」,『博物館紀要』창간호, 인하대박물관 ; 1999,「江華島 塹城壇에 대하여」,『韓國史論』제41·42합집, 서울대 국사학과 ; 2003,「塹城壇과 단군숭배」,『新編 江華史』중 -문화와 사상-, 강화군 군사편찬위원회 ; 2008,「참성단의 역사와 의의」,『단군학연구』18, 단군학회; 김성환, 1997,「고려시대 강화지역의 단군숭배」,『대학원논문집』1, 명지대대학원 ; 2002,『高麗時代 檀君傳承과 認識』, 경인문화사 참조.

강화도의 단군전승에 대한 이해의 일면을 검토한 바 있다.5) 강화도의 단군 전승에 대한 역사적 배경과 참성단, 재궁, 삼랑성에 대한 사류층의 이해, 그리고 이를 통한 사류층의 단군전승에 대한 인식과 특징 등을 살펴보았다.

이 글에서는 조선왕조실록을 중심으로 국가차원에서 참성단을 어떻게 이해하고 접근했는지의 문제를 검토하고자 한다. 참성단에서의 제사가 도교의례중 하나인 초제(醮祭)로 설행되었기 때문에 성리학을 통치이념으로 삼고 있던 조선사회에서 참성단 초제는 분명 이단적인 측면이 있다. 하지만 그 연원이 국조 단군에서 출발하는 것이었기 때문에 쉽게 포기할 수도 없는 것이었다. 조선사회의 별건곤이라는 세계관과도 연계되어 있었기 때문이다.

논의의 차례는 먼저 국가제사에서의 단군 제사에 대해 개략적으로 살펴보고 본격적으로 참성단에서의 제사 문제를 검토하고자 한다. 이에 참성단의 축조와 수축 문제를 일별하고, 그 제사의 의례를 추적하고자 한다.6) 참성단에서의 의례에 대해서는 자료가 많지 않아 접근이 쉽지 않겠지만, 1484년(성종 15) 참성초행향사(塹城醮行香使)로서 마리산에 다녀온 최호원의

---

4) 강화역사문화연구소·삼랑성 역사문화축제조직위원회의 주최로 2003년에 『강화도 참성단 —현황과 과제—』라는 주제로 심포지움이 이루어졌는데, 여기에서는 서영대의 「참성단의 역사와 의례」, 한동수의 「참성단의 현황과 축조방법 고찰」, 이도학의 「참성단의 보존과 활용 방안」, 김형우의 「참성단관련문헌자료」 등이 발표되었다. 또 2008년 10월에는 강화문화원 주관으로 開天大祭 학술세미나가 열렸는데, 여기에서는 최종수의 「개천대제의 현황과 과제」, 서영대의 「참성단의 역사와 의의」가 발표되었다. 이 글은 이 책의 보론에 실려 있다.
5) 김성환, 2008, 「강화도 단군전승의 이해와 인식」『인천학연구』 8, 인천학연구원 참조.
6) 참성단의 제천의례에 대해서는 장철수 외, 1999, 「참성단 개천대제에 대한 연구 고증 보고서」, 강화군; 이성동·김영순, 2006, 「마니산 참성단의 제천례와 향교의 석전례 시 제수와 제례과정 비교」『보건과학논집』 32-1, 고려대를 참고할 수 있다. 하지만 이 성과들은 유교적인 제례를 중심으로 하고 있어 개천대제 원형의 복원에는 한계가 있다.

건의와 18세기 중엽 이형상이 『강도지(江都誌)』에서 서술하고 있는 참성단 의례의 내용, 16세기 강화유수를 역임하면서 정리한 전순필(全舜弼)의 『선조강화선생일기(先祖江華先生日記)』를 주목하고자 한다. 아울러 이를 통해 참성단 제사의 기능과 의미를 재음미하고자 한다.

2. 국가제사에서의 단군

고려시대 단군은 서북한 지역 각 곳에서 지역신으로 모셔지고 있었다. 묘향산·평양·구월산·강화 등이 그곳이다. 평양·구월산 등의 예에서 알 수 있듯이 단군은 서경신사·평양신사·평양군사(平壤君祠)·평양사당(平壤祠堂)·평양묘(平壤廟), 삼성당(三聖堂)·삼성사(三聖祠) 등과 같은 신당(神堂)에 위패가 모셔져 있었다. 대부분 지역 공동체와 개인의 안녕 등을 위한 기능을 했을 것이지만, 전쟁과 가뭄, 전염병 등 국가적인 재난에는 중앙에서 관리를 파견하여 이를 가시기 위한 기양제·기우제 등이 거행되기도 하였다.[7] 특히 참성단에서의 제사는 후술하는 바와 같이 몽골의 친조 요구에 대한 대응책으로서 원종이 이곳에서 친제함으로서 그 전례를 마련하게 되었다.

조선전기 국가에서의 단군 제사는 사전(祀典)의 정비와 함께 지속적으로 이루어지다가 1429년(세종 11) 평양에 단군사(檀君祠)가 건립됨으로서 체제의 완비가 이루어졌다.[8] 조선 건국 직후인 1392년 8월 예조전서 조박(趙璞)은 동방의 시명지주(始命之主)인 단군을 시흥교화지주(始興敎化之主)인 기자와 함께 평양부에서 치제할 것을 건의하였다.[9] 명을 의식한 원구제의 혁파로 인한 대응책을 단군과 기자의 제사에서 찾음으로서 독자적

---

7) 김성환, 2002, 『高麗時代의 檀君傳承과 認識』, 경인문화사 참조.
8) 『세종실록』 권154, 지리지, 평안도, 평양부 "檀君祠在箕子祠南[今上十一年己酉始置 與高麗始祖東明王合祀 檀君在西 東明在東 皆南向 每春秋降香祝致祭]".
9) 『태조실록』 권1, 태조 원년 8월 경신 참조.

인 천명의식을 강조하려는 의도로 보인다.10)

 태종 때는 역대 왕조의 시조에 대한 사전의 범위와 의례를 규정한다. 여기에 단군 역시 포함되었다. 이는 단군이 고조선[전조선]의 시조로서 신왕조 조선의 역사 연원을 출발하는 국조(國祖)로서 명백하게 인식되었음을 의미한다. 하륜(河崙)은 일찍이 조선단군(朝鮮檀君)을 사전에 포함시켜 치제할 것을 청한 바 있었고, 1412년(태종 12) 예조와 예조우참의 허조(許稠) 역시 단군을 기자와 함께 같은 묘(廟)에 모시고 춘추로 관리를 보내 치제할 것을 건의하여 수용된다.11) 그리고 이듬해에 고선제왕(古先帝王)은 중사(中祀)에 모신다는 당 「예악지」의 규식에 따라 기자·고려 태조와 함께 중사로 승격되었으며,12) 1414년에는 그 사의(祀儀)가 상정(詳定)되었다.13) 사전이 국가가 규정한 신앙규범으로 집권층의 정치·문화·역사의식의 투영을 의미하는 것이라고 할 때,14) 이때의 조치는 조선 건국의 주체세력들의 역사의식 및 국가의식을 반영한 것이라고 할 수 있다.15)

 하지만 이때의 조치는 기자묘(箕子廟)에 단군을 합사함으로서 기자를 주향으로 하여 단군이 종향되는 결과를 가져와16) 한계를 가진 것이었다. 그리고 단군사의 별건은 이를 극복하기 위한 목적에서 시도되었다. 1425년(세종 7) 사온주부 정척(鄭陟)이 이를 건의하는데, 그 내용을 요약하면 다음과 같다.

---

10) 김태영, 1973, 「朝鮮初期 祀典의 成立에 대하여」 『역사학보』 58, 역사학회, 131쪽.
11) 『태종실록』 권23, 태종 12년 6월 기미; 같은 책 권24, 태종 12년 7월 경자 참조.
12) 『태종실록』 권26, 태종 13년 11월 경진 참조.
13) 『태종실록』 권28, 태종 14년 9월 무인 참조.
14) 한영우, 1983, 「朝鮮前期의 國家觀·民族觀」 『조선전기사회사상연구』, 지식산업사, 23쪽.
15) 이런 점에서 주목되는 것이 권근·하륜·이첨의 『동국사략』 편찬이다. 이원순, 1979, 「조선전기의 역사인식」 『한국사론』 6, 국사편찬위원회; 정구복, 1975, 「동국사략의 사학사적 고찰」 『역사학보』 68, 역사학회 참조. 권근은 이를 『삼국사략』으로 불렀다. 『양촌집』 권19, 「三國史略序」 참조.
16) 『세종실록』 권29, 세종 7년 9월 경신 참조.

기자사당에서 기자의 신위가 재북향남(在北向南)하고 있는 반면, 단군의 신위는 재동향서(在東向西)하고 있어 입국전세(立國傳世)의 선후에 어긋난다.

단군이 건국한 때부터 기자가 주 무왕에게 책봉을 받을 때까지 제왕역년(帝王歷年)의 햇수가 1230여년이다.

향단군진설도(享檀君陳設圖)에는 신위가 사당의 중앙에 위치하여 남향하게 되어 있는데, 지금은 배동서향(配東西向)하고 있어 진설도와 일치하지 않는다. 만약 단군과 기자를 모두 남향하게 하고 신위도 단군의 위패를 상위에 두고 기자의 것을 다음에 두면 건국의 선후에 어긋나지 않을 것이지만, 명나라 사신이 평양을 지나가다 참배할 경우 이름은 기자사당인데 단군이 주인이 되어 있기 때문에 불합리할 것이다.

기자는 제전(祭田)이 있어 삭망(朔望)으로 제사되는 것과 달리 단군은 제전이 없어 춘추로만 제사될 뿐이니 기자사당에 단군을 모셔두고 홀로 삭망으로 치제하는 것은 미안한 일이다.

(『세종실록』 권29, 세종 7년 9월 신유 참조)

그는 단군사당을 별도로 건립하여 남향봉사(南向奉祀)하는 것이 사의(祀儀)에 합당하다는 것으로 결론짓고 있다. 정척의 이 건의에 따라 단군과 기자의 묘제(廟制)는 다시 논의되어[17] 변계량에 의해 삼국의 시조와 함께 같은 사당에서 합사(合祀)하자는 의견까지 제시되지만,[18] 결론은 독립된 단군사당의 건립으로 마무리된다. 그리고 중사의 위전(位田)이 2결이었던 데 비해 단군사당의 그것은 1결이 더 많은 3결을 지급하도록 하였고,[19] 제기 역시 법식에 맞게 제의규식을 마련하게 된다.[20]

그런데 기자사당 남쪽에 건립된 단군사당에는 고구려시조인 동명왕이 합사된다. 여기에는 동명왕이 단군의 아들이라는 『삼국유사』의 기록에서

---

[17] 『세종실록』 권37, 세종 9년 8월 병자 참조.
[18] 『세종실록』 권37, 세종 9년 9월 기축 참조.
[19] 『세종실록』 권51, 세종 13년 3월 경오 참조.
[20] 『세종실록』 권57, 세종 14년 8월 경인 참조.

알 수 있듯이[21] 고구려의 고조선 역사계승성을 반영한 것이라고 할 수 있다. 그리고 그곳 신위의 판서(版書)가 이전 '조선후단군지위(朝鮮侯檀君之位)'에서 '조선단군(朝鮮檀君)'으로 바뀜으로서[22] 후조선 기자를 아우를 수 있는 인식의 토대를 마련하게 된다. 조선전기 마련된 사전에서의 단군제사는 1460년(세조 6) 세조가 평양을 순행하여 단군사당에 친제(親祭)를 하기도 하는 등 조선시대 단군제사의 규범이 된다.[23]

3. 참성단의 축조와 수축

참성단의 형태는 돌로 쌓았으며, 위는 모지고 아래는 둥글었다. 규모는 단의 높이가 10척, 단 위의 4면이 각기 6척 6촌, 아래의 너비는 각기 15척이었다고 한다.[24] 산기슭에 있던 재궁의 벽 위에는 태종이 잠저할 때 대언으로 재숙(齋宿)하면서 지은 '동(東)'자 운의 시를 널에 새겨 금으로 메운 현판이 걸려 있었다고 한다.[25] 태종의 시를 새긴 것이었기 때문에 가능했을 것이다.

이곳은 신성한 공간이었다. 천제를 지내던 곳이었기 때문이다. 특히 그 연원이 국조 단군에서 출발하는 곳이어서 더욱 그러했다. 그럼에도 불구하

---

21)『삼국유사』권1, 왕력 참조.
22)『세종실록』권49, 세종 12년 8월 갑술 참조.
23) 조선시대의 단군전승과 국가제사로서 단군제사에 대한 연구는 다음을 참고할 수 있다. 강만길, 1969,「李朝時代 檀君崇拜」『李弘稙博士回甲紀念韓國史學論叢』; 서영대, 1987,「檀君崇拜의 歷史」『정신문화연구』32, 한국정신문화연구원; 桑野榮治, 1990,「李朝初期の祀典を通してみた檀君祭祀」『朝鮮學報』135, 朝鮮學會; 1990,「檀君祭祀儀の分析」『年報朝鮮學』1, 九州大學朝鮮學硏究所; 김성환, 1992,「朝鮮初期 檀君認識」『明知史論』4, 명지사학회 참조. 국가제사에 대한 전론으로는 한형주, 2002,『조선초기 국가제례 연구』, 일조각; 2004,「조선시대 국가제사의 시대적 특성」『민족문화연구』41, 고려대 민족문화연구소 참조.
24)『세종실록』권148, 지리지, 경기, 강화도호부 참조.
25) 위와 같음.

고 참성단의 출입에는 특별한 금기(禁基)가 없이 자유로웠던 것으로 보인다. 태종 때 대언으로 참성단 제사에 참여했던 원숙(元肅)의 건의를 수용하여 이양달(李陽達)을 마리산에 보내 금기를 정하고자 한 노력이 보이고 있음에서[26] 짐작할 수 있다.

참성단의 축조시기에 대해서는 자세히 알 수 없다. 단군이 제천했다는 전승을 염두에 둔다면, 당연히 고조선으로 그 상한은 올라갈 수 있다. 하지만 여러 여건상 그렇게 접근하는 것은 무리일 것으로 생각된다. 1264년(원종 5) 6월 원종이 마리산참성(摩利山塹城)에서 초제를 지냈다는 기록이 현재 남아있는 가장 오랜 기록임을 고려할 때,[27] 아무래도 그 시기는 고려의 수도가 강화로 옮겨진 강도(江都) 시기와 관련하여 생각하는 것이 역사적으로도 의미 있을 것이다. 특히 이때는 원나라가 원종에게 입조를 요구하는 상황이었고, 고려 조정에서는 이를 막을 수 있는 대책의 하나로 마리산 참성에서의 초제가 이루어졌기 때문이다.[28]

참성단은 축조 이후 현재까지 많은 수축이 이루어졌을 것으로 짐작된다. 최근 강화군에서 이에 대한 수리를 하고자 하는 계획 역시 그중 하나이다. 이런 점에서 참성단의 현재 모습이 축조 당시의 원형에 얼마만큼 근사한 것인지는 알 수 없다. 하지만 상방하원(上方下圓)의 기본 구조는 유지되었을 것으로 보인다.

현재 남아있는 기록으로 확인할 수 있는 가장 오래된 것은 고려 말의 것이다. 1293년(충렬왕 19) 마리산이 무너졌는데, 그 소리가 천둥과 같았다는 기록이[29] 그것이다. 참성단에 대한 직접적인 언급이 없지만, 마리산은 곧 참성단이었고, 참성단 역시 마리산으로 관칭되었기 때문이다.[30] 이때 참성단은 수축되었을 것이다.

---

26) 『태종실록』 권34, 태종 17년 12월 계사 참조.
27) 『고려사』 권26, 세가26, 원종 5년 6월 경술 참조.
28) 『고려사』 권123, 열전36, 폐행, 白勝賢 참조.
29) 『고려사』 권55, 지9, 오행3 참조.
30) 김성환, 2008, 「강화도 단군전승의 이해와 인식」, 『인천학연구』 8, 인천학연구원 참조.

조선시대에 들어와 1409년(태종 9) 길상산·진강산과 함께 마니산이 무너졌다는 기록도 확인된다.[31] 1411년에는 참성(塹城) 동쪽의 중봉에 있던 큰 돌이 길이와 너비가 각각 5척이나 되는 크기로 무너져 내렸다고 한다.[32] 여기서는 참성을 신성하게 여기고 있음을 알 수 있다. 서운부정 장득수(張得壽)에게 살펴보게 하고, 서운정 애순(艾純)을 보내어 해괴제(解怪祭)를 지내고 있음에서[33] 그러하다. 1426년(세종 8)에는 참성대(塹城臺)가 종소리처럼 울어 소리가 10여 리 밖에 들리더니 얼마 후 큰 돌이 무너졌다고 한다.[34] 이때의 기록은 『동각잡기(東閣雜記)』에 보다 상세하다.

　　선덕(宣德) 병오년 강화의 마리산이 흔들리며 울리기가 마치 큰 종을 치는 것과 같더니 갑자기 참성단 동쪽 봉우리의 돌들이 무너져 내렸다. 주서 장후(張厚)와 서운관정 박염(朴恬)에게 명하여 가서 살펴보도록 하였다.
　　(『지퇴당집(知退堂集)』 권7, 동각잡기 건; 『동각잡기(東閣雜記)』 권상)

이때 참성단의 동쪽 봉우리의 돌들이 무너져 내렸다고 한다. 다른 기록과 비교하여 피해 부분이 구체적이다. 이에 세종은 주서 장후(張厚)와 서운관정 박염(朴恬)을 보내 그 상황을 파악하도록 하였고, 서운부정 김영유(金永柔)를 보내 해괴제를 지냈다.[35]

참성단의 붕괴 원인으로는 수리된 지 오래된 데 따른 풍우 등 자연적인 붕괴를 우선 생각할 수 있다. 기록에 남아 있는 대부분의 것은 그것일 것이다. 하지만 지진 등에 의한 피해 역시 배제할 수 없다. 무너져 내리는 소리가 천둥과 같았다거나 종처럼 울어 그 소리가 10여리 밖까지 들리더니 얼마 후 무너졌다는 것에서 그러하다. 이후 지금까지 참성단의 붕괴로 인

---

31) 『태종실록』 권17, 태종 9년 5월 기묘 참조.
32) 『태종실록』 권22, 태종 11년 10월 임자 참조.
33) 위와 같음 참조.
34) 『세종실록』 권31, 세종 8년 2월 정해 참조.
35) 『세종실록』 권31, 세종 8년 3월 임인 참조.

한 수축에 대한 기록을 확인하는 것은 쉽지 않다. 1639년(인조 17) 마리산의 제단을 수축했다는 기록은36) 거의 유일하다.

참성단과 아울러 초제의 준비 장소였던 재궁의 이건과 수치에 대한 의견 역시 확인할 수 있다. 재궁을 옮기는 논의에 대해서는 태종 때 처음 확인된다. 1417년(태종 17) 대언으로 참성단 제사에 참여했던 원숙은 재궁이 낮은 곳에 위치하여 제사에 불편함을 건의했던 것으로 보인다. 이에 태종은 이양달을 마리산에 보내 재궁을 옮길만한 장소를 택지(擇地)하도록 한다.37) 이때의 논의 결과 재궁이 이건되었는 지에 대해서는 알 수 없다. 그렇지 않을 가능성이 높아 보인다. 이는 80년이 넘은 않은 시점에 다시 이 문제가 거론되고 있기 때문이다.

후술하는 바와 같이 1484년(성종 15) 참성초행향사로 마리산에 다녀온 최호원은 재궁을 옮기는 일에 대해서도 건의한 것 같다. 이는 그 위치가 참성단과는 떨어져있어 제수를 옮기거나 하는데 불편했기 때문일 것이다. 이에 대해 허종은 "옮기는 것이 적당한지 않은지는 관찰사가 순행할 때 자세히 조사하고 정해 보고하도록 건의하였고, 이파와 박숭질은 풍수학제조에게 풍수를 아는 두 사람을 데리고 가서 자세히 조사하고 정하도록 건의하였다. 이건할 장소에 대해 관찰사로 하여금 정하도록 한 허종의 제안과 풍수학제조에게 정하도록 한 이파·박숭질의 입장은 참성단 초례에 대한 두 가지 시각을 반영하고 있다고 보인다. 이에 대해 성종은 허종의 의론을 따랐다.

그러나 이때의 논의가 반영되어 재궁이 옮겨졌는지에 대해서는 의문이다. 1575년(선조 8) 강화유수로 참성단 초례에 헌관으로 참여했던 전순필(全舜弼, 1514~1581)의 언급에서 짐작할 수 있다. 그에 의하면 재실에서 참성까지는 10리 정도 거리를 두고 있었다고 한다.38) 이런 점에서 고려 말

---

36) 『인조실록』 권39, 인조 17년 10월 임자 참조.
37) 『태종실록』 권34, 태종 17년 12월 계사 참조.
38) 全舜弼, 『先祖江華先生日記』(2000, 『한국학연구』 11, 인하대 한국학연구소) 참조.

이색 등이 머물렀던 재궁은 그 위치에서 16세기 후반까지 그대로 기능을 하고 있었을 것으로 추측된다. 물론 태종과 성종 때의 이건에 대한 논의가 있기는 했지만, 실행되지는 못한 것으로 추측된다.

재궁은 1500년(연산군 6) 수치의 움직임도 있었다. 연산군의 이런 움직임에 의정부는 반대의사를 제기한다. 마니산 재궁과 전사청(典祀廳)을 개조하는 데는 수군들이 동원되어 101삭(朔), 약 8년 4개월여의 노역이 있어야 하는데, 군인들의 신고(身苦)가 심하여 어렵다는 것이었다.[39] 다음날 의정부는 또 감악산 신당과 함께 마니산 재궁의 개조를 반대하는 건의를 올렸다. 하지만 연산군은 마니산의 집 짓는 일은 성신(星辰)에 제사 드리고 신께 제사 드리는 곳이어서 정파할 수 없음을 분명하게 밝힌다.[40] 이때 개조가 이루어졌는지는 알 수 없다. 다만 여기에서도 마리산 초제에 대한 사대부들의 부정적인 인식의 일면을 분명하게 읽을 수 있다.

4. 참성단 제사의 의례

참성단에서는 춘추의 정기적인 제사와 가뭄 또는 참성단의 붕괴 등으로 인해 임시적인 제사가 행해졌다. 정기 제사는 당연히 도교의 초제에 따라 진행되었을 것이고, 가뭄으로 인한 기우제나 기양을 위한 해괴제 역시 내용이 약간 다를 수도 있으나 대체로 정기 제사의 예에 따라 진행되었을 것이다. 제사의 중심공간은 제단인 참성단이었고, 재궁은 전적으로 제사를 준비하는 공간이었다. 이곳에서의 제사는 그 의례가 조선시대에도 계속 정비되며 진행되었다.

참성단 제사는 고려 말 이후 대언의 주도로 이루어졌다.[41] 태종이 잠저

---

39) 『연산군일기』 권36, 연산군 6년 2월 병신 참조.
40) 『연산군일기』 권36, 연산군 6년 2월 정유 참조.
41) 『고려사』 권111, 열전24, 慶復興 참조. 이때 경복흥은 우대언으로 참성단 초제를 지내고 있다. 우왕 때도 마리산 초제가 있었다는 기록이 있는데, 이 역시 파견된

할 때 대언으로 참성단 초제에 참여했다는 것에서도 알 수 있다. 하지만 1428년(세종 10) 이곳의 제사를 진행하던 행향사(行香使)는 세종의 명에 의해 영보도량(靈寶道場)·삼계대초(三界大醮)·신살초(神殺醮) 등과 함께 2품 이상으로 차정(差定)하게 된다.[42] 하지만 이 규정이 충실하게 지켜지지는 않았던 것으로 생각된다.[43] 고려 말 제관으로 파견되었던 대언이 3품관이었음을 고려할 때, 세종 때 이를 2품 이상으로 파견하려던 움직임은 어느 시기부터 전례에 따라 환원되었을 것이다. 선조 때 강화유수였던 전순필(全舜弼)의 『선조강화선생일기(先祖江華先生日記)』에서 헌관으로 참석하는 관원들이 4품관으로 확인되는데,[44] 이 역시 행향사의 품계와 관련이 있는 것으로 추측된다.

참성단의 천제에 대한 내용과 절차에 대해서는 잘 알려져 있지 않다. 이점에서는 1484년(성종 15) 참성초행향사였던 호군 최호원이 마리산을 다녀온 직후 올린 그 제반에 대한 건의와 논의를 주목할 수 있다. 그는 마리산 초제를 주관한 후 돌아와 헌관을 더 정할 것, 재실을 옮겨 배치할 것, 집사는 교생(校生)으로 정할 것, 제기는 보궤(簠簋)를 쓸 것, 제수를 더 마련할 것 등을 건의하고 있다. 이에 성종은 소격서제조와 예조에게 이를 의논하도록 하였는데, 그 내용은 다음과 같다.

> 제1조. 강화부사를 헌관으로 삼는 일 - 제조 허종(許琮)이 의논하기를 "본서(本署; 소격서)의 삼계초제(三界醮祭)는 내외단(內外壇) 아울러 3백 51위(位)입니다. 행향사(行香使)는 내단과 외단 서쪽에서 차·탕·술을 드리고, 헌관은 외단 동쪽에서 차·탕·술을 드리는데, 그 유래가 이미 오래되었습니다. 참성초례(塹城醮禮)도 이 예에 의하여 할 것이나, 다만 참성대(塹城臺) 위가 높고 가팔라서

관리는 대언이었을 것이다. 같은 책 권63, 지17, 예5, 길례소사, 잡사 참조.
42) 『세종실록』 권42, 세종 10년 11월 임술 참조.
43) 『선조강화선생일기』의 내용에 토대하여 전순필이 강화유수로 재임하던 때 파견된 행향사가 모두 정3품관이었다는 지적이 있다. 서영대, 2008, 「참성단의 역사와 의의」, 『단군학연구』 18, 단군학회 참조.
44) 『선조강화선생일기』 참조.

오르내리기가 어렵습니다. 또 외단은 위수(位數)가 많지 않으니 하단(下壇) 좌우쪽을 모두 헌관으로 하여금 드리게 하면 경외(京外)와 같은 예가 될 것입니다. 그리고 비록 부사를 헌관으로 삼는다고 하더라도 일을 폐하는 것은 없을 것입니다"라고 하였다. 예조판서 이파(李坡)와 참의 박숭질(朴崇質)이 의논하기를 "참성초단은 높아 오르내리는 즈음에 조금이라도 태만함이 있으면 곧 불경(不敬)이 되는데, 행향사가 만약 상단에서 술잔을 드리기를 마치고 다시 하단에서 드리려면 오르내리는 즈음에 힘을 지탱하지 못할 것이며, 강화치소가 단(壇)에서 거리가 멀지 않고 부서(簿書)의 일도 번거롭지 않아 삼일치재(三日致齋)할 뿐인데 헌관으로 정하는 것이 무슨 폐단이 있겠습니까"라고 하니, 허종의 의논에 따랐다.

제2조. 교생(校生)을 집사로 정하는 일 — 허종이 의논하기를 "본서는 제사 때 집사가 없고 노자(奴子) 가운데 영리한 자를 골라 배단(排壇)이라고 일컬어 정결한 옷을 입히고 제물을 진설하게 합니다. 참성제례(塹城祭禮)도 이 예에 따라 본서의 배단 두 사람을 보내 그렇게 하게 하소서. 이제 집사를 따로 정하면, 서울과 지방의 예가 다르고 또 공급하기에 폐단이 있을 것이니, 예전대로 하는 것이 편리합니다. 다만 최호원이 아뢰기를 '단지기[壇直]의 의복이 누추하다'고 하니, 호조로 하여금 정결한 옷으로 바꾸어 주게 하는 것이 어떻겠습니까"라고 하였다. 이파(李坡)·박숭질(朴崇質)은 의논하기를 "참성초제의 상제(上帝) 4위(位)와 외단(外壇) 91위에 단지 배단(排壇) 두 사람이 전물을 차리고 겸하여 차·탕·술을 차리니, 간이한 듯합니다. 품관으로 의복이 정결한 자를 골라 경중(京中)의 재랑(齋郎)·축사(祝史)의 예와 같이 행하는 것이 어떻겠습니까"라고 하니 이파 등의 의논에 따랐다.

제3조. 제기는 이미 개조하였다.

제4조. 각색병(各色餠)을 제기에 도배(都排)하는 것이 미편(未便)하다는 일 — 허종과 이파가 논하기를 "행한 지 이미 오래되어 별로 설만(褻慢)함이 없으니, 예전대로 하는 것이 어떻겠습니까"라고 하니, 어서(御書)로 이르기를 "가하다"고 하였다.

제5조. 재실(齋室)을 옮기는 일 — 허종이 의논하기를 "옮기는 것이 적당한지 않은지는 멀리서 헤아리기 어려우니 관찰사로 하여금 순행할 때 자세히 조사하

고 정해 아뢰게 하는 것이 어떻겠습니까"라고 하였다. 이파와 박숭질은 의논하기를 "풍수학제조로 하여금 풍수를 아는 두 사람을 데리고 가서 자세히 조사하고 정하게 하는 것이 어떻겠습니까"라고 하니 허종의 의논에 따랐다.

제6조. 명도(命刀)의 일 – 허종과 이파가 의논하기를 "명도의 체제(體制)는 옛 제도를 다시 상고하여 시행하는 것이 어떻겠습니까"라고 하였다.

제7조. 명지(命紙)의 일 – 허종과 이파가 의논하기를 "본래 횡간(橫看)이 있는데, 만일 어기는 자가 있으면 헌관으로 하여금 검핵(檢覈)하여 계문(啓聞)하게 하는 것이 어떻겠습니까"라고 하였다.

제8조. 보궤(簠簋)를 쓰는 일 – 허종과 이파가 의논하기를 "보궤는 도가에서 쓰는 바가 아니므로 예전대로 하는 것이 어떻겠습니까"라고 하니 어서(御書)로 모두 이르기를 "가하다."라고 하였다.

(『성종실록』권172, 성종 15년 11월 을사)

또 18세기 중반 제작된 이형상(李衡祥)의 『강도지(江都誌)』에서도 참성단 제사에 대해 비교적 자세하게 서술하고 있는데, 그 내용은 다음과 같다.

참성단(塹城壇) – 마니산 정상에 있다. 단군이 하늘에 제사하던 곳이라고 전해진다. 아조(我朝; 조선)에서도 고려의 옛 습속을 따라 이곳에서 별을 제사한다. 단상(壇上)에 천막을 치고, 나무로 만든 신주(神主)는 없다. 단지 지방(紙榜)에 4상제(上帝)의 위호(位號)를 쓴다. 하단(下壇)에는 성관(星官) 90여위를 설치한다. 제사를 마치면 이를 불사른다. 봄·가을에 제사를 지낼 때에는 소격서 관원이 40일 전에 이곳으로 와서 술을 빚는다. 소찬(素饌)으로 제사하는데, 이것은 도가(道家)의 일에 가깝고 명산 등의 예는 아니다. 임진년(壬辰年; 임진왜란 – 필자주) 이후 폐지되었다가 인조 16년 무인년에 예조의 계문(啓文)을 지방에 하달하여 전에 치제(致祭)하던 대로 하도록 하였다. 유수 김신국(金藎國)이 조목을 들어 보고하자 예조에서 다시 계문하여 내대사(內待事)를 소격서를 복설(復設)할 것을 정한 후에 마땅히 내외의 초제는 한꺼번에 병행하는 것을 회복하여야겠으나, 지금 우선 마니산의 위판(位版)은 다른 명산의 예에 따라 먼저 조성하도록 하여 혹 사우(祠宇)를 짓고 혹 천막을 설치하도록 하였다. 한결같이 오례의(五禮儀)를 쫓아 행사(行事)와 행회(行會)를 실행하였는데, 지금까지도 계속되고 있다. 향축(香祝)은 서울에서부터 하달된다.

(『강도지』 사단)

이형상의 참성단 의례와 관련한 서술은 성종 때 최호원의 건의로 정해진 의례의 그것과 이후 변화된 내용을 포함하고 있다. 따라서 먼저 최호원의 건의부터 검토하기로 한다. 성종 때의 논의는 1484년 가을 참성단 초제에 행향사로 다녀온 최호원이 건의한 것으로 비교적 조선 전기의 상황을 상세하게 전하고 있다. 이에 따르면, 참성단 초제는 본래 소격서의 삼계초제(三界醮祭)와 같이 행향사가 내단과 외단 서쪽에서 차·탕·술을 드리고, 헌관은 외단 동쪽에서 차·탕·술을 드리는 것이 원칙이었다. 하지만 참성대의 위가 높고 가팔라서 오르내리기가 어렵고, 외단도 위수(位數)가 적어 충분한 공간의 확보가 어려웠다. 이에 제조 허종(許琮)은 내단[상단]으로 추정되는 위쪽에서는 행향사가 차·탕·술을 드리고, 외단[하단]의 좌우쪽은 모두 헌관으로 하여금 차·탕·술을 드리게 하면 소격서에서 행하는 삼계초제와 같은 예가 될 것이라고 건의하고 있다. 또 부사를 헌관으로 삼는다고 하더라도 일을 폐하는 것은 없을 것이라고 하였다. 이 의견에 예조판서 이파(李坡)와 참의 박숭질(朴崇質)도 참성초단이 높아 오르내리는데 위험하여 행향사가 상단에서 술잔을 드리고, 하단으로 내려 다시 술잔을 드리려면 오르내리는 즈음에 힘을 지탱하지 못할 것이라 하여 하단에서의 제사는 강화부사를 헌관으로 삼아 진행하도록 건의하고 있다. 또 강화치소가 참성단에서 거리가 멀지 않고 부서의 일도 번거롭지 않아 삼일치재(三日致齋)하는데 폐단이 없을 것이라는 의견을 개진하고 있다.

최호원은 초제를 위해 교생(校生)을 집사로 선정할 것도 건의하고 있다. 이 문제에 대해 허종은 소격서 제사에는 집사가 없이 노자(奴子) 가운데 영리한 자를 골라 배단(排壇)이라고 일컬어 정결한 옷을 입히고 제물을 진설하게 하는 예에 따라 참성제례도 소격서의 배단 두 사람을 보내 집사로 삼을 것을 건의하고 있다. 이것은 예전부터 진행해왔던 것이기도 하다. 다만 단지기의 의복이 누추하다는 최호원의 지적에 호조로 하여금 정결한 옷으로 바꾸어 주도록 하였다. 이에 대해 이파와 박숭질은 의논하기를 참성초제의 상제(上帝) 4위(位)와 외단 91위에 배단(排壇) 2인만을 두어 전물을 차리고 차·탕·술을 차리는 것은 간이한 듯하니 품관으로 의복이 정결한 자를 골라 소격서의 재랑(齋郎)·축사(祝史)의 예와 같이 행할 것을 건의하였다.

최호원은 제기를 개조하기를 건의하였다. 아마 제기가 많이 망실된 것이 많았던 것 같다. 이에 그의 건의는 즉시 조치되어 개조되었다. 물론 예전 것을 새로 바꾸는 수준의 것이었겠지만, 그 내용에 대해서는 알 수 없다.

그는 또 각색병(各色餠)을 제기에 도배(都排)하는 것이 미편(未便)하다는 일에 대한 시정을 건의하였다. 하지만 허종과 이파는 이미 오래전부터 행한 것이어서 별로 설만(褻慢)함이 없으니 예전대로 하자는 의견을 내놓자 이를 수용하였다. 이로 미루어 제기에는 여러 가지의 떡들이 참성단 초제에 제수로 진설하였을 것으로 짐작된다.

명도(命刀)와 명지(命紙)에 대해서도 최호원은 건의하였다. 이에 대해 성종은 허종과 이파의 의견을 따르고 있는데, 명도에 대해서 이들은 명도의 체제는 옛 제도를 다시 상고하여 시행할 것을, 명지에 대해서는 본래 횡간(橫看)이 있는데, 만일 어기는 자가 있으면 헌관으로 하여금 검핵하여 계문(啓聞)할 것을 건의하고 있다.

최호원은 또 참성단 초례에 사용되는 제기로 보궤(簠簋)를 사용할 것을 건의하고 있다. 이는 유교 제사에서 서직(黍稷)을 담는 것으로 도가에서 사용하지는 않은 것 같다. 아마도 제기가 초라했기 때문에 제사의 격식을 높이기 위해 건의한 것으로 보인다. 하지만 허종과 이파는 이것이 도가에서 쓰는 바가 아니어서 예전대로 하는 것이 좋겠다는 반론을 제기하여 성종의 윤허를 받는다.

반면 이형상은 『강도지』에서 참성단 의례를 다음과 같이 정리하고 있다. 단상(壇上)에 천막을 치고, 상단에는 4상제(上帝)의 위호(位號)를 쓴 지방(紙榜)을, 하단에는 90여위의 성관(星官) 위패를 설치한다. 제사를 마치면 이를 불사른다. 정기 제사에는 소격서 관원이 40일 전에 와서 빚은 술을 사용하고, 도가의 예에 따라 소찬(素饌)으로 제사한다. 향축(香祝)은 조정에서 하달하였다.

또 전순필은『선조강화선생일기』에서 참성단 초제에 대해 쓰고 있는데, 이를 정리하면 다음과 같다. 제사의 구성원은 중앙에서 파견하는 향사(香使), 역시 중앙에서 파견하는 것이 원칙이었던 헌관, 제기·제수 등과 제단의 관리 등을 맡았던 전사관(典祀官)으로 구성되어 있었다. 향사와 헌관은 조정에서 선발되면 그들의 도착을 먼저 강화유수부에 선문(先文)으로 알렸다. 제관들은 강화유수부에 도착하여 하루를 머물고, 다음날 유수부를 출발하여 마리산 재궁에 도착하였다. 제관들은 재궁에서 재계(齋戒)하며 하루를 머물렀다. 다음날 점심을 먹은 후 견여(肩輿)를 타고 참성단에 올라 초제를 준비했다. 한밤을 기다린 후 자정 이후 초제를 지냈다.[45]

이상의 세 자료를 종합하여 마리산 참성단의 초제 내용을 정리하면 다음과 같다. 먼저 봄·가을의 정기적인 제사 시기의 문제이다. 전순필의『선조강화선생일기』에 의하면 1574년~1576년의 가을 제사는 9월 24일, 1576년의 봄 제사는 2월 26일 설행된 것으로 기록되어 있다.[46] 초제를 설행하던 시간은 자정을 넘긴 때였을 것이 분명하다. 이색이 참성단 초제에 참여하며 지은 시에서 "향냄새 올라가니 별은 낮아진다"거나,[47] "만 장(丈)이나 되는 현단(玄壇)에 밤 기운 맑은데"라고 읊고 있고,[48] 석지형(石之珩) 역시 "새벽부터 등임(登臨)하여 상대(上臺)에 오르네"라거나,[49] "새벽의 제사를 위해 작은 산을 넘어 고대(高臺)에 오르니 장관(壯觀)이 펼쳐 있다네"라고 읊고 있는데서[50] 짐작할 수 있다. 또 명찰(明察, 1640-1708)도 "옥황상제

---

45)『선조강화선생일기』참조.
46)『선조강화선생일기』참조.
47)『목은시고』권4,「摩尼山紀行」, 次韻山上作 "…香升星爲低 章入氣初肅…".
48)『목은시고』권4,「摩尼山紀行」, 次韻山上作 "萬丈玄壇夜氣淸…".
49)『강도지』상,「古跡」, 참성단 "…佛曙登臨上上臺…".

천단(天壇)에서 청해(靑海)의 달 내려보니"라고 읊고 있다.51) "제단에 당도하여 제천을 설행하니 밤은 이미 2경[21-23시] 가량 되었다. 견여를 타고 불을 들고 내려와 재실에 당도하니 피곤함을 비할 수 없었고 밤은 이미 반이 지났다", "4경에 제사를 지내고 모두 헌관의 방에 모였다"는 등 전순필의 언급은 초제 설행 시간을 명확하게 보여준다.52)

참성단 초제를 진행하는 관원은 행향사·헌관·전사관[排壇] 2명 등으로 구성되었다. 행향사와 헌관은 중앙에서 2품관~4품관을 파견하는 것을 원칙으로 하였고, 헌관의 경우 강화부유수가 담당하는 경우도 있었다. 전사관은 전사청에 속한 관원으로 초제의 모든 것을 준비하는 실무를 맡았던 것으로 짐작된다. 그들은 재랑(齋郞)·축사(祝史)·제수의 진설 등을 담당하였는데, 성종 때 이전에는 비교적 똑똑한 소격서의 노비 2명을 선발하여 진행하였으나, 최호원에 의해 교생으로 바꿀 것이 건의되기도 하였다. 하지만 이 건의는 수용되지 못하고, 품관으로 의복이 정결한 자를 골라서 행하는 것으로 정리되었다. 이들이 초제 진행에서 주축을 이루는 구성원이었다.

초제는 상단과 하단에서 모두 진행되었는데, 상단에는 제단 위에 포장을 쳤다. 행향사는 상단과 하단의 외단 서쪽의 제사를 주관하였고, 헌관은 외단 동쪽의 제사를 주관하였다. 도교에서 지내던 태일 초제 등이 상·중·하단에서 설행되던 예에 따라 진행하였으나, 장소가 야외라는 특수성과 공간적 협소함이 함께 작용하여 중단과 하단의 제사를 외단의 서·동으로 나누어 설행하는 것으로 정리하였던 듯하다.

이곳에서는 모두 95위의 신격에 대한 제사가 이루어졌다. 그런데 이에 대한 구체적인 자료는 확인되지 않는다. 다만 1152년(의종 6) 72성신(星神)과 천황대제(天皇大帝), 태일(太一), 16신(神)에게 질역을 기양하기 위해 명인전(明仁殿)에서 초제를 설행하였다는 내용을 『고려사』에 찾을 수 있는

---

50) 『강도지』 상, 「古跡」, 참성단 "爲將晨事陟巑岏 聯上高臺殿壯觀…".
51) 『풍계집』 권중, 第三畿內錄, 「檀君臺」 "…玉帝臨壇靑海月…".
52) 『선조강화선생일기』 참조.

데,53) 참고할 수 있다. 물론 이때 72성신과 천황대제·태일·16신이 함께 설행되었는지에 대해서는 의문이기도 하지만, 90여 신격은54) 참성단에서 제사한 95위의 신격과 비교할 수 있다.

그런데 마리산 초제에서 상단에는 옥황상제, 외단의 서쪽[중단]에는 노자, 외단의 동쪽[하단]에는 염라대왕이 주된 신격이었을 것으로 짐작된다. 1511년(중종 6) 특진관 유숭조(柳崇祖)가 소격서의 혁파를 건의하면서 마리산에서 비를 차린 단(壇)에 옥황상제라고 하였다는 것에서 확인할 수 있다.55) 또 3차례나 마리산 향사를 다녀온 김응기(金應箕)에 의하면, "옥황상제를 제사하되 노자를 배향하고 28수(宿)의 위판을 써놓았으며, 또 염라대왕(閻羅大王)에게도 제사하여 성신(星神)이 내려와 흠향할 리 없다"고 언급하고 있다.56) 옥황상제, 노자, 28수 및 염라대왕이 95위의 위패에 포함되어 있었음을 알 수 있다.

그렇다면 상단에서는 옥황상제를 주된 신격으로 상제 4위의 위패를 모셨다고 할 수 있는데, 도교에서 말하는 4어(御)인 호천금궐지존옥황대제(昊天金闕至尊玉皇大帝)·중천자미북극대황대제(中天紫薇北極大皇大帝)·구진상궁남극천황대제(句陳上宮南極天皇大帝)·승천효법후토황지기(承天效法后土皇地祇)이 그것이었다고 추측된다.57) 중단의 성격을 지니고 있는 외단의 서쪽은 노자를 주된 신격으로 하고 28수 등을 모신 것으로, 하단의 성격인 외단의 동쪽에는 염라대왕을 비롯한 여러 성신을 제사한 것으로 추정할 수 있다.

---

53) 『고려사』 권17, 세가17, 의종 6년 6월 계미 "幸妙通寺 設摩利支天道場 是日還壽昌宮 醮七十二星於明仁殿 又醮天皇大帝太一及十六神以讓疾疫".
54) 90여 신격중 72성신의 성격에 대해서는 북극성, 일월, 오성, 사요, 북두칠성, 남두육성, 삼태육성, 노인성, 십이지궁, 이십팔수를 포함한 것으로 추정하는 견해가 있다. 김일권, 2008, 『우리 역사의 하늘과 별자리』, 고즈윈, 223~225쪽.
55) 『중종실록』 권14, 중종 6년 6월 계미 참조.
56) 『중종실록』 권26, 중종 11년 12월 경신 참조.
57) 서영대, 2008, 「참성단의 역사와 의의」 『단군학연구』 19, 단군학회 참조.

행향사는 상단에서 상제 4위에게 차·탕·술을 드리고, 다시 하단으로 내려와 외단 서쪽에서 차·탕·술을 드렸다. 헌관은 외단 동쪽에서 차·탕·술을 드렸다. 하지만 참성단의 제장(祭場)이 협소하고 상단과 하단을 연결하고 있는 길 역시 위험하여 현실적으로는 많은 어려움이 있었다. 이에 성종 때부터 행향사는 상단에서의 제사만을 전담하고, 하단의 좌우쪽 제사는 헌관이 담당하게 된 것으로 짐작된다. 전사관 2명은 전물인 차·탕·술 등을 차리는 임무를 맡았다.

상단과 하단의 위패 95위는 신주를 명산대천의 제사와 같이 나무로 하지 않고 모두 지방(紙榜)을 사용하였다. 초제에 사용할 향축은 조정에서 전달하였는데, 이들은 제사 후 모두 소지하였다. 제수는 도교의 제사에서와 같이 소찬을 마련하였는데, 차·탕·술이 그것이다. 특히 제수에 상용할 술은 소격서 관원이 40일 전에 와서 빚은 것을 사용하였다. 또 성종 때 최호원의 논의를 검토할 때, 여러 가지의 떡들이 참성단 초제에 제수로 진설되었을 것으로 짐작된다.

한편 참성단 초제의 제수 등을 준비하기 위한 별도의 제전(祭田) 역시 마련되어 있었을 것이다. 고려 말의 마니산참성제전(摩尼山塹城祭田)이 그것이었는데,58) 그 규모에 대해서는 자세히 알 수 없다.59) 참성단 초제에는 음악 역시 사용되었다.

1511년(중종 6년) 유숭조의 언급에 의하면 운마악(雲馬樂)을 벌였는데, 그 허황됨과 무리함이 심했다고 한다.60) 운마악이 어떤 음악을 지칭하는지 알 수 없다. 향후 추적해야할 문제이다.

---

58) 『고려사』 권82, 병지2, 둔전, 우왕 3년 3월 참조.
59) 朴憲用이 편찬한 續修增補 『江都誌』에서 조선시대 塹城壇의 祭田으로 10여畝가 지급되었다고 한다. 朴憲用 編, 1932, 續修增補 『江都誌』 참조.
60) 『중종실록』 권14, 중종 6년 6월 계미 참조.

5. 참성단 제사의 기능과 의미

참성단에서의 지내지던 초제의 목적은 국가의 안녕을 위한 것이었을 것이다. 이곳에서의 천제는 성리학적인 유교 질서를 기본 이념으로 했던 조선사회에서는 지낼 수 없는 것이기도 했다. 하지만 이것은 오래 전부터 지내온 전통이 있는 것이어서 중단할 수 있는 것이 아니기도 했다. 조선은 당요 무진년에 하늘에서 내려온 단군이 국조였고, 중국적 질서 안에서 천자가 분봉(分封)한 나라가 아니었기 때문에 천제는 천 여 년이 넘도록 고쳐진 적도 없었다.[61]

하지만 성리학적인 질서가 자리잡아가면서 참성단 제사는 점차 폐지에 대한 건의가 보이기 시작한다. 1432년(세종 14) 예조판서 신상(申商)은 방목장으로 적합성을 살피기 위해 강화를 다녀와 왕에게 보고하는 자리에서 마리산 초단(醮壇)이 매우 비루하여 제사지내는 곳으로는 마땅치 못하고, 소격전에서도 제사하고 있으니 폐지할 것을 건의한다. 이에 세종은 지신사 안숭선(安崇善)에게 도가에서 별을 제사하는 것에 대해 옳고 그른 것을 알지 못하겠으니 별을 제사하는 사유를 옛일을 상고하여 조사하라는 명을 내린다.[62] 그러나 이때의 논의는 중국과는 다른 별건곤이라는 자주적인 인식이 강했던 조선 전기 사회분위기를 감안할 때, 단행되지는 않았다.

이에 대한 본격적인 논의는 중종 때 이루어진다. 영사 김응기 등은 기신재·내수사장리의 혁파를 건의하면서 "국가에 크게 관계되는 일은 없는 것 같으나 소격서의 마리산 제사 같은 것은 다 하늘에 제사지내는 것으로, 이는 심한 참례(僭禮)"라고 하며 폐지를 건의하였다. 이때의 건의도 수용되지 않았다.[63] 하지만 8개월 후 조정에서 이 문제는 다시 거론된다. 공서린(孔瑞麟)은 "소격서와 마니산참(摩尼山塹)의 초제는 부득이해서 하는 것

---

61) 『태종실록』 권31, 태종 16년 6월 신유, 卞季良 上書 참조.
62) 『세종실록』 권55, 세종 14년 3월 무인 참조.
63) 『중종실록』 권24, 중종 11년 2월 정축 참조.

인지 알 수 없으니 이런 제사들을 마땅히 혁파해야 할 것임을 건의하고 있다. 또 신용개(申用漑)도 "소격서는 하늘을 섬기는 일과는 상관이 없고, 단지 성신과 노자만을 제사하는데 노자에게 제사함은 더욱 우스운 일입니다. 기도의 효험은 볼 수도 없이 외방(外方)에서 상납하는 물건만 매우 많아 폐단이 큽니다. 대간이 전에도 논계하였지만 윤허받지 못했습니다. 비록 조종조에서 하신 일이지만 마니산 초제 같은 것은 도리에 어긋남이 막심하니 마땅히 통쾌하게 결단하여 끊으소서"라고 건의하였다. 하지만 중종은 "사전은 조종 때 이미 참작하여 더러는 그대로 두고 더러는 없앴으니 지금 경솔하게 의논할 수 없다"고 하여 반대 입장을 분명히 하였다.[64]

소격서의 폐치 논의가 지속적으로 이루어지는 가운데, 그 중심에는 마리산 참성에서의 초제가 있었다. 소격서에서 행하던 초제의 내용 중 참성단 제사가 중요한 것 중 하나였음을 의미한다. 하지만 조선의 사대부들에게 하늘에 대한 제사는 천자만 할 수 있는 것으로 인식되었다. 이런 점에서 원구단 제사에 대한 이해는 부정적일 수밖에 없다. 세조 이후에는 원구단의 호칭이 남단(南壇)으로 바뀐 것 역시 대개 군국·주현에서 풍사(風師)·우사(雨師)에게 제사지내는 제도를 모방한 것이었다.[65]

이런 점에서 마리산 초제는 조선이 중국과는 다른 동방의 별건곤이라는 의식을 대변하는 것이기도 했다. 참성단에서의 초제가 전통적으로 도가에 위임되어 도교적인 의례로 진행되었음에도 불구하고, 중단할 수 없었던 것은 이것이 가지는 상징 때문이었을 것이다. "우리 동방에 나라를 세운 것은 단군부터 시작되었는데 역사에서는 하늘에서 내려와 돌을 쌓아 제천의 예를 행하였다고 하였다. 그 후에도 모두 그대로 따르고 있는 것은 대국에서 분모(分茅)를 받지 않았고 크게 참람하기에 이르지 않기 때문"이라는 정조의 언급은 유의할만하다.[66]

---

64) 『중종실록』 권26, 중종 11년 10월 기사 참조.
65) 『정조실록』 권35, 정조 16년 8월 무인 참조.
66) 『정조실록』 권35, 정조 16년 8월 무인 참조.

도교의례로[67] 치러졌던 참성단 초제가 폐지의 논란에 휩싸이면서도 존치될 수 있었던 배경에는 그 시초가 단군에게 있었기 때문이었다. 따라서 이를 폐지하면 단군 이래의 전통을 단절하는 것이자 별건곤의 역사와 자주성을 포기하는 것이기도 했다. 이런 점에서 참성단 초제는 조선의 역사와 자존의식의 상징에 대한 또 다른 의미로 받아들여지기도 했다. 1630년(인조 23) 음성현감 정대붕(鄭大鵬)의 소격서를 복치할 것을 상소하고 있고, 이에 대한 예조의 의론에서도 마리산 초제는 도교 제사의 대표성을 띠고 있었다.

예조에서 회계하기를 "일월성신은 천자가 교제(郊祭)를 지내는 예입니다. 제후들은 봉강(封疆)안의 산천에 제사하게 되어 있기 때문에 춘추 때 여러 나라들이 자기 분야(分野)에 있는 별일지라도 감히 제사지내지 못한 것입니다. 전조(前朝)에서는 송과 원을 차례로 섬겨 도교와 불교의 초제에 대한 이야기를 익히 들었던 탓으로 마니산에 있는 제성단(祭星壇)을 아조(我朝)에서도 폐하지 않고 그대로 따랐습니다. 그러다가 중묘조(中廟朝)에 이르러 선정신(先正臣) 조광조(趙光祖)가 부제학이 되었을 때 삼사(三司)가 일제히 논계함에 따라 대신과 의논하여 혁파하게 되었습니다. 대신은 곧 정광필(鄭光弼)·안당(安瑭)·김응기(金應箕) 등이었습니다. 그 뒤 당로자(當路者)들이 조광조를 배척하기에 있는 힘을 다 하였지만, 그래도 소격서를 설치하는 것은 불경(不經)에 관계된다고 말

---

[67] 도교의례에 대한 부정적인 인식은 명종 21년 소격서에 보관중인 제기를 닦지 않은 관원을 추고하라는 명종의 전교에 대한 사신의 평에서 알 수 있다. "사신은 논한다. 우리나라 민속이 오직 釋氏[불교; 필자주]를 숭상하나 사대부 집에서는 오히려 받드는 이가 드물다. 도교의 경우는 중앙에서나 지방에서나 전혀 숭상하지 않는데, 오직 국가에서만 소격서를 두었다. 거기에 설치한 位牌는 나무를 새겨 까맣게 칠을 해서 天神·星宿의 이름을 썼는데 그 수가 1천여 개에 이르렀으니, 雜亂縱橫하여 불경스러움이 막심하다. 그 황탄하고 불경함은 실로 佛氏와 다를 것이 없는데, 文官으로 그 일을 주관하여 때로 醮祭를 베풀게 하고, 宰臣이 명을 받들고 가서 제사를 지내되 기원하고 고유하기를 마치 禮祀[祀典에서의 제사; 필자주]에서와 동일하게까지 하였다. 중중 기묘년에 조정에서 銳意하게 혁파하였는데 기묘년의 인물들이 피폐되자 다시 옛 제도를 회복하여 그대로 지금에 이르고 있으니 애석하다"(『명종실록』 권33, 명종 21년 6월 갑자 참조).

했습니다. 임진년 이후 품정하여 혁파한지가 이제 이미 오래되었는데 정대붕(鄭大鵬)이 감히 다시 설치하기를 청한 것은 매우 외람된 짓입니다. 그리고 추숭례(追崇禮)에 이르러서는 조정에서 예경(禮經)을 상고하고 전례를 인용해서 일대(一代)의 법전으로 만든 것인데, 정대붕은 본디 무식한 사람으로서 의류(醫流)로 발신하여 이미 결정이 된 뒤에 감히 소장을 올렸으니, 더욱 통분하고 놀랍습니다. 아울러 다시 의논하지 마소서" 하니 왕이 따랐다.

(『인조실록』 권23, 인조 8년 8월 기유)

참성단 초제는 도가의 대표적인 제사였던 것이다. 따라서 소격서의 복설은 참성단 초제의 시행과 밀접한 관련을 가지고 있었다.[68] 이는 영조 때 도교를 대표하는 상징으로 소격서와 마리산이 언급되고 있음에서도 짐작할 수 있다. 영조 7년 영조가 진수당(進修堂)에서 시독관 이종성(李宗城) 등과 진강하였는데, 이때 그는 영조에게 기도의 일로 중종 이전에 있었던 소격서와 마리산을 예로 들고, 이이(李珥)가 마니산의 초례에 대한 청사를 짓는 것을 처음에는 거부하였음을 언급하고 있다.[69]

참성단 초제는 중종 때 소격서의 혁파에도 불구하고 중지되지 않았다. 국조 단군과 관련하여 참성단이 지니는 상징적 의미가 작용했을 것이기 때문이다. 다만 임진왜란 이후 잠시 폐지되었다가 인조 16년 다시 거행하면서 지금까지 그 전통을 이어오고 있다.

마리산 초제는 가뭄으로 인한 국가의 부정기적인 제사가 행해지기도 하였다. 1445년(세종 27)에는 2년째 가뭄이 계속되자 이에 대한 의정부의 대책을 수용하여 여러 신소(神所)와 함께 마리산에 향축을 내려 기도하게 하

---

68) 정대붕의 논의에 대한 예조의 반대의론은 『승정원일기』에서도 확인할 수 있다. 『승정원일기』 인조 8년 8월 8일(을묘) 원본30책/탈초본2책(3/6) 참조.
69) 『승정원일기』 영조 7년 10월 27일(정사) 원본733책/탈초본40책(45/45) "宗城曰 祈禱之事 在中廟以前行之 故有昭格署磨尼山 亦有祈禱處 以先正臣李珥文集 觀之 宣廟朝亦行之 祈禱祝文 使臺官製進 而不爲製進 使李珥製進 珥亦以儒臣 不當製爲辭 而淫祠別集中 有擬作祝文矣 聖祖當儀禮草創之初 竊取某之禱久矣之義 有母爲寡躬祈福之敎 而爲民爲國祈禱之事 想有之矣 上曰 所言是矣".

였다.70) 1472년(성종 3)에도 경기지역의 가뭄에 따른 예조의 대책 건의에 따라 향사를 보내 마리산 참성에서 기우하였다.71) 1527년(중종 22) 가뭄에도 마리산에서는 기우제가 지내졌다. 이때 가뭄이 심해지자 중종은 비망기를 내려 전교하며 성종 때의 예에 따라 근시를 보내 일시에 제사지내는 것이 어떤지를 묻고 있다. 이에 예조에서는 종묘·사직부터 마니산에 이르기까지는 준례에 의해 항상 거행하는 곳이고, 개성부 송악산부터 안주 청천강까지는 사전에 실려 있어 경기에는 근신을 보내어 제사하되 인원이 부족하면 출입하는 시종중에서 직품이 높은 사람으로 택해 보내고, 황해도·평안도 등에는 관찰사·도사가, 그 밖의 곳은 소재지의 수령이 거행하게 할 것을 건의하였다. 예조의 회계는 중종에게 부분적으로 수용되어 종묘·사직부터 마니산까지만 근신을 보내 치제하는 것으로 정리되었다.72) 여기서 언급된 성종 때의 전례는 앞서 언급한 1472년 마리산 참성에서의 기우를 의미한다고 생각된다.

　명종 때에도 조선 조정의 공식적인 기우제가 마리산에서 이루어졌다. 1554년(명종 9) 가뭄이 심해지자 명종은 소격서 및 마리산 참성에서의 초제와 기우제를 시급하게 거행할 것을 명하였다. 이때의 기우제는 가뭄의 초창기에 제사의 대상이 이미 정해져 있었던 듯하다. 그러나 그 정도가 심하지 않아 미루고 있다가 거행되었다.73) 1559년에도 기우제를 지냈는데, 이때는 명종의 향축을 친히 전하려 하기도 했다. 일반적으로 왕이 친히 향축을 전하는 것은 대사와 중사에만 해당되는 것이었다. 마리산 초제는 소사이기 때문에 해당될 수 없다. 하지만 가뭄이 너무 절박하여 이런 조치가 있었던 것이다. 이런 사정은 명종의 전교와 예조의 상서에서 알 수 있다.

---

70) 『세종실록』 권108, 세종 27년 5월 기묘 참조.
71) 『성종실록』 권17, 성종 3년 4월 무진 참조.
72) 『중종실록』 권59, 중종 22년 5월 갑진 참조.
73) 『명종실록』 권17, 명종 9년 7월 병진 참조.

전교하기를 "나는 제례에 대해 항상 정성을 다하고자 평상시의 대사와 중사의 향축을 모두 친히 전하였다. 어제 3차 기우제에 향축을 친히 전해야 한다는 공사를 보고 과연 합당하다고 생각하였다. 지금 온갖 곡식들이 결실하는 시기를 당해 가뭄이 이와 같기에 내가 매우 염려되어 기우별제(祈雨別祭)를 친히 거행하고 싶었지만, 더위가 한창 기승을 부려 기우제를 거행하기가 어려울 듯하기 때문에 아직 하지 못하였을 뿐이다. 그리고 마리산 제문에 지금 친압하는 것도 무방하다. 비록 도가가 주관하지만, 계축년 봄에는 소격서에 친히 제사지내려고까지 하다가 사세가 불편했던 까닭으로 거행하지 아니하였을 뿐이다. 그러나 전례를 상고하여 아뢰는 것이 역시 좋겠다."

(『명종실록』 권25, 명종 14년 7월 계유)

예조가 아뢰었다. "예문(禮文)에 상이 향축을 친히 전하는 것은 대사와 중사에 불과하고 소사에는 미치지 아니합니다. 어제 3차 기우제에 대하여 계품할 때 본조에서는 가뭄이 날로 심하고 재해가 절박하여 일상적인 예만을 따를 수는 없다고 여겨 예문에 구애되지 않고 각별히 기도하여 하늘의 뜻을 돌리고 싶었기 때문입니다. 보통 때에는 친히 전하지 않았던 것까지 아울러 친히 전하시라고 청하였는데, 이런 사유는 미처 계품하지 못하였었습니다. 지금 들으니 정원이 향축을 전하는 의주(儀註)를 상고한다고 하기에 감히 그 사유를 아룁니다. 마리산은 그 제사 의식이 다른 명산의 제사와는 달리 오로지 도가에 위임하여 제사를 관장하도록 하기 때문에 헌관으로 하여금 대압(代押)하도록 합니다. 하지만 금번 기우제에는 친히 전하는 것이 타당할 듯합니다. 그러나 전례의 유무를 마땅히 다시 상고하여 아뢰겠습니다."

(『명종실록』 권25, 명종 14년 7월 계유)

마리산 초제에 향축을 전한 것은 가뭄이 심해 일상적인 예만 따를 수 없었던 절박함에 기인한 것이다. 이를 위해 명종은 이에 대한 의주(儀註)를 상고하도록 하기도 하였다. 예조가 이를 동의한 것 역시 절박함을 수용한 것이었다. 특히 마리산 제사가 다른 명산의 제사와는 달리 도가에 위임하여 관장하는 것이기 때문에 헌관에게 대압(代押)하도록 하는 것이 보통이지만, 이번만은 동의한다는 것이었다. 그러면서도 예조는 전례의 유무를 다시 따져보겠다고 했다. 특별한 경우이기는 하지만, 이것이 정상적인 것은 아니라는 의미로 받아들여진다. 이에 대해서는 다음의 사론을 참고할 수 있다.

> 사신은 논한다. "예(禮)는 존비의 차례를 매기고 귀천을 분별하는 것이니 지나치게 해서도 안되고 소홀히 해서도 안된다. 더구나 제사의 예는 오직 정성의 지극함에 달려 있을 뿐이지 예문의 후함에 있지 않은 것이다. 지금 가뭄이 너무 심하니 기우제를 지냄에 마땅히 나의 정성을 다하되 탕임금이 육사(六事)로 자책하던 것처럼 해야 하는데, 도리어 소사에 향축을 친히 전함에 얽매여 이미 존비의 구별도 없고 예가 아닌 도가의 제사에 또한 친압(親押)하고자 하였으니 어찌 잘못이 아니겠는가."
> (『명종실록』 권25, 명종 14년 7월 계유)

마리산 향축의 친압(親押)에 대한 비판이다. 이는 다음날 정원이 올린 상서에서도 이어진다.

> 정원이 아뢰기를 "오늘 아침에 마리산 기우제의 향축도 아울러 친히 전할 것인지의 여부를 신들에게 하문하셨는데, 신들은 예조가 당초에 가뭄의 재앙이 절박하면 기우제를 지내는 모든 곳에서 기우제를 지내야 한다는 생각으로 마리산의 제문에도 역시 친압하도록 청한 것으로 여깁니다. 그러나 이미 친압을 하고 나면 향축도 친히 전하는 것이 무방할 듯합니다. 다만 이 제사의 의식은 다른 명산의 제사와 달리 전적으로 도가에 위임하여 관장하도록 한 것으로서 조종조로부터 친압하거나 친히 전하지 않았던 것은 반드시 그 뜻이 있을 것입니다. 그런데 지금 처음으로 친압하고 향축을 친히 전하는 것은 아마 온당하지 못할 듯하기에 감히 아룁니다."라고 하니, 전교하기를 "친압하고 친히 전하는 것을 모두 하지 않겠다"고 하였다.
> (『명종실록』 권25, 명종 14년 7월 갑술)

결국 마리산 초제에 왕이 친히 향축을 전하는 것에 대한 반대 의사는 이것이 도가에게 위임하여 관장하는 제례이기 때문에 성리학적인 의례에 맞지 않는다는 것이었다. 이런 사대부들의 의론은 명종의 뜻을 꺾었다. 마리산 초제를 통해 사대부들의 도교에 대한 인식의 단면을 엿볼 수 있는 대목이다. 1574년(선조 7) 5월, 1576년 4월에도 기우제가 있었다.74)

마리산 참성에서의 초제는 기자(祈子) 신앙과도 연계되었을 수 있다. 이는 직접적인 자료는 아니지만, 1563년(명종 18) 대내에서 몰래 환관을 밖으로 보내 영검 있는 산천에 초제하며 아들 낳기를 빌었다는 기록에서 짐작할 수 있다.75)

마니산에는 산신을 위한 별도의 사당이 건립되기도 하였다. 1639년(인조 17) 마니산에 사당을 세우고 산신에게 제사지냈다는 기록은 이를 의미한다.76) 마니산 산신은 이 산을 관장하던 신격으로 단군이었다. 그는 또 참성단에서의 초제를 주관하던 첫 번째 존재로 알려져 있었다. 마니산산신은 강화의 제반을 모두 관장했다. 강화 돈대의 시역고제(始役告祭) 역시 마니산산신에게 지내졌다. 특히 이때의 고제에는 승정원의 건의에 따라 전사겸 대축(典祀兼大祝)에 경관(京官)이 차정되었다.77)

이곳은 1476년 태일성(太一星)의 초제 장소로 거론되기도 했다. 태일성은 45년마다 방위를 옮긴다고 한다. 이에 고려에서는 통천에서 제사했었고, 조선 초에는 갑인년에 의성으로 옮겨 제사하기도 했다. 그리고 또 45년째 되는 무술년에는 곤방(坤方)으로 옮겨 제사를 해야 하는데, 그 위치가 문제되었던 것 같다.

소격서에서는 곤방의 위치로 마리산을 추천하였지만, 우승지 임사홍(任

---

74) 『선조강화선생일기』 참조.
75) 『명종실록』 권29, 명종 18년 12월 병오 참조.
76) 『인조실록』 권39, 인조 17년 12월 임자 참조.
77) 『승정원일기』 숙종 5년 2월 27일 (임진) 원본268책/탈초본14책 (16/16) "政院啓曰 以江華墩臺始役告祭設行事 臣瑨 當於再明 受香下去 諸執司差定一款 擧行與否 卽者招問該曹吏 則該吏 以其堂上之言 來傳曰 曾前大興山城始役設祭時 亦無諸執事差定之事 奠物則御營廳將官 當受去 諸執事則以該廳將官 或本府校生 差定設行云 臣以事體不當如此之意 往復至再 終始堅執 今此摩尼山告祭 別遣近侍 事體甚重 使將官 受奠物於太常 使校生讀祝 事極未安 典祀兼大祝 以京官差定 其餘諸執事 令本道差遣事 分付擧行 何如 傳曰 允 禮曹謄錄"。

士洪)은 이를 비판하고 있다. 그에 의하면 소격서의 주장은 옛글에 의거한 것이 아니고, 나름대로의 생각일 뿐으로 의성으로 옮겼을 때의 문적에 근거하여 그 장소를 명확하게 말해야 한다는 것이었다. 그는 또 마리산은 곤방이 아니라는 풍수학교수 최호원으로 하여금 근정전 뜰에서 사방(四方)을 상고하여 정하고, 그 결과의 가부를 의논할 것을 제안하고 있다.78) 5일 후 최호원에 의해 마리산은 태방(兌方)으로, 태안이 곤방으로 비정되었다. 하지만 이 역시 임사홍은 흡족하지 않았는지 믿을 수 없으니 옛날의 전적을 널리 상고하도록 하게 해달라는 재 건의를 하여 수용된다.79)

또 다음달 왕은 원임 정승들과 관상감제조에게 태일궁(太一宮)을 옮기는 일을 의논하게 한다. 이 논의에는 정창손(鄭昌孫)·한명회(韓明澮)·김질(金礩)·윤자운(尹子雲)·서거정(徐居正) 등이 참여하였다. 이들에 의하면 강화는 개성에서 보면 간방(艮方)이고, 한양에서 보면 태방이라는 것이다.80)

그런데 중요한 것은 마리산이 태일성의 초제지인 곤방으로 비정되었다는 점이다. 이듬해 윤2월 한훈질정관(漢訓質正官) 김석원(金錫元)이 문견사목(聞見事目)을 올리면서 한 말에서 알 수 있다. 이에 의하면 이곳을 태일성을 제사할 곳으로 비정한 사람은 관상감의 관리였다. 그는 마리산이 정방의 곤방[正坤]은 아니지만 명산이기 때문에 태일성의 초제지로 선정하였다고 한다. 한양을 중심으로 마리산은 태방으로 곤방은 인천지역의 어느 곳이었다.81) 이 논의는 곤방을 다시 찾는 것으로 마무리된다. 그러나 중요한 것은 태일성의 초제지인 곤방이 한양을 중심으로 태방에 위치한 마리산이 비정될 수 있었던 배경이다. 이는 이곳이 조선 전기까지 신성한 곳으로 모셔지고 있었음을 의미한다.

한편 마리산 산신제는 1437년(세종 19) 전국의 악·해·독·산천의 단묘

---

78) 『성종실록』 권70, 성종 7년 8월 갑오 참조.
79) 『성종실록』 권70, 성종 7년 8월 기해 참조.
80) 『성종실록』 권71, 성종 7년 9월 갑자 참조.
81) 『성종실록』 권77, 성종 8년 윤2월 병진 참조.

와 신패의 제도를 상정하면서 어느 정도 정리되는 것으로 추측된다. 이때의 정비는 유교적 이념을 중심으로 전국의 산천신을 정비하려는 목적에서 이루어진 것으로 마리산 역시 예외일 수 없었다. 마리산 참성단의 위판은 '마리산산천지신(摩利山山川之神)'에서 '산천' 두 글자가 삭제되고 '마리산지신(摩利山之神)'으로 정비된다.[82] 제사의 내용과 절차 역시 유교적 예제를 준용하여 대략 규정되었을 것으로 생각된다.

그 과정을 잠시 살펴보면, 먼저 예조에서는 선덕 6년(1431, 세종 6)에 정한 규식에 의거하여 전국의 악·해·독·산천의 단묘와 신패의 제도를 정할 것을 건의하였다. 이것은 의정부에 의해 다시 상정되어 정리되었고, 이견이 없는 사항은 예조에서 상정하였던 내용을 따르도록 하였다. 그 내용을 종합하여 정리하면 다음과 같다.

1. 풍년을 기다려서 각기 2칸의 신주와 고방을 짓는다.

2. 신판과 제기를 간직하여 두고, 제사 때에는 재계하고 목욕한 사람에게 제사지내는 곳으로 운반하게 한다.

3. 단(壇)을 간수하는 사람은 근처에 거주하는 사람으로서 1호를 택하여 조세와 부역을 면제하고 위임한다.

4. 제복(祭服)은 경기의 경우 나라에서 행하는 제소(祭所)에는 이미 일찍이 제조하여 내려 보냈으니 이를 사용한다.

5. 여러 제사의 의식내에 제사의 신단(神壇)과 묘원(廟園)밖의 30보에는 땔나무와 짐승을 기르지 못하게 하고, 경작과 행인을 금하게 되어 있으니, 의식에 의해 초목과 행인을 금하고, 또 소나무를 심게 한다.

6. 소사인 명산·대천의 단(壇)과 소재관이 제사를 행하는 단은 영성단(靈星壇) 제도에 의해 방이 2장 1척, 높이가 2척 5촌이고, 한 유(壝)에 네 군데

---

82) 『세종실록』 권76, 세종 19년 3월 계묘 참조.

로 섬돌을 내되, 각기 3급(級)인데, 지금 각 고을의 제단이 고저와 광협(廣
狹)이 한결같지 아니하니 본조에서 수교한 규식에 의해 고쳐 쌓는다.
(『세종실록』 권76, 세종 19년 3월 계묘)

이 규정은 전국에 분포하고 있는 산천신을 모두 포함하는 규정으로 도
교에서의 제사방법으로 진행되었던 참성단 천제에는 적용되지 않는다. 하
지만 마리산 산신을 위한 제사에는 그대로 적용되었을 것이다. 이에 의하
면 마리산 산신을 모시기 위해 마리산에는 각기 2칸의 신주와 고방을 지어
신판과 제기를 간직해 두고, 제사 때에는 재계하고 목욕한 사람에게 제사
지내는 곳으로 운반하게 하였다. 단(壇)을 간수하는 사람은 근처에 거주하
는 사람으로서 1호를 택하여 조세와 부역을 면제하고 관리를 위임하였으
며, 산신제에 사용하던 제복은 나라에서 행하는 제소(祭所)의 경우 제조하
여 내려 보낸 것을 사용하였다. 또 그곳은 신성한 지역이었기 때문에 보호
를 위해 신단 밖의 30보에서 땔나무와 짐승을 기르지 못하게 하는 한편,
경작과 행인 역시 금하게 하였다. 따라서 초목과 행인을 금하고, 소나무를
심게 하였다.

6. 맺음말

조선전기 국가에서의 단군 제사는 사전의 정비와 함께 지속적으로 이루
어져 1429년(세종 11) 평양에 단군사가 건립됨으로서 완비되었다. 조선 건
국 직후 예조전서 조박은 동방의 시명지주인 단군을 기자와 함께 평양부에
서 치제할 것을 건의하였고, 태종 때는 역대 왕조의 시조에 대한 사전의 범
위와 의례를 규정하는데, 단군이 포함되었다. 단군이 고조선[전조선]의 시
조로서 신왕조 조선의 역사 연원을 출발하는 국조로서 명백하게 인식되었
음을 의미한다. 이에 1413년 고선제왕은 중사에 모신다는 당 「예악지」의
규식에 따라 기자·고려 태조와 함께 중사로 승격되었고, 이듬해에는 그 사

의(祀儀)가 상정되었다.

그러나 이때의 조치는 기자묘에 단군을 합사함으로서 단군이 종향되는 한계를 가진 것으로 단군사의 별건은 이 때문에 이루어졌다. 1425년(세종 7) 사온주부 정척이 단군사당을 별도로 건립하여 남향봉사하는 것이 사의에 합당하다는 것으로 결론짓고 있다. 이에 건립이 마무리되면서 단군사당의 위전은 3결이 지급되었고, 제기 역시 마련되었다. 이후 단군제사는 1460년(세조 6) 세조가 평양을 순행하여 단군사당에 친제를 하기도 하는 등 조선시대 단군제사의 규범이 된다.

『고려사』에 의하면, 참성단은 예전부터 단군이 하늘에 제사하던 곳으로 전해지던 곳이다. 우리가 가지고 있는 자료로는 1264년(원종 5) 원나라의 친조를 요구하여 이를 기양하기 위한 목적에서 원종의 친초(親醮)가 이루어진 이후 현재까지 지속되고 있는 전통을 가진 제사였다. 고려 말에는 이색, 경복흥, 이강, 이방원 등이 대언으로 향사의 임무를 띠고 초제에 참여한 바 있고, 조선시대에도 2~3품관의 대신들이 향사로 왕을 대신하여 이를 진행하였다.

초제는 명산대천을 제사하는 의례와는 다른 철저한 도교적인 의례에 의해 준비되고 진행되었다. 참성단 제사가 초제(醮祭)라는 명칭을 가지고 있고, 권근(權近),[83] 변계량(卞季良),[84] 박승임(朴承任),[85] 구봉령(具鳳齡),[86] 이이[87] 등이 지은 마리산참성초례청사(摩利山塹城醮禮靑詞)에서도 그 제사의 성격을 분명하게 알 수 있다. 하지만 참성단 초제는 그 의례의 내용에 대해서는 구체적으로 알 수 있는 자료가 거의 없다. 이런 점에서 초제 의례의 내용을 추적하는 작업은 지난하다. 도교의 일반적인 의례를 적용하는 것도 어려울 것으로 보인다. 참성단 제사는 실내가 아닌 야외에서 설행

---

83) 『양촌집』 권29, 「塹城醮靑詞」 참조.
84) 『동문선』 권115, 靑詞; 『춘정집』 추보, 「摩利山塹城醮禮三獻靑詞」 참조.
85) 『소고집』 속집 권4, 제문, 「摩利山祈雨塹城醮 三獻靑詞」 참조.
86) 『백담집』 권7, 청사, 「摩利山塹城醮 三獻靑詞」 참조.
87) 박헌용 편, 1932, 『속수증보강도지』 권상, 보유 참조.

되었기 때문이다.

참성단은 천제를 지내는 신성한 제의 공간이었다. 그리고 그 연원은 국조 단군에서 출발하는 곳이었다. 그럼에도 불구하고 이곳의 출입에는 특별한 금기(禁基)가 없이 자유로웠던 것으로 보인다. 참성단은 축조 이후 현재까지 많은 수축이 이루어졌다. 그 원인은 풍우 등 자연적인 붕괴와 지진 등에 의한 피해를 생각할 수 있다. 간혹 이를 기양하기 위해 해괴제도 설행되었다. 이때마다 수축되었을 것이다. 매년 봄·가을의 정기적인 제사를 진행하기 위해서는 수리가 불가피했을 것이기 때문이다. 이런 점에서 참성단의 현재 모습이 축조 당시의 원형에 얼마만큼 근사한 것인지는 알 수 없지만, 상방하원(上方下圓)의 기본 구조는 유지되었을 것으로 보인다. 하지만 기록상으로는 1639년(인조 17) 마니산의 제단을 수축했다는 것이 유일하다.

재궁 역시 수치되었을 것이고, 때로는 이건의 논의가 있기도 했다. 원인은 초제를 준비하는 공간으로서 제단과의 거리가 10여리 떨어져 멀었기 때문이다. 하지만 이건이 이루어졌는지는 단언하기 어렵다. 고려 말 이색 등이 머물렀던 재궁이 16세기 후반까지 그대로 그 자리에서 기능을 하고 있었을 것으로 추측되기 때문이다. 따라서 태종과 성종 때의 이건 논의는 실행되지 못한 것으로 보인다. 수치는 간간히 이루어졌을 것이지만, 본격적인 개축도 어려웠을 것이다. 1500년(연산군 6) 수치의 움직임에 재궁과 전사청을 개조하는 데 수군들이 동원되어 101삭(朔), 약 8년 4개월여의 노역이 있어야 한다는 의정부의 반대 논리는 상징적이다.

참성단에서의 초제는 봄·가을의 정기적인 제사와 기우를 위한 기우제, 이변으로 인한 해괴제 등에 따라 실행되었다. 봄 제사는 2월 26일경, 가을 제사는 9월 24일경 설행되었고, 시간은 새벽녘인 2~4경쯤 되었다. 물론 기우제나 해괴제는 정례적인 날짜가 없이 진행되었으나 시간은 역시 2~4경쯤 설행되었을 것이다.

초제를 진행하는 구성원은 향사 1명, 헌관 1명, 전사관 2명 등으로 이루어졌다. 이들은 초제가 이루어지기 전에 재궁에서 재계하였다. 향사는 고려 말 이후 3품관이 파견되는 것이 원칙이었으나, 한때는 2품관이 파견되기도 했다. 헌관 역시 중앙에서 파견하거나 인근 주현의 관리가 임명되기도 했고, 강화유수가 진행하기도 했다. 이들의 품계는 향관의 그것에 따라 4품관이 일반적이었을 것으로 보인다. 전사관은 전사청에 속한 관원으로 초제의 모든 것을 준비하는 실무를 맡았다. 그들은 재랑(齋郞)·축사(祝史)·진설 등을 담당하였는데, 이들 역시 품관이었다.

초제에 모서진 신격은 상단 4위와 하단 91위, 모두 95위였다. 제사는 상단과 하단에서 모두 진행되었다. 상단에는 제단 위에 포장을 치고, 가장 높은 신격인 호천금궐지존옥황대제를 비롯하여 중천자미북극대황대제, 구진상궁남극천황대제, 승천효법후토황지기를 모셨으며, 하단에는 노자, 28수, 염라대왕 등을 모셨다. 향사는 상단과 하단의 외단 서쪽의 제사를 주관하였고, 헌관은 외단 동쪽의 제사를 주관하였다. 향사는 상단에서의 제사를 마치고 하단으로 내려와 외단 서쪽에서 제사하였고, 헌관은 외단 동쪽의 제사만을 담당하였다. 하지만 참성단의 제장이 협소하고 상단과 하단을 연결하고 있는 길 역시 위험하여 성종 때부터 향사는 상단에서의 제사만을 전담하고, 하단의 좌우쪽 제사는 헌관이 담당하였다.

제수로는 3곳 모두 차·탕·술을 드렸는데, 제수는 초제가 설행되기 40여 일 전에 소격서에서 관원이 파견되어 빚은 술로 올려졌다. 또 여러 가지의 떡들이 참성단 초제에 제수로 진설되었을 것으로 짐작된다. 제기는 어떤 것들이 사용되었는지 알 수 없지만, 보궤(簠簋)는 사용되지 않았다.

신주는 나무로 하지 않고 지방을 사용하였으며, 제사를 마친 후에는 모두 소지하였다. 향축은 중앙에서 하달되었다. 초제에는 음악도 사용되었는데, 1511년(중종 6년) 유숭조의 언급에 의하면 운마악(雲馬樂)을 벌였다고 한다. 이것이 어떤 음악을 지칭하는지 알 수 없다. 또 제수를 준비하기 위한 마니산참성제전(摩尼山塹城祭田)도 마련되어 있었는데, 그 규모에 대해서도 자세히 알 수 없다.

참성단에서 초제의 목적은 왜적의 침입 방지 등[88] 국가의 안녕을 위한 것이었을 것이다. 하지만 천제는 성리학을 기본 이념으로 했던 조선사회에서 지낼 수 없는 것이기도 했다. 그렇다고 오래 전부터의 전통을 가진 것이어서 중단할 수 있는 것도 아니었다. 그 연원이 당요 무진년에 하늘에서 내려온 국조 단군에 닿아있어 조선은 중국적 질서 안에서 천자가 분봉한 나라가 아니었기 때문이다. 물론 성리학적 유교질서가 자리잡아가면서 폐지의 논의가 없었던 것은 아니지만, 임진왜란 이후 일시적인 중단을 제외하고는 계속 이어졌다. 특히 "우리 동방에 나라를 세운 것은 단군부터 시작되었는데 역사에서는 하늘에서 내려와 돌을 쌓아 제천의 예를 행하였다고 하여 그 후에도 모두 그대로 따르고 있는 것은 대국에서 분모(分茅)를 받지 않았고 크게 참람하기에 이르지 않기 때문"이라는 정조의 언급은 유의할만하다.

도교의례로서의 참성단 초제가 폐지의 논란에 휩싸이면서도 존치될 수 있었던 배경에는 그 시초가 단군에게 있었기 때문이었다. 이를 폐지하면 단군 이래의 전통을 단절하는 것이자 별건곤의 역사와 자주성을 포기하는 것이기도 했다. 이런 점에서 참성단 초제는 조선의 역사와 자존의식의 상징에 대한 또 다른 의미로 받아들여지기도 했다.

이곳은 태일성(太一星)의 초제 장소로 거론되기도 했다. 45년마다 방위를 옮긴다고 하는 태일성의 제사 장소로 1476년에는 곤방이어야 했는데, 그 장소로 참성단이 거론된 것이다. 물론 한양을 중심으로 할 때 참성단은 정방의 곤방[正坤]은 아니지만 명산이기 때문에 태일성의 초제지로 논의될 수 있었다. 그 배경에는 이곳이 신성한 곳으로 모셔지고 있었음을 의미한다.

마리산에는 산신을 위한 별도의 사당이 건립되기도 하였다. 마리산 산신의 신격은 단군이었다. 그는 또 참성단에서의 초제를 주관하던 첫 번째

---

88) 『양촌집』 권29, 「塹城醮靑詞」 참조.

존재로 알려져 있었다. 마리산 산신은 강화의 제반을 모두 관장했다. 강화 돈대의 시역고제(始役告祭) 역시 마리산 산신에게 지내졌다. 마리산 산신은 강화의 제반을 모두 관장하는 존재였다. 특히 한말 선교사들에게도 마리산은 단군이 제천하던 제단이 있는 곳으로 이해되고 있기도 하였다.[89]

---

89) Mrs. D.L. Gifford, 1895.8, PLACES OF INTEREST IN KOREA, THE KOREAN REPOSITORY, KANG WHA "…The mountains are well wooded and picturesque. On Ma-yi-san is an ancient altar forty five feet in diameter at which it is said Dan Koun worshiped.…".

참고문헌

자료

『고려사』, 『동문선』, 『삼국유사』, 『태조실록』, 『태종실록』, 『세종실록』, 『성종실록』, 『연산군일기』, 『중종실록』, 『명종실록』, 『인조실록』, 『정조실록』, 『승정원일기』, 『동각잡기』, 『강도지』, 『목은시고』, 『백담집』, 『선조강화선생일기』, 『소고집』, 『양촌집』, 『지퇴당집』, 『춘정집』, 『풍계집』

단행본

강화역사문화연구소·삼랑성 역사문화축제조직위원회, 2003, 『강화도 참성단 – 현황과 과제 –』, 발표회자료집
김성환, 2002, 『高麗時代 檀君傳承과 認識』, 경인문화사
김일권, 2008, 『우리 역사의 하늘과 별자리』, 고즈윈
朴憲用 編, 1932, 續修增補 『江都誌』
장철수 외, 1999, 『참성단 개천대제에 대한 연구고증 보고서』, 강화군
한형주, 2002, 『조선초기 국가제례 연구』, 일조각

논문

강만길, 1969, 「李朝時代 檀君崇拜」, 『李弘稙博士回甲紀念韓國史學論叢』
김성환, 1992, 「朝鮮初期 檀君認識」, 『明知史論』 4, 명지사학회
김성환, 1997, 「고려시대 강화지역의 단군숭배」, 『대학원논문집』 1, 명지대대학원
김성환, 2008, 「강화도 단군전승의 이해와 인식」, 『인천학연구』 8, 인천학연구원
김태영, 1973, 「朝鮮初期 祀典의 成立에 대하여」, 『역사학보』 58, 역사학회
김형우, 2003, 「참성단관련문헌자료」, 『강화도 참성단 – 현황과 과제 –』
서영대, 1987, 「檀君崇拜의 歷史」, 『정신문화연구』 32, 한국정신문화연구원
서영대, 1995, 「崔錫恒의 <塹城壇改築記>에 대하여」, 『박물관紀要』 창간호, 인하대박물관
서영대, 1999, 「江華島 塹城壇에 대하여」, 『韓國史論』 제41·42합집, 서울대 국사학과
서영대, 2003, 「塹城壇과 단군숭배」, 『新編 江華史』 중 – 문화와 사상 –, 강화군 군사편찬위원회
서영대, 2003, 「참성단의 역사와 의례」, 『강화도 참성단 – 현황과 과제 –』
서영대, 2008, 「참성단의 역사와 의의」, 『단군학연구』 18, 단군학회
이도학, 2003, 「참성단의 보존과 활용 방안」, 『강화도 참성단 – 현황과 과제 –』

이성동·김영순, 2006,「마니산 참성단의 제천례와 향교의 석전례 시 제수와 제례과정 비교」『보건과학논집』32-1, 고려대
이원순, 1979,「조선전기의 역사인식」『한국사론』6, 국사편찬위원회
정구복, 1975,「동국사략의 사학사적 고찰」『역사학보』68, 역사학회
한동수, 2003,「참성단의 현황과 축조방법 고찰」『강화도 참성단-현황과 과제-』
한영우, 1983,「朝鮮前期의 國家觀·民族觀」『조선전기사회사상연구』, 지식산업사
한형주, 2004,「조선시대 국가제사의 시대적 특성」『민족문화연구』41, 고려대 민족문화연구소
桑野榮治, 1990,「李朝初期の祀典を通してみた檀君祭祀」『朝鮮學報』135, 朝鮮學會
桑野榮治, 1990,「檀君祭祀儀の分析」『年報朝鮮學』1, 九州大學朝鮮學硏究所

Mrs. D.L. Gifford, 1895.8, PLACES OF INTEREST IN KOREA, THE KOREAN REPOSITORY

신종교의 단군제사

이 욱

(한국학중앙연구원)

1. 서론

　전통시대 단군 제사는 통치자의 의례이거나 국지적(局地的)이고 토착적인 신행이었다. 통치자의 의례라는 것은 조선시대 평양의 숭령전(崇靈殿)과 같이 왕조 국가에서 주권자가 왕조의 정통성을 표상하기 위한 의례를 가리킨다. 국지적이고 토착적인 신행이란 전지역(全地域)의 사람들이 공동으로 제사지내거나 보편적 의례가 아니라 특정 지역에서 소통되고 거행되는 지역 공동체의 의례를 가리킨다. 조선시대 황해도 구월산에 있었던 삼성사는 해당 지역에 오래 전부터 내려오던 단군의 사당이었다. 그 외 단군과 관련이 있었던 묘향산이나 마니산에 단군 제사를 추정할 수 있지만 이것 역시 특정 지역의 의례였다.
　그런데 근대 이후 단군은 민족의 시조로 간주되었고 이로 인하여 지역적 경계를 벗어나고 대한의 국민이면 공경해야 할 대상으로 받아들여졌다. 서세동점의 시대, 국가의 패망 등을 목도한 당시 사람에게 단군은 민족을 일으킬 새로운 구심점이었다. 신종교에서의 단군의례는 이러한 사회적 변화에 기반하여 만들어졌다. 그러나 근대 이후 단군에 대한 신앙은 단순한 민족적 시조에 머물지 않고 더 나아가 우주만물의 창조주이자 주제자인

천신으로까지 발전하였다. 이제 단군은 이전까지 경험하지 못한 '종교'의 대상으로 등장하였다. 그리하여 신종교에서 단군은 '민족의 시조'와 '천신'의 두 관념이 공존하고 있다.

본고에서는 근대 신종교에서의 단군 의례를 민족의 시조에 대한 의식과 천신에 대한 의식으로 구분하여 살펴볼 것이다. 이 두 의식 모두에 단군계 신종교의 대표격인 대종교(大倧敎)가 걸쳐있다. 엄밀히 말하면 본 연구는 민족의 시조에 중점을 둔 초기 대종교 의례가 지고자에 대한 의례로 발전해 가는 과정을 따르고 있다. 그러나 좀 더 넓은 의미에서 보면 시조로서의 의식은 대종교와 무관하게 현대까지 이어져온 단군에 관한 의례이므로 반드시 시간적으로 볼 필요는 없다. 중간에 단군교에 관한 내용을 일부 추가한 것도 그러한 이해 때문이다. 한편, 천신에 대한 의례는 대종교의 경배식과 선의식을 중심으로 살펴볼 것이다. 이러한 과정을 통해서 전통과 근대, 종교와 민족, 보편적 천신과 민족의 시조 사이의 긴장 속에서 발전해온 단군의례의 모습을 살펴보고자 한다.

2. 조선시대 단군 제사의 두 유형

단군에 대한 제사는 오랜 역사를 지니고 있다. 황해도 구월산의 삼성사는 이미 조선시대 이전부터 환인, 환웅, 단군을 모신 곳이었으며, 고려시대 평양의 '평양군사(平壤君祠)'도 단군의 사당으로 추정할 수 있다. 그러나 조선시대 단군에 대한 국가 제사는 평양의 단군묘[숭령전]과 황해도 구월산의 삼성사 두 군데가 있었다.

평양의 단군묘는 단독적인 사묘라기보다 기자묘, 동명성왕묘, 삼국시조묘, 고려 태조를 모신 숭의전 등 "역대 왕조의 시조묘(始祖廟)"라는 범주에서 이해되어야 한다. 이러한 역대시조묘는 왕조의 계승이란 측면에서 조선의 정당성을 확보해주는 제향 공간이었다. 이러한 역대 왕조의 시조들 중에서 단군은 처음의 자리에 차지하였다. 태종대 하윤의 건의로 기자 사당에 함께 모셔지기 단군은 세종대에 기자묘에서 분리되어 독자적인 사당을 가지게 되었다. 또한 세조대에는 "조선시조단군지위(朝鮮始祖檀君之位)"라는 호칭을 받음으로써 동방의 최초 왕조인 고조선의 시조로 인정받았다.[1] 조선 후기에는 역대 시조묘들이 전(殿)으로 격상되어 각각의 전호(殿號)를 가지게 되었는데 단군묘 역시 1725년(영조1)에 숭령전(崇靈殿)으로 승격되었다.

한편, 단군에 대한 제사는 평양의 단군묘 외에 황해도 구월산의 삼성사(三聖祠)에서도 볼 수 있었다. 아사달산 또는 궐산이라 불렸던 구월산 자락은 단군이 도읍지로 삼고 나라를 다스린 곳이고 또한 마지막으로 이 산으로 들어가 산신이 되었다는 곳이다. 삼성사란 이 구월산 중턱에 있는 사당으로 환웅천왕(桓雄天王), 환인천왕(桓因天王), 단군천왕(檀君天王)의 세 신을 모셨기 때문에 붙여진 이름이다. 고려시대부터 있었던 이 사당은 조선시대에 들어와 평양의 단군묘가 강조되면서 일시 폐지되었지만, 그 후 이 지역에 괴질이 계속 발생하여 성종대에 다시 복원되었다. 1765년(영조41)에 삼성사에 모셔진 소상(塑像)을 철거하고 나무로 만든 위패를 봉안하였다. 소상을 통해 알 수 있듯이 삼성사의 단군제사는 조선 이전의 유풍이 많이 남아있었다.

숙종대에 삼성사의 축문을 평양 단군사의 예에 따라 '전조선(前朝鮮) 단군(檀君)'으로 고치도록 하였다. 그러나 조선 말기까지 삼성사의 단군에서는 '시조(始祖)'라는 호칭이 축문에 나타나지 않는다. 그러므로 평양의 단군묘가 시조묘의 성격이 강한 반면, 구월산 삼성산은 애초 천왕의 이미지가 단편적으로 유지되었다고 할 수 있다.

---

1) 단군과 기자의 칭호 변화를 도식화하면 아래와 같다.

	初期	世宗12年8月 甲戌日	世祖2年7月 戊辰日
檀君	朝鮮侯 檀君之位	朝鮮檀君	朝鮮始祖檀君之位
箕子	朝鮮候 箕子之位	後朝鮮始祖箕子	後朝鮮始祖箕子之位
東明王	高句麗始祖之位	高句麗始祖	高句麗始祖東明王之位

조선시대 제향에서 보이는 단군에 대한 인식, 곧 '시조'와 '천왕'이란 두 관념은 개항 이후 근대 신종교에서 단군을 이해하는 데에 매우 중요하다. 특히 이 두 관념은 단군 의례를 통해서 구체적으로 드러났다. 물론 신종교를 비롯한 근대 단군 이해가 조선시대 시조와 천왕의 관념을 그대로 받아들였던 것은 아니다. 오히려 그 이면을 들여 보면 동질점보다 차이점이 더 많을 것으로 보인다. 이러한 차이와 동질성이 신종교의 단군의례를 통해서 살펴보자.

3. 민족 시조에 대한 제사

1) 원단군교(原檀君敎)[2])에서의 단군 제향

근대에 들어와 단군에 대한 신앙을 결집시킨 것은 주지하다시피 대종교이다. 대종교는 애초 1909년 1월 홍암 나철(羅喆)이 단군교의 이름으로 시작한 민족적 신흥종교였다. 구한말 애국계몽운동가로서 일본의 노골적인 침략에 맞서 나라의 독립을 위해 고분분투하던 나철이 단군에 주목한 것은 1908년 12월 동경에서의 두일백(杜一白) 노인과의 만남이 계기가 되었다. 이후 그는 민족의 국운을 회복하는 것은 정치적 문제를 넘어서 전민족이 민족의 시조인 단군을 지성으로 숭봉할 때에 가능한 것이라 보았다. 그리하여 민족의식의 배양하는 것이 시급한 일임을 깨닫고 정치를 단념하고 단군교를 만들었다.

나철의 단군교 창립은 1909년 1월 15일에「단군교포명서」를 세상에 공

---

2) 1909년 1월 나철에 의해 창설된 단군교로 1910년 대종교로 교명을 변경하였다. 그러나 정훈모 세력이 기존의 단군교 교명을 계속 사용하였기에 이와 구별하기 위하여 '원단군교'라고 하였다. 원단군교라는 명칭은 삿사 미츠아키의 「한말, 일제시대 단군신앙운동의 전개 : 대종교, 단군교의 활동을 중심으로」(서울대학교대학원 박사학위논문, 2003, 48쪽)에서 빌려왔다.

표함으로써 시작되었다. 이 포명서와 아울러 나철은 <입교절차(入敎節次)>, <봉교절차(奉敎節次)>, <봉교과규(奉敎課規)> 등을 제정하였는데 이를 통해서 단군에 관한 제사의 내용을 살펴볼 수 있다. <봉교절차>에서는 단군에 대한 제사의 규정을 다음과 같이 정하였다.[3]

〈표 1〉「봉교절차(奉敎節次)」의 제사 규정

항목		규 정	비 고
祭日	大祭	매년 10월 3일(開天慶節)	
	中祭	매년 四仲月 중순	
	小祭	매월 1일과 15일	
位牌		大皇祖檀君聖神之位	紙牌
祭服		通常服	상시복도 가능하지만 정결해야하고, 領衿의 白緣은 항상 새것으로 깨끗한 것을 사용.
祭需		玄酒(淨水), 菜果	채소는 익히거나 썰지 않고, 과일은 껍질을 벗기지 않음. 단지 현주만 사용해도 가함.
香		香用檀木香	白紫俱可
神歌		小祭(常時歌之亦無妨)	
神舞		中祭	舞와 樂器는 大崇殿外에는 姑難設備임
神樂		大祭	

<봉교절차>에 나타난 제향의 시간성을 살펴보면 단군에 대한 제사는 대제(大祭), 중제(中祭), 소제(小祭)로 구분된다. 개천경절(開天慶節)인 10월 3일에 거행하는 대제를 제외하면 중제와 소제는 전통적인 제사의 시간 리듬을 따르고 있다. 중제는 계절의 변화에 따라 제사지내는 사시제(四時祭)이고, 소제는 달의 주기에 맞춘 삭망제(朔望祭)이다. 조선시대 초하루와 보름날에는 종묘, 문묘, 그리고 가묘 등 대부분의 사당에서 분향이나 제향이 있던 날이었다. 이것은 달의 주기를 따른 달의 변화에 맞춘 것으로 당시 이미 정부에서도 사용한 요일제의 모습은 전혀 보이지 않는다.

한편, 사시제가 지닌 상징성에 주의할 필요가 있다. 사시제는 일반적으

---

[3] 大倧敎倧經倧史編修委員會, 開天4428(1971), 『大倧敎重光六十年史』, 大倧敎總本司, 99쪽.

로 조상을 추모하는 제사이다. 경전에 사(祠), 약(禴), 상(嘗), 증(蒸) 등으로 등장하는 사시제는 사계절의 변화에 따라 일어나는 부모에 대한 추모의 마음을 표현한 것이다.[4] 일반 민가에서는 사시제 대신 명절날 지내는 차례가 더 익숙하지만 국가의례에서 사시제는 종묘 제향을 대표하는 것이었다. 조선후기 새로 생겨난 궁묘(宮廟)의 경우에도 춘분, 하지, 추분, 동지일에 맞춘 사시제를 지냈다. 이러한 왕실 사묘를 제외하면 국가 제향들은 대부분 춘추의 주기를 따르고 있었으며, 역대 시조에 대한 제향 역시 마찬가지였다. 그러므로 단군제사가 조선시대 춘추 제향에서 사시제 중심으로 거행된다는 것은 조상에 대한 제향으로 변용되었음을 보여주는 것이다. 즉, 제사를 받는 신과 제사를 거행하는 인간 사이에 혈연적 연대성이 중요한 매개로 작용하였다는 점이다.

이러한 혈연적 연대성은 단군의 신위에서 보다 명확하게 나타나고 있다. <봉교절차>에서는 제향 때 모시는 신위는 입교 때와 동일하다고 하였는데 <입교절차>에 의하면 신위는 지패(紙牌)에 "대황조단군성신지위(大皇祖檀君聖神之位)" 9자를 써 북쪽 벽면에 봉안하도록 되어있다. 이러한 신위의 명칭에서 뚜렷하게 드러나는 것은 '대황조'로서의 단군이었다. 그리고 입교자가 '대황조단군성신지위'에 분향재배하고 올리는 <서사(誓辭)>에는 다음과 같은 맹서의 내용이 정해져 있었다.[5]

維 開極立道四千二百幾年干支某月某日 不肖子孫某[若多數聯名時則添等字] 謹誓告于大皇祖神聖 伏惟 聖靈在上 善惡禍福 徹示天解 終身服膺 罔敢改易 有渝此心 甘受罪罰

---

4) 봄에 지내는 사는 만물이 생겨나는 시절을 맞이하여 부모를 생각하며 지내는 제사이다. 여름 제사인 약(禴)은 약(礿)과 동의어로서 '삶다'[汋]는 의미를 지닌다. 보리가 비로소 익어 삶아 신께 바치는 제사이다. 가을 제사인 상(嘗)은 가을 곡식이 하나가 아니지만 먼저 기장을 올리어 맛보게 한다는 의미에서 나온 명칭이다. 증(蒸)이란 많다는 뜻으로 제수가 풍성함을 의미한다.
5) 大倧敎倧經倧史編修委員會, 앞의 책, 103쪽.

위 서사문에 의하면 단군교에 입교하는 것은 단군을 대황조로 모시고 자신을 그의 '불초자손(不肖子孫)'으로 정립하는 데에 있다. 이렇게 원단군 교에서 대황조로서의 단군을 강조하는 것은 단군교의 기본적인 문제의식 에서 비롯한 것이다. 실제 「단군교포명서」에서 단군은 '대황조(大皇祖)'라 고 일컬어졌다. 그리고 고조선으로부터 조선까지의 여러 왕조 백성 모두 대황조 단군의 자손으로 간주되었다. 이에 의하면 우리 민족의 질곡은 근 원에 대한 망각의 결과이다. 우리 민족이 이렇게 쇠약한 까닭은 다른 것이 아니라 대황조의 신성한 가르침을 따르지 않고 공자와 맹자, 정자(程子)와 주자(朱子)에 대한 연구만 하고, 다른 신들을 숭경하기 때문이라고 생각하 였다. 그리하여 "범아동포형제자매(凡我同胞兄弟姉妹)는 개아대황조(皆我 大皇朝) 백세본지(百世本支)의 자손(子孫)이오 본교(本敎)는 내사천년(乃四 千年) 아국고유(我國固有)한 종교(宗敎)"임을 다시 확인하는 데에서 단군교 는 시작하고 있다. 이러한 문제인식에서 초기 단군교에서는 국조로서의 단 군이 강조되고, 그러한 의식이 사시제를 중심으로 한 의례로 나타난 것이다.

위와 같은 단군교의 초기 단군제사를 살펴보면 단군을 민족의 시조로 확립하여 제사의 대상으로 삼은 것에 그 역사적 의의가 있다고 하겠다. 조 선 및 대한제국에서 거행한 국가 주도의 단군 제사가 왕조의 개창과 왕통 의 연속성에 초점을 두었던 반면 이 시기에는 단군 제사는 민족의 시조라 는 이념을 표상화한 것이었다. 이러한 민족의 시조라는 인식의 변화는 권 력의 담지자인 국왕 또는 국가의 독점적 제사였던 단군 제사를 민족 구성 원 모두의 제사로 변화시킨 데에 중요성이 있다. 혈연적 상관성을 가진 민 족의 울타리 내에서 단군제사는 누구나 지낼 수 있고 지내야 하는 제사로 그 보편성을 획득한 것이다. 이러한 보편적 제사로의 변용은 제사의 형식 변화와 밀접하게 연관되어 나타났다. 전통적 제향의 번잡함을 헌주와 채과 로서 대폭 축소하여 어느 곳에서 누구나 쉽게 거행할 수 있도록 하였다.

2) 신궁봉경회의 신궁(神宮) 건축

나철이「단군교포명서」를 공표하고 단군을 민족의 시조로 자각하여 민족심을 고취시키는 운동을 시작한 1909년경 그와 반대편의 친일 인사들이 신궁봉경회(神宮奉敬會)라는 단체가 단군신궁을 만들고자 하였다. 1909년 6월 이전에 이미 결성된 것으로 보이는 이 신궁봉경회는 일선동조론(日鮮同祖論)을 내세워 한일합방을 정당화하는 데에 일조하였다.[6] 이들은 1909년에 홍인문 외 숭신방 안암동 어좌봉 아래에 신궁을 건축하여서 단군, 천조대신, 조선 태조의 삼위에 대한 제향을 거행하고자 하였다. 이 사업은 어느 정도 진행이 되었으나 1910년 한일합방 후 중단되었다.

친일세력에 의해 시도된 이 신궁건축은 기본적으로 일본과의 동화를 염두에 둔 것으로 당시 세인의 지탄을 받았고 성사되지도 못하였다. 그럼에도 불구하고 이 신궁건축에 주목하는 까닭은 민간에서 단군에 대한 제사를 지내는 초기 모습과 그에 따른 모호성을 지니고 있기 때문이다.

먼저『신궁건축지』에 나타난 단군에 대한 이해를 살펴보면 '천황(天皇)'과 '대시조(大始祖)'로 요약할 수 있다. 단군을 모실 정전을 "단군천황정전(檀君天皇殿)"이라 이름하였으며, 화상을 소개한 곳에서도 "단군천황(檀君天皇)"으로 소개하였다. 그런데 여기서 "천황"이란 조화주나 지고신을 의미하지 않는다. 일본 "천조황(天祖皇; 天祖大神)"을 동급으로 병렬시킴으로써 단군이나 천조대신은 각국의 시조신으로 큰 의미를 지닐 따름이다. "황천(皇天)이 돌보아주사 신령한 성인을 내시고 군사(君師)를 세우시니 단황은 조선에 나라를 세우시고, 천조황은 일본에서 나라를 여셨다"라는 글 속에서 알 수 있듯이 단군과 천조대신 상위에 "황천"을 두었다. 그렇다면 단군에 대한 이해는 "대시조"라는 표현에서 보다 잘 드러난다. 단군의 신위판에는 "대조선개국대시조단군천황신위(大朝鮮開國大始祖檀君

---

6) 삿사미쯔아키, 앞의 논문, 42~48쪽.

天皇神位)"라고 새겼다. 이러한 대시조, 곧 국조를 숭봉하는 것은 고금의 통의요, 동서의 일철이라 하면서 단군 숭배의 중요성을 강조하였다.

〈표 2〉 신궁(神宮)의 제사 대상

呼 稱	題位版式
檀君天皇(大朝鮮國始祖)	大朝鮮開國大始祖檀君天皇神位
天照皇大神(大日本國始祖)	大日本開國大始祖天照皇大神神位
太祖高皇帝陛下	大韓開國太祖至仁啓運應天肇統廣勳永命聖文神武正義光德高皇帝神位

한편, 신궁의 정기례는 '분향(焚香)', '사시대제(四時大祭)', '춘추대향(春秋大享)으로 구분되어 있다. 분향은 매월 삭망에 분향으로 입직(入直)한 전례부과장(禮典部課長)이 단황전, 천조황전, 태조고황제전에서 각각 봉행한다. 이 보다 중요한 사시대제는 태묘(太廟)의 사례에 의하여 봉행하고, 춘추대향은 문묘(文廟)의 예에 의하여 매년 3월과 9월 상정일(上丁日)에 봉행하도록 정하였다. 태묘의 예에 의하면 사시제는 사계절 맹월 상순에 거행하도록 되어있다. 홀기 역시 태묘와 문묘 홀기에 의하여 거행한다고 하였다.7)

〈표 3〉 신궁의 제향

종 류	시 기	비 고
焚香	每月 朔望	
四時大祭	매년 1, 4, 7, 10월 상순	太廟例
春秋大享	매년 3월과 9월 상정	文廟例

이러한 의식 규정은 우선 조선시대 국가에서 거행하던 의식절차를 따르고 있음을 알 수 있다. 의례 때 사용할 음악은 장악원과 교섭하여 그곳 악

---

7) 神宮奉敬會, 『神宮建築誌』(장 K2-3569), 1910, 16쪽. 祭享禮式.

공(樂工)을 활용할 것이라고 하였는데8) 이것은 당시 신궁경봉회가 정부 조직과 일본의 힘을 믿고 자신을 표현한 것이라 할 수 있다. 그런데 이러한 규정에서 종묘와 문묘의식이 혼합되어 있는 것은 독특한 현상이다. 조선시대 국가 사전의 관례를 본다면 제사의 주기는 사시제와 춘추제 둘 중 하나의 방식을 거행할 뿐이지 두 가지 모두를 거행하지는 않았다. 그럼에도 불구하고 이 둘을 결합시킨 것은 단군을 비롯한 세 신위에 대한 인식의 혼재에서 비롯한 것으로 보아진다.

종묘는 국가를 상징하는 공적인 공간이지만 왕조 국가에서 볼 때 혈연성에 기초한 공간이다. 섭행으로 신하가 초헌관이 되어 제사를 지낼 때에도 이들은 왕의 대리일 뿐 독자적으로 제사를 지내는 것이 아니다. 반면 문묘는 혈연성이 아닌 도학의 보편성에 기초한 제향 공간이다. 문묘 석전(釋奠)은 후세 사람들에게 예악을 제정하고 만인이 본받을 모범을 보여준 성인에 대한 감사의 의식이다. 신궁에 모신 단군을 대시조라고 부르고 종묘 사시제를 모방하여 제향을 올리면서 굳이 문묘 제향을 덧붙인 것은 제향 관계에서 혈연적 당위성에 만족하지 못하고 성인의 이미지를 투영하려는 의도로 볼 수 있다. 아니면 전통적 관념에 의해 혈연적 관계만 규정하여 제향을 올리는 데에 대한 주저함이 제향의 혼합으로 나타났다고 할 수 있다.

조선시대 전통적 관념으로 볼 때 역대시조를 일반 백성이 제사지내는 것은 불가능한 일이다. 더욱이 현 왕조의 선왕을 제사지내는 것은 왕통의 계승을 의미하는 것이기 때문에 매우 위험한 발상이다. 이러한 위험성을 희석시키는 것이 문묘의 형식을 담은 성인에 대한 제사라고 할 수 있다. 문묘 제향의 수용은 이러한 일면을 보여주는 것으로 판단된다.

---

8) 위의 책, 17쪽.

3) 단군교의 단군제사

1910년 나철이 단군교를 '대종교'로 개명할 때 정훈모(鄭薰謨)는 단군교의 이름을 고수하여 대종교와 분리하였다. 이후 단군 관련 신종교는 대종교와 단군교로 나뉘어져 활동하게 되는데 전자는 일본하 국내에서 공인을 받지 못하였다. 반면, 단군교는 민병한, 박영효, 정두화 등의 친일세력과 결탁하고 조선총독부에 공인을 얻어 국내에서 자유롭게 활동을 벌였다. 대종교와 단군교의 분리는 표명상 교명(敎名)에 있었지만 이면에는 내부의 갈등이 있었다. 그리고 분리 이후 각각이 보여준 행보에서 단군 제사의 차이는 매우 크게 벌어졌다. 전반적으로 볼 때 단군교는 유교 전통적 양식을 고수하는 입장이었던 반면 대종교는 새로운 형식을 창조하려고 했다. 대종교의 새로운 방식에 대해서 살펴보기 전에 전통적 양식을 고수한 단군교의 제사에 대해서 먼저 살펴보자.

대종교는 분리된 이후 단군교는 외부적 압력보다 내분으로 크게 성장하지 못하였다가 1930년에 조선유교회의 창립자인 안순환(安淳煥)의 도움으로 시흥에 단군전(檀君殿)을 건립하면서 새로운 발전의 계기를 마련하였다. 단군전의 전체 규모는 본전 6칸, 강당 8칸, 정문 3칸이었으며 본전에는 단군의 소상을 봉안하였다. 이 소상은 정훈모가 1925년 겨울에 구월산에서 지성기도를 드리던 중 그곳 석굴에서 단군소상을 가져와 서울 자기 집에 모셔두었던 것이었다.9)

이 단군교에 관한 주요 책자로 전해지는 『단군교부흥경략(檀君敎復興經略)』에는 단군전 건립의 주요 기사 외에도 단군교의 교리, 역사, 그리고 주요 의례 및 의절이 수록되어 있어 당시 단군교의 모습을 잘 보여준다. 이에 의하면 단군교의 주요 의례는 다음과 같다.10)

---

9) 鄭鎭洪, 『檀君敎復興經略』(장 C16-2), 啓新社, 1937, 51쪽.
10) 위의 책, 41쪽.

〈표 4〉 단군교의 의례일

의례명	일 시
開天祭	음10월 3일
御天祭	음3월 15일
開敎式	음1월 15일
四時節祭	仲月 15日
朔祭	每月 吉日
禮拜日	每日曜日 상오 10시

개천제는 단군이 인간의 세상에 내려온 것을 기념하는 의식으로서 강어대제(降御大祭)라고도 불렀다. 어천제는 단군이 다시 하늘로 올라간 것을 기념하는 제향이다. 개교식은 나철과 정훈모 등이 하늘에 제사를 지내고 「단군교포명서」를 발표한 날로서 대종교에서는 중광절이라고 부른다. 개교식과 예배일을 제외한 개천제, 어천제, 사시절제, 삭제에는 축문식이 있는 것으로 보아 제사 형식의 의례였음을 알 수 있다. 이러한 정기제는 1909년 「봉교절차」에 나온 규정과 크게 어긋나지 않는다. 특히 사시제의 틀을 그대로 유지하고 있는 것은 '성조(聖祖)',[11] 원조(元祖)[12] 등과 같이 기본적으로 혈연적 시조에 대한 의식을 근간으로 하고 있음을 보여주는 것이다. 「축문식(祝文式)」에 나오는 단군의 호칭은 "개천생민시화천존단제신조(開天生民施化天尊檀帝神祖)"이다.

한편, 단군교의 제향에 사용된 제물의 종류와 진설도는 아래와 같다.[13] <표>에서 알 수 있듯이 가지 수는 적지만 전통적 양식을 그대로 담고 있다. 즉, 희생을 사용하고 있으며, 4변과 4두[14], 1보와 1궤[15]를 신위를 중심

---

11) 위의 책, 3쪽.
12) 위의 책, 4쪽.
13) 위의 책, 37쪽.
14) 籩은 마른 음식을 담는 그릇이고, 豆는 젖은 음식을 담는 그릇이다. 변두의 수를 통해 제향의 규모와 격을 알 수 있는데 대사인 경우 12변두였다. 4변두는 주현사직과 여제, 주현포제에서 볼 수 있다. 녹포는 사슴고기포, 어포는 생선포, 건율은 마른 밤, 건조는 마른대추, 어해는 물고기 젓, 녹해는 사슴고기 젓, 청저는 무우김

으로 대칭적으로 진설하였다. 그리고 초헌, 아헌, 삼헌의 헌작이 있음을 알 수 있다.

〈표 5〉 단군교의 제물 및 진설도

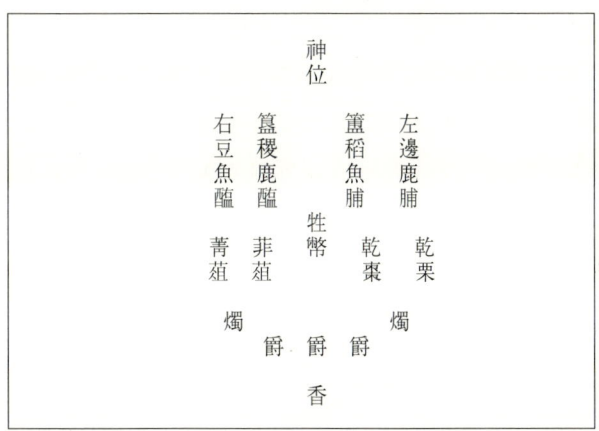

마지막으로 「향사홀기」에 있는 제향의 절차를 간략히 정리하면 아래 표와 같은 순서로 되어 있다. 이러한 절차는 국가 의례 가운데 중사와 소사의 절차와 다르지 않다.16)

〈표 6〉 단군교의 향사홀기

點視 — 參神(四拜) — 降神(三上香) — 獻幣 — 初獻禮 — 讀祝 — 亞獻禮 — 終獻禮 — 飮福受胙 — 撤邊豆 — 辭神禮(四拜) — 望燎

일제시기 단군교가 거행하였던 제향의 종류, 제물 및 진설, 제향의 절차

치, 구저는 부추김치이다.
15) 簠簋는 곡식을 담는 제기인데 보는 방형, 궤는 원형의 모형이다.
16) 대사인 경우 종묘에는 신관례, 진찬, 사직에는 瘞毛血과 진찬이 추가된다.

등을 살펴본 결과 모두 전통적 제향의 양식에서 벗어나지 않고 있다. 물론 단군교 역시 매주 일요일 오전에 거행한 예배일은 전통적 양식에서 어느 정도 벗어났을 것으로 보이지만 이에 관한 보다 상세한 자료를 찾을 수 없어 아쉽다. 그럼에도 불구하고 대종교의 선의식과 비교할 때 단군교는 유교적 형식을 그대로 유지하였다. 특히 사시제의 근간을 유지한 것은 유교 제사의 선조 제향을 그대로 수용한 것이었다. 이러한 의례적 요소를 볼 때 일제시대 단군교의 단군 이해는 하늘신으로 나타날 때도 있지만 "신조(神祖)"로서 혈연적 연대성이 보다 강조되고 있었다.

4. 천신에 대한 의례

1) 대종교의 경배식(敬拜式)

국운이 위태로웠던 구한말 애국지사들에게 단군을 민족의 시조로 내세워 국민을 통일하고 민족혼을 일깨우는 일은 매우 절실한 것이었다. 그러나 일본의 침략이 노골화되고 탄압이 강화될수록 '단군'이란 이름은 금기의 대상이 되었고 감시의 표적이 되었다. 이러한 상황에서 나철은 1910년 7월 30일에 교명(教名)을 '단군교'에서 '대종교'로 개칭하였다. 하지만 당시 변화한 것은 교명만이 아니었다. 무엇보다도 의례에서 전면적인 변화를 보이고 있다. 동년 9월 27일에 발포한 <의식규례발포안(儀式規例發佈案)>는 대종교 의례의 전반적인 개혁을 보여주는 것인데 먼저 그 서문을 살펴보면 아래와 같다.

> 欽惟吾祖는 天神이시니 至高無上하시고 吾教는 神道이니 唯一無二라 天下宗族에게 洪福을 施하며 崇敬을 受할지라. 諸般儀式과 規例를 天神敬奉하는 義로 發佈 혹 改正 或停廢하여 左에 例書하노라.

위 인용문에서 주의를 끄는 것은 "천신(天神)"이다. 앞서 「단군교포명서」 시기에 나타난 "대황조"가 단군이 우리의 시조임을 강조한 것이라면 여기서는 우리의 조상 단군이 천신임을 강조하는 것이다. 그리하여 교문의 제반의식과 규례가 천신을 공경하는 의의에 맞추어 개정되거나 폐지되었다고 하였다. 그 개정의 내용 중 의례에 관한 것을 제시하면 다음과 같다.

1. 小祭와 中祭와 大祭의 禮式과 品需는 幷停廢하고 神位는 撤함이며
1. 天祖를 경배하는 正堂은 天宮이라 하고 御眞을 奉安하는 影堂은 天眞殿이라 함이며
1. 天祖께서 御天하시니 無形이신 神이라 天宮은 天府를 象하여 空空케 하고 此에서 慶賀과 敬拜式과 施敎式과 靈戒式을 行함이며
1. 天神이 降世하시니 有形하신 人이라 天眞殿은 太白山 檀木靈宮을 模倣하여 眞像을 奉安하고 萬萬歲仰瞻追慕케 함이며
1. 天祖께 경배하는 日은 日曜日로 定하고 此를 敬日이라 하며 每敬日에 일반 형제자매가 齋戒致潔하고 附近天宮에 회집하여 경배식을 行함이며
1. 敎旗는 天祖의 所立하신 大倧敎門을 標記하여 立하니 日天旗라. 體는 圓하고 色은 靑하니 천을 像함이오 중심에 神字는 白色이니 天祖의 本位를 표함이며.

위 의례의 개혁은 시간과 공간 모든 측면 모두에서 일어났는데 공간적인 부분을 살펴보면 천궁(天宮)과 천진전(天眞殿)[17]의 다른 두 공간을 볼 수 있다. 앞서 언급한 천신의 강조는 천궁의 공간적 조성을 통해 표상되었다. 천궁은 무형한 신이 거처하는 천부(天府)를 상징하여 빈 공간으로 만들어졌다. 반면 단군의 영정을 모신 천진전은 천신이 세상에 내려와 형상을 가진 인간으로 그 모습을 드러내신 것을 표상한다. 그리하여 환웅이 하늘로부터 내려온 태백산의 단목령궁(檀木靈宮)을 모방하여 진상(眞像)을 봉안하고 그를 추모하게 하였다. 한편, 천궁과 천진전은 그 공간의 용도에서

---

17) 天祖 단군의 영정을 모신 곳을 말한다. 영정은 1910년 8월 21일 總本司天殿에 봉안하였다. 이때 봉안한 천진은 당시 궁중화가 김모씨가 모사한 것이고 한다.

차이가 난다. 전자는 경하식과 경배식, 시교식과 영계식을 행하는 가장 중요한 공간이고, 후자는 단군을 추모하고 기억하기 위한 것이었다. 그러므로 인간의 형상을 입은 민족의 시조보다 인류 모두의 경배를 받을 수 있는 보편적인 신으로 다시 태어난 것이다.

둘째, 시간의 변화를 살펴보면 기존 대제·중제·소제를 폐지하고 일요일 경배식(敬拜式)을 새로 제정하였다. 전통적 제향 주기인 삭망이나 사시의 시간 리듬에서 7일 주기로 바뀐 것이다. 이미 7일 주기가 사회의 기본 시간 단위로 변하고 있는 상황에서 근대적 시간 주기를 적극적으로 수용하여 일상적인 노동시간과 구별된 일요일을 의례일로 정한 것이다.

셋째, 천궁에서 거행하는 경배식(敬拜式)을 통해 이 시기 의례의 변화가 추구하는 것을 구체적으로 알 수 있다. 경배식의 순서는 다음과 같이 구성되어있다.18)

〈표 7〉 대종교 경배식 순서

設備 — 會集 — 願禱 — 神歌 — 經典問答 — 頌歌 — 講道 — 佈告 — 頌歌 — 願禱 — 施教

이 순서에는 전통적 제례를 구성하는 분향, 헌작, 배례, 음복 등의 절차를 찾을 수 없다. 의례의 시작은 천궁을 청소하고 천기를 게양하는 것으로 이루어진다[設備]. 신도들은 천궁에 들어오면 부복하여 정심으로 각사(覺辭)19)를 세 번 외우며 경배를 준비한다[會集]. 그 이후 원도, 신가 등의 절차가 이어진다. 이러한 절차 중 가장 중심에 있는 해당하는 것은 강도(講道)임을 알 수 있다.

헌작 중심의 제사형에서 설교 중심의 강도형으로 변화를 시도한 이 의

---

18) 大倧敎倧經倧史編修委員會, 앞의 책, 163~164쪽.
19) 각사의 내용은 다음과 같다: 세검 한몸이신 우리 한배검이시여 가마히 위에 계시사 한으로 듣고 보시며 낳아 살리시고 늘 내려 주소서

례 개혁의 계기를 당시 사회적 상황에서 찾아본다면 먼저, 기독교의 영향을 지적할 수 있다. 일주일과 일요일이라는 시간적 리듬, 회당이라는 제 3의 공간, 설교 중심의 집회 등은 근대 기독교의 모형을 따르고 있다고 할 수 있다. 그러나 이것 역시 시간의 변화에서와 마찬가지로 단순히 기독교의 영향으로 볼 것이 아니라 근대라는 시대적 변화에서 읽혀져야 할 부분이다. [20] 당시에 이미 서구 근대화를 거부할 수 없는 시대적 상황에서 오히려 이를 적극적으로 수용하고 그에 맞는 새로운 형식을 찾아가는 과정이라 할 수 있다. 전통 시대에 의례는 신분과 권위를 과시하고 행위를 규제하기 위한 것이었다면 근대에서 의례는 새로운 사상을 전하고 교류하는 장으로 변하고 있었다. 특히 당시 강연은 봉건적 의식을 버리고 새로운 세계를 열기 위한 계몽의 장이었으며, 각성한 시민들이 자기의식을 표현하고 상호 토론하는 새로운 문화적 공간이었다. 이러한 시대적 변화를 쫓아서 단군에 대한 경배의 의식을 새롭게 제정하여 민족의식을 설파하는 이념의 장으로 만들어나갔던 것이다. [21]

2) 대종교의 선의식

대종교로 교명을 바꾸고 새로운 의례를 창출하였던 나철은 1914년 5월에 총본사를 백두산 북쪽에 있는 북간도 청파호로 옮겼다. 이러한 이주는

---

[20] 1905년 종교의 틀에 자신을 위치시키려했던 천도교 역시 시일 성화회의 의식을 보면 '분향봉청수-념천주 념성사-신리학연해-염천주 연성사-인계학강해-염천주 염성사-집사 고상철'이란 절차로 구성되어 있는 것에서 볼 수 있듯이 제사 중심에서 강도형의 형식으로 변화하였다.
[21] 현재 거행하고 있는 경일경배식(주1회 일요일 오전 11시 거행)의 순서는 초기의 경배식과 차이가 있는데 그 순서는 다음과 같다. ① 開式: 예원이 천진을 향하여 읍하고 천북을 세 번 울림 ② 焚香 ③ 參謁 ④ 覺辭奉讀 ⑤ 願禱 ⑥ 얼노래 ⑦ 신고봉독 ⑧ 얼노래 ⑨ 한얼말씀(講道) ⑩ 부루성금 ⑪ 알리는 말씀(佈告) ⑫ 頌禱 ⑬ 閉式(문화체육부종무실, 1995, 『한국종교의 의식과 예절』, 359~360쪽)

국내에서의 활동이 어려워진 상황에서 도피적 성격을 지니는 것이지만 또 한편으로 민족의 성산으로 간주되어온 백두산을 대종교의 중심 상징으로 삼으려는 노력의 일환이었다.22) 1911년 백두산을 순례하였던 나철은 이곳에서 제천의식을 거행하였는데 이때 백두산을 '천조산(天祖山)', '천산(天山)', '상산(上山)', '제석산(帝釋山)', '삼신산(三神山)'이라 칭하며 천신시조 곧 단군이 이 산에 내려왔으며 우리 천신자손도 이 산에서 발생하였고 천신종교도 이 산에서 발원하였다고 찬미하였다.23) 이렇게 백두산을 하늘, 단군, 그리고 민족과 연결시킴으로써 보편적 하늘과 천신은 한민족과 매우 밀접한 관계를 맺고 있는 신격으로 나타난다.

백두산이 영산(靈山)으로 여겨진 것은 아주 오래전부터의 일이다. 그러나 의례적 공간으로 볼 때 백두산이 국가의 제장(祭場)에 포함된 것은 그렇게 긴 역사가 아니다. 백두산이 조선시대 국가 제사에 포함되는 것은 영조대인 1767년(영조 43)이었다. 이 보다 앞서 숙종대 청나라와의 국경이 백두산을 중심으로 명시한 조청정계비(朝靑定界碑)의 건립은 백두산에 대한 의식을 고취시켰다. 이와 더불어 숙종 및 영조대 지속적인 북방경영과 더불어 백두산은 조선 산천의 조종(祖宗)이란 관념이 널리 퍼지게 되었다. 이러한 과정을 겪으면서 영조대 비로소 국가 사전에 편입되었는데 당시엔 오히려

---

22) 나철은 이주와 더불어 포교지역을 한반도의 남도교구, 남만주에서 중국 산해관까지의 서도교구, 동만주일대와 노령 연해주 지역의 동도교구, 북만주 일대의 북도교구, 중국과 일본 및 구미 지역의 외도교구로 구분한 오교구(五敎區) 제도를 제정하였다. 이러한 조직 개편과 더불어 동년 6월 13일 총전리 강우를 대리로 보내어 백두산 상봉에서 천제를 지내게 하였고, 10월 3일 개천절에는 청파호에서 제천의식을 거행하였다. 그리고 총본사가 있는 청파호에 고경각(古經閣)과 고령사(古靈祠)를 세웠다. 고경각은 단군신교와 관련된 각종 고경과 고사를 보관하는 장소이며 고령사는 단군신교의 발전에 공헌한 성현과 영웅을 모신 사당으로 부루대왕·부여대왕·원보(元輔) 팽우(彭虞)·상신(相臣) 고시(高矢)·사관(史官) 신지(神誌)·예국군(濊國君) 여수기(餘守己)·남해장(南海長) 비천생(緋天生)·해모수·혁거세대왕·동명성제·渤海太祖高王·대금태조황제(大金太祖皇帝) 등을 모신 사당이다.
23) 삿사 미츠아키, 앞의 논문, 77쪽.

백두산이 왕실의 발상지(發祥地)라는 관념이 크게 작용한 것이었다.

단군이 하강한 태백산이 백두산이라는 관념은 한말에 등장하는 새로운 것이었다. 『삼국유사』에는 단군의 하강지인 태백산을 묘향산이라 기술한 이후 이 해석이 주류를 이루었다. 한말 계몽사상가들 대부분도 단군이 묘향산에 내려와 평양지역을 중심으로 활동하였다고 보았다. 다만 신채호는 태백산을 장백산(長白山)으로 보았으며 이러한 해석은 서북학회의 사람들에게 널리 수용되었다.[24] 나철은 이러한 해석을 이어받아 백두산을 천신 단군을 제향하는 주요 성지이자 민족의 성지로 만들었다.

『대종교중광육십년사』에는 1914년 10월 3일 개천절에 청호에서 거행하였던 제천의식에서 사용하였던 것으로 보이는 <제천의식홀기(祭天儀式笏記)>가 실려 있다. 이때 의식은 천궁이나 천진전이 아니라 야외 천단에서 거행한 것인데 그 절차를 간략히 정리하면 다음과 같다.

 祭天日(개천일·어천일·중광일) 上午 8時에 奉式儀員이 大禮官 大禮服을 著하고 天壇下에 敬肅히 立하여 儀忽을 執하고 大讀曰
 笏記를 읽으니 다 들으시고 이제 우리 인생들이 이 罪惡을 쌓아 이 悲慘을 當하고도 이 殘命을 保全함은 참 거룩하신 皇天恩澤 上帝恩澤이시요 또 하물며 한울에 절하고 神을 섬김은 우리 大倧門의 근본이 아닌가 오늘에는 우리들이 일제히 근본에 돌아와 罪人짐을 벗고 恩惠를 갑기 맹서하여 다 한마음 한정성으로 祭天합시다. 祭天儀式을 열터이오니 各儀員들은 다 자리를 正하고 일제히 整肅. 儀式을 열터이오니 다 恭敬과 精誠으로 一心
 一齊히 拜
 一齊히 興
 奉香儀員은 大香을 올리고 主祭儀員은 点香
 一齊히 拜
 一齊히 興
 奉祝儀員은 大祝을 읽고 각 儀員 祭員들은 一齊히 俯伏
 一齊히 興
 一齊히 拜

---

24) 위의 논문, 33~34쪽.

一齊히 興
閉式하오니 天壇에 祭儀를 撤하고 一齊히 退.

위 홀기는 일시적으로 사용한 것이 아니라 개천일, 어천일, 중광일과 같은 대경절(大慶節)에 거행하기 위해 제정한 것으로 보인다. 그런데 이 홀기에 나타난 절차는 앞서 본 경배식 절차와 완연히 다르다. 경배식과 달리 향을 피우고, 절을 하는 제사의 의식을 따르고 있다. 그러나 제물의 봉헌과 음복, 헌작 등은 보이지 않는다. 특히 전통적인 유교식 제천의례에서 강조되는 번제(燔祭)의 의식은 찾을 수 없다. 제물의 봉헌에 앞서 '공경'과 '정성'이라는 마음가짐의 중요성이 부각되고 있다. 이러한 간략화는 앞에서 본 대종교의 전반적인 의례 개혁의 흐름과 일치한다. 그러나 매우 간략함에도 불구하고 일요일에 거행하는 경배식과 달리 전통적인 제사의 형식을 따르고 있다.

그러므로 대종교의 전체 의례에서 볼 때 각 지역에서 거행하는 일상의 례를 근대적 형식으로 보편화시키는 동시에 특정한 날에 거행하는 제천의 례는 고유한 몸동작을 통해서 담아내고자 하였다. 물론 이 때의 고유한 제사 형식이란 이전부터 이어져오던 것이라기보다 새롭게 창조된 전통이다. 그리고 창조된 전통의 가장 전형적인 형태를 선의식을 통해 볼 수 있다.

1915년 10월 1일 조선총독부령 제 88호로 종교통제안이 공포됨에 따라 12월에 나철은 대종교를 종교로 공인받기 위한 신청서를 총독부에 제출하지만 거절당한다. 점차 강화되는 일본의 압박 속에서 1916년 8월 나철은 구월산 삼성사에 봉심(奉審)하고 제천의례를 거행한다. 8월 15일 가배절에 이곳에서 행한 제천의식은 나철의 마지막 의식이었는데 이후 '선의식'[25]으로 불리는 대종교 제천의례의 전범이 되었다. 그 절차를 간략히 정리하면 아래와 같다.[26]

---

25) 선의란 한얼님께 제사를 드린다는 의미로 대종교의 제천행사이다(문화체육부종 무실, 앞의 책, 361쪽).

〈표 8〉 선의식의 절차와 상징물

절차	상징물	행위
開儀式		
參靈式	天香	奉香·三拜
奠幣式	穀贄·絲贄·貨贄	奠幣·奉香·四拜
進餐式	天水·天來·天果·天飯·天湯	奉餐·奉香·三拜
奏由式	奏由文	奏由
奏樂式	樂章	奏樂
願禱式	覺辭	三念
辭靈式	天香	奉香·三拜
閉儀式		

위 선의식의 절차는 경배과 전혀 다른 형식으로 이루어져있다. 육선(肉饍)을 배제하고 천수(天水; 물), 천래(天來; 소맥), 천과(天果; 배), 천반(天飯; 산도), 천탕(天湯; 미역) 등으로 대신하였지만 제물이 다시 등장하였다. '참령-전폐-진찬-주유'로 이어지는 절차는 명칭에 차이가 있지만 전통적 제례의 순서와 양식에서 크게 다르지 않다. 1910년 <의식규례발포안>의 경배식이 제사형(祭祀形)에서 강도형(講道形)으로 전환한 것이 특색이라면 이 선의식은 이전의 전통적 양식을 보존하고 있는 것이 특징이다.

그러므로 대종교의 제천의식은 일상적 의례로의 경배식과 비일상적 의례인 선의식이라는 두 가지의 양식이 공존한다. 경배식이 7일의 시간을 주기로 한 일요일 천궁에서 거행하는 것이라면, 선의식은 개천절, 어천절, 중광절, 가경절 이란 4대 경절(慶節)[27]에 거행하는 특별한 의례이다. 그리고 이러한 선의식은 천궁의 보편화된 인공적 구조물 대신 백두산, 구월산과 같이 단군과 관련된 특정한 공간에서의 의식을 발전시킨 것이다. 이러한 두 가지의 제천 양식을 통해서 대종교는 근대적 개혁과 고유한 전통의 긴

---

26) 大倧敎倧經倧史編修委員會, 앞의 책, 193~200쪽.
27) 개천절은 단군께서 내려온 날인 음력 10월 3일, 어천절은 단군께서 다시 하늘에 오르신 날 음력 3월 15일, 중광절은 홍암이 대종교를 다시 선포한 날인 음력 1월 15일, 가경절은 홍암이 조천하신 8월 15일이다.

장과 조화를 보여주고 있다. 특히 후자의 선의식은 보편적 하늘로 승화한 단군의 성격과 그에 따른 의례의 대중화에서 자칫 놓치기 쉬운 민족적 정체성을 다시 확인하고 기억해준다는 점에서 그 의미가 크다. 개천일, 어천일, 중광일, 가경일은 단군과 출생과 죽음, 대종교의 선포, 나철의 죽음 등이 땅에서 발생하였던 역사적 사건을 기념하는 날이다. 이러한 날에 제천은 보편적 하늘이 한민족으로 구체화되는 의식이며 동시에 한민족이 천손으로 성화되는 의식인 것이다.

그러나 일제시대 항일과 그에 대한 탄압의 연속 가운데 대종교의 선의식은 제대로 수행되지 못하였다. 선의식을 다시 거행한 것은 해방 후 1947년 중광절(1월 15일)이었다. 홍암이 처음으로 선의식을 거행한 지 32년이나 지난 후였으니 그 동안의 고난을 짐작할 수 있다. 제 3대 단애종사에 의해 복원된 1947년의 선의식은 홍암의 것을 근간을 하면서도 시의에 맞게 홀기를 개정하였다. 이 둘을 상호 비교하면 절차상에서 차이는 드러나지 않지만 세부적인 몇 가지의 변형이 보인다.

첫째, 애초 선의식의 진설에는 천수(天水), 천래(天來), 천과(天果), 천반(天飯), 천탕(天湯)의 5가지이었지만 이때에는 여기에 천채(天菜)가 추가된다. 천채는 고사리로서 불에 살짝 데쳐서 받친다. 앞서 언급하였듯이 제품은 인간의 생명을 유지하는 데에 필수적인 양식이 되는 것과 단군 관련 공간과의 근접성에 의해 선택된 것이었다. 이런 관점에서 볼 때 천채는 공간적인 선택이라기보다 밥, 탕, 나물로 우리 음식 문화에 쉽게 접할 수 있는 것으로 반찬에 해당하는 것을 추가하였다. 그러나 이 천채의 추가는 식물의 종류가 가지는 의미보다 숫자가 가진 의미에 중요성이 있다고 보아진다. 천채가 추가됨으로써 제품은 전체 6가지가 되어 곡지, 사지, 화지의 제폐와 연속적으로 3 단위 진설이 가능하게 되었기 때문이다. 그리고 이러한 변화는 두 번째 변화와 직접 연결된다.

둘째, 제기(祭器)의 변화이다. 해방 후 선의식은 제기를 삼묘(三妙)의 이치에 맞추어 ○, □, △의 형태로 만든 세 종류 제기를 사용하였다. 도로방,

네모, 세뿔로 불리는 이 도형적 상징은 현재 대종교를 표상하는 상징이다.28) 백포 종사가 지은 『회삼경』에 의하면 성품은 ○을 본뜨고, 목숨[命]은 □을 본뜨고, 정기[精]은 △을 본뜬 것이니 이것을 '삼묘(三妙)'라 한다고 하였다. 그리고 원은 하늘의 높음을 형상한 것이고, 네모는 땅의 평평함을 형상한 것이고, 세모는 사람의 모양을 형상한 것이라고 하였다.29) 이렇게 우주와 인간을 구성하는 기본적인 모형을 따라 제기를 새로 제정한 것이다. 이러한 제기의 모형 변화는 3을 기본 단위로 삼아 천상(天床)의 제물을 배열하면서 통일된 구조를 갖게 된다. 즉, 앞의 제물의 수가 6가지이고 또한 폐백의 수가 3가지이므로 전체 9가지의 헌물을 세 가지의 그릇에 담을 수 있다.

5. 결 론

근대 이후 단군에 대한 제사는 국조에 대한 경배의 차원에서 시작하였다. '대황조'나 '국조' 등의 개념은 근대 이후 개념이지만 처음 왕조를 세운 고조선의 시조라는 인식 때문에 민족의 시조로서의 단군을 받아들이는 데에 무리가 없었다. 당시 더 중요한 것은 민족의 시조에 대한 공경을 담을 수 있는 의례 형식을 창출하는 것이었다. 이러한 형식을 대부분 유교적 형식에서 찾았다. 조상에 대한 전통적 예식으로서의 제사가 단군에 대한 공경의 형식에 크게 기여한 것이었다. 원단군교 이후 대종교의 의례 개혁과 달리 단군교는 이러한 형식을 그대로 유지하고자 하였다. 단군교 이후에도 이

---

28) 대종교의 애초 교기는 홍암대종사가 제정한 神字旗였다. 이후 1926년 정월 16일에 寧安에서 소집된 제 4차 敎議會에서 교기를 현재의 圓方角三極章 天旗로 개정하기로 결의하였다. 그러나 당시 三矢條約 실시로 인한 포교금지령 때문에 다년간 그 실행이 보류되었다가 포교금지령이 해제된 후 1935년 12월 26일에야 시행되었다.
29) 대종교총본사,『대종교요감(우리정통종교)』, 276쪽.

러한 단군 제사는 유지되었다. 특히 해방 이후 기존의 단군 사당이나 새로운 단군사당이 지역 사람들에 의해서 유지되는 경우 대개는 유교 형식의 제향으로 이루어졌다. 이것은 조선시대 사묘의 형식을 빌려 국조에 대한 공경을 표하는 것이었다.

반면 국조의 범위를 넘어서 종교 신앙의 대상으로 발전한 대종교에서 단군은 천조, 천신으로 이해되었고 이에 걸맞은 의례를 새롭게 만들었다. 일요일의 경배식이나 경하절의 선의식은 일반적으로 알려진 단군에 대한 제사가 아니라 환인, 환웅, 단군의 세 신이면서도 한 신인 한얼님에 대한 의례이다. 경배식이 교리 설파를 위한 강도가 중심이라면 선의식은 몸동작을 통해서 신과 인간의 교류를 보여주는 것이다.

단군에 대한 공경을 표현하고 싶어도 할 수 없었던 시절이 있었다. 곳곳에 일본 신사가 있어 천조대신이란 이방신에게 경의를 표하면서 자기 민족 시조에게는 함부로 경의를 표할 수 없었던 시기가 있었다. 근대 이후 단군 의례에 힘은 상실된 나라의 구심점이 될 수 있었기 때문이었다. 해방 이후 잠시 단기가 사용되고 국민들이 자발적으로 단군전을 건립한 것은 이러한 상실의 경험과 민족의 중요성 때문이었다. 그러나 해방 이후 단군에 대한 논의는 역사와 신화, 종교와 윤리, 다원주의 가치관 등 이전에 고민할 여력이 없었던 새로운 암초들에 의해서 제대로 추진되지 못하였다. 그에 따라 국민의 공감대를 얻는 단군의례를 만들지 못하였다. 최근에는 우리나라 역시 다인종, 다민족 국가, 다문화 국가의 모습을 보여주고 있다. 이러한 상황에서 그동안 단군 의례의 중심에 있었던 신종교 의식들은 우리 공동체의 구심점을 될 수 있는 단군 의례의 모습을 찾는 데에 귀중한 경험과 기반이 될 것이다.

참고문헌

자료

大倧敎倧經倧史編修委員會, 開天4428(1971), 『大倧敎重光六十年史』, 大倧敎總本司
神宮奉敬會, 1910, 『神宮建築誌』(장 K2-3569)
鄭鎭洪, 1937, 『檀君敎復興經略』(장 C16-2), 啓新社

단행본

대종교총본사, 『대종교요감(우리정통종교)』
문화체육부종무실, 1995, 『한국종교의 의식과 예절』

논문

삿사 미츠아키, 2003, 「한말, 일제시대 단군신앙운동의 전개 : 대종교, 단군교의 활동을 중심으로」, 서울대학교대학원 박사학위논문

강화도 참성단 개천대제의 재활성화와 방향

장 장 식
(국립민속박물관)

1. 머리말

이 글은 마리산(摩利山) 참성단(塹城壇)에서 거행되는 '강화 개천대축제' 또는 '개천대제(開天大祭)'[1])의 재활성화(Revitalization)를 위하여 작성한다. 브와즈뱅(Boissevain)은 의례의 활성화를 재활성화(Revitalization), 재생(Revival), 재전통화(Retraditionalization), 민속화(Folklorization)의 4가지로 구분한 바 있다.[2]) 이 가운데 재활성화는 결코 소멸되지 않은 축제에 새로운 에너지를 부가시켜 활성화를 꾀한 형태를 가리킨다. 그러므로 이 글은 기존의 개천대제를 새롭게 재구성하여 지속가능한 축제로 활성화하자는 데 목적을 둔다.

참성단을 모티프로 한 개천대제에 대한 논의는 강화군청에서 주관한『참

---

1) 이 글에서 사용하는 '강화 개천대축제'와 '개천대제'는 동일한 의미를 지닌 용어이며, 때로는 '참성단 축제'로 기술한다.
2) 진명숙, 2004,『지역축제와 문화권력』, 신아출판사, 21쪽에서 재인용함. 재생은 소멸된 축제에 생명력을 불어넣은 것이고, 재전통화는 근근이 유지되던 축제를 재구조화하여 과거의 모습에 가깝게 만들어 놓는 것을 말한다. 민속화는 의례가 행해지는 원래의 맥락을 벗어나, 이를 보존하려는 사람들에 의해 연행되는 것을 말한다.

강화도 참성단 전경

성단 개천대제에 대한 연구 고증 결과보고』에서 이루어졌고,3) 개천대축제 추진위원회와 강화문화원이 주관한『개천대제 학술세미나』4) 에서도 활발하게 논의되었다. 또 부분적이긴 하나 삼랑성역사문화축제 조직위원회와 강화역사문화연구소가 공동으로 주최한『삼랑성 역사문화축제 학술세미나』에서도 논의되기도 하였다.5) 이들 연구와 발표에서 참성단과 참성단 축제 또는 개천대제가 안고 있는 몇몇 문제점이 도출되었고, 대안도 제시된 바 있다.

이 글에서는 이들의 연구 성과를 적극 참고하되 기왕의 글과는 달리 강화 개천대축제 또는 참성단 축제의 재활성화를 타진하는 데 집중하고자 하며, 지속가능한 축제로서의 방향성을 검토하고자 한다.

논의의 순서는 다음과 같다. 첫째 무형문화재로서의 참성단 축제와 그 관계를 타진하고, 둘째 축제와 지역문화 사이에서 형성하고 있는 의의가 무엇인가를 검토하며, 셋째 참성단축제의 성격과 방향을 통해 참성단 축제의 구성과 축제의 재활성화를 살펴보고자 한다. 매우 제한적인 논의이고 원론적인 수준에 그칠 수 있지만 축제에 대한 다양한 담론(談論)을 통해 개천대제의 재활성화를 기획하는 데 실마리를 찾고자 한다.

---

3) 강화군청, 1999,『참성단 개천대제에 대한 연구고증 결과보고』참조.
4) 개천대제축제 추진위원회 주최·주관,『개천대제 학술세미나』, 2008년 10월 2일, 강화문화원 회의실. 최종수,「개천대제의 현황과 과제」, 5~12쪽 ; 서영대,「참성단의 역사와 의의」, 15~25쪽.
5) 이도학,「참성단의 보존과 활용방법」,『강화도 참성단-현황과 과제』, 삼랑성역사문화축제 조직위원회·강화역사문화연구소 공동주최『삼랑성 역사문화축제 학술세미나』발표문, 39~58쪽.

2. 무형문화재로서의 참성단 축제

　문화유산을 논의할 때 유형문화유산과 무형문화유산으로 나누고 무형문화유산에 큰 의미를 부여해 왔으나 역사는 그리 오래 되지 않았다. 무형문화재제도를 실시한 때가 1964년이니 이전에는 여러 가지 이유와 무관심 속에 약화와 소멸을 겪었고, 제도 실시 이후 아쉽지만 소극적인 보호와 관리 속에 명맥을 유지해 왔다. 당시 법을 제정할 때, 무형의 문화적 소산으로서 오랜 역사 속에서 전승되어 온 전통예술 가운데 특별히 예술성이나 학술적 보존 가치가 큰 전통예능이나 공예기술 등 소멸할 우려가 있는 기·예능 종목을 주요 대상으로 하였다. 그 결과 국가지정 중요무형문화재는 기능과 예능 종목에 한정되었고, 대상 종목만이 중요무형문화재라는 이름으로 보호·육성되어 왔다.

　세계적인 추세도 예외는 아니다. 흔히 세계무형유산으로 일컬어지는 '인류구전 및 무형유산 걸작(Masterpieces of the Oral and Intangible Heritage of Humanity)'은 세계의 여러 나라에 존재하는 무형문화재를 유네스코(UNESCO) 심사위원회에 신청하고 이를 접수한 유네스코 심사위원회가 해당국의 무형문화재를 엄격하게 심사하여 선정하는 제도이다. 세계의 여러 나라는 자국의 전통문화와 예술을 보호하기 위한 정책을 시행하고 있음은 주지의 사실이다. 그러나 '무형문화재'라는 개념을 동원하여 이를 보호하는 국가는 한국을 비롯하여 일본과 대만에 불과하다. 유네스코 역시 무형문화재에 대한 개념을 세계에 널리 알리고 소멸하는 무형문화재를 보호하기 위해서 '인류구전 및 무형유산 걸작' 선정제도를 운영하기 시작하였다. 그리고 2001년에야 비로소 '인류구전 및 무형유산 걸작'을 선정하였는데, 우리의 종묘제례악이 선정되었다(2001.5.18). 2003년 10월 유네스코가 체결한 인류무형유산협약은 30개국 이상을 회원국으로 참여시켰다. 이 협약은 국제법의 효력을 발효하기 때문에 앞으로 많은 국가가 무형문화재

제도를 운영할 전망이다. 이처럼 국내외를 포함하여 무형문화재에 대한 관심을 날로 증폭되고 있는 상황이다.

참성단 축제를 진단하는 자리에서 무형문화재를 언급하는 것은 다름 아니다. 지역축제에 대한 시각이 관광자원이라는 경제적 측면에 집중되어 있는 상황에서 '이제는 축제 역시 무형문화재로서 바라볼 때가 되었다'는 것을 강조하기 위함이다. 유형문화재를 기준으로 한다면 '참성단'은 유형문화재이고, 참성단에서 벌어지는 대제(大祭)와 이를 근거로 하는 참성단 축제는 무형문화재의 성격을 띤다. 눈에 보이는 가시적인 형상물의 중요성을 강조하는 경우에도 눈에 보이지 않는 무형물의 존재를 잊기 쉽다. 그리고 그 가치를 폄하하기 일쑤이다. 그러나 무형과 유형문화재의 관계를 따지자면 무형문화재는 유형문화재를 낳고 기르는 힘이다.6) 그렇기 때문에 유형문화재보다 무형문화재가 선행하고, 그 가치가 크고 우월하다.

유네스코가 지정한 '인류구전 및 무형유산 걸작'인 종묘제례악의 경우를 예로 들어본다. 종묘제례악(宗廟祭禮樂)이 인류구전 및 무형유산 걸작으로 선정될 수 있는 것은 종묘를 구성하는 정전과 영녕전 및 부속건물과 같은 유형문화재 때문만이 아니다. 종묘에 제사드릴 때 연주하는 기악과 노래와 무용 및 재차(祭次)와 같은 무형문화재를 주목한 결과이다. 악기를 연주하고 노래를 부르며 춤을 추는 예술적 능력과 복잡한 의례 절차는 기록에 의하지 않는 한 인간 개체의 소멸과 함께 소멸되는 무형의 문화이다. 소멸의 가능성이 매우 크고, 그것이 걸작(Masterpieces)일수록 보존의 필요성이 높아진다. 유네스코가 내세운 구체적인 선정기준은 '문화적 가치 및 전통의 뿌리, 문화적 정체성, 문화간 교류 촉진, 현대 사회에서의 사회적·문화적 역할, 기능 및 기술 응용의 탁월성, 독특한 문화적 전통, 그리고 소멸 위기' 등이다. 종묘제례악은 이와 같은 인식과 판단에서 선정된 것이다

이와 같은 사례는 무형문화재야말로 그 자체의 의미가 매우 클뿐더러

---

6) 임재해, 2008.10, 「무형문화유산의 보존과 전승 방향의 재인식」, 『민속학과 무형문화유산의 보존과 전승』, 2008 한국민속학자대회 발표문, 11쪽.

문화가 가질 수 있는 원동력임을 보여준다. 게다가 무형문화재는 이질적인 문화를 영위하는 낯선 사람들에게까지 감동을 줄 수 있다. 이는 무형문화재가 내재한 보편적 가치이고, 인류가 두루 향유할 수 있는 '보편성'을 확보하고 있다는 뜻이다. 다음은 서구에서 공연된 우리의 종묘제례악에 대한 기사이다.

중요 무형문화재 제1호인 종묘제례악이 유럽의 수도 벨기에 브뤼셀 '첫 나들이'를 성공적으로 마쳤다. 지난 달 초 개막된 벨기에 '코리아페스티벌'의 일환으로 국립국악원이 24일 오후(이하 현지시각) 브뤼셀 보자르 예술센터에서 종묘제례악을 벨기에 관객에게 선을 보인 것. 늦가을 반짝 추위가 찾아온 가운데서도 이날 오후 8시 시작된 이날 공연에는 1,200여 명의 관객이 자리해 한국의 전통문화를 체험했다. 한편, 내년 2월 말까지 계속되는 코리아페스티벌의 개막 전날인 지난달 8일에는 국립국악관현악단이 보자르 예술센터에서 처음으로 공연해 벨기에 관객들의 찬사를 받은 바 있다.[7]

참성단은 국가지정문화유산의 사적 136호(1964.7.11)로 지정된 유형문화재이다. 그러나 유형문화재 자체에만 관심을 둘 때 먼 옛날의 사건을 기억하는, 강화도에 소재하는 역사문화재이고 특별한 관심을 보이는 이들만의 성소(聖所)일 뿐이다. 그렇다면 참성단은 무형문화재와 필연적으로 통합되어야 한다. 이것이 곧 참성단 축제의 필요성이고, 개천대제의 의의이다.

참성단과 의례에 대한 담론은 세 층위로 구별된다. 그 하나는 신화적 담론과 천제 봉행과 관련이 있는 단군 유적이라는 점이다. 단군 관련 유적은 여럿 있다.[8] 단군을 숭신하던 평양의 숭령전(崇靈殿)과 구월산의 삼성사(三聖祠)를 비롯하여 단군 탄생담과 관련이 있는 묘향산의 단군굴과 단군의 승천지인 구월산의 단군대[9]와 강동의 단군릉 및 단군의 세 아들이

---

7) 연합뉴스 2008.11.25, 「무형문화재 제1호 '유럽 수도' 첫 나들이 성공」.
8) 서영대, 2008.10, 「참성단의 역사와 의의」, 개천대제축제 추진위원회 주최·주관 『개천대제 학술세미나』 발표문, 23쪽.
9) 김성환, 2002, 『고려시대의 단군전승과 인식』, 경인문화사 참조.

쌓았다는 삼랑성(三郞城)들이 그것이다. 이들 가운데 가장 앞서는 단군 유적의 연대기물(年代記物)은 '참성단'과 '삼랑성'이다. 구비담론(口碑談論)의 성격을 지닌 전승과 관련된 이 유적은 참성단이 차지하는 비중이 어떠한가를 잘 보여준다. 사실(史實)이 무엇이든 간에 '단군이 참성단을 쌓고(단기 51년) 천제를 지냈다(단기 54년 3월)'는 『단군세기』의 담론은 매우 중요하다. 이와 같은 기록은 『규원사화(揆園史話)』에서도 확인되고, 『고려사』와 『세종실록』 지리지에 수록된다.

○ 마리산이 있다(부의 남쪽에 있으며, 산 정상에 참성단이 있다. 세상에 전하기를 단군이 하늘에 제사를 지낸 단이라 한다).[10]

○ 세상에 전하기를, "조선 단군이 하늘에 제사지내던 석단(石壇)이다"라고 한다. 산기슭에 재궁(齋宮)이 있는데, 예로부터 매년 봄·가을에 대언(代言)을 보내어 초제(醮祭)를 지내었다.[11]

이들 기록은 신화적 담론을 수용하지 않을 수 없을 만큼 단군 전승이 두루 유통되고 사실로 인식되었음을 가리킨다. 그러므로 이들 담론은 참성단의 존재와 개천대제를 이해하는 준거로 삼아도 좋다.

두 번째는 고려대와 조선대에 행해진 초제(醮祭) 관련 담론들이다. 어떤 형태이든 중앙정부가 개입하고 직접 행향사(行香使)를 파견하여 치제했다는 것은 전대의 신앙전통을 이어받은 것이다. 물론 이에 대한 찬반 논란이 적잖았고,[12] 임진왜란을 계기로 중단되었다가 인조 16년(1638) 예조와 강

---

10) 『고려사』 권56 지리지, "有摩利山 [在府南 山頂有塹星壇 世傳檀君祭天壇]".
11) 『세종실록』 권148 지리지, "世傳朝鮮檀君祭天石壇 山麓有齋宮 舊例每春秋 遣代言設醮".
12) 최초의 논란은 1432년(세종 14) 3월 19일(무인) 예조판서 신상의 발언에서 시작되었다. "신이 또 마리산(摩利山)의 초단(醮壇)을 보니 매우 비루(卑陋)하여서 제사지내는 곳으로는 마땅치 못하였습니다. 또 서울의 소격전에서 제사하고 있으니 번거롭고 더럽히는 것같이 생각됩니다. 비옵건대, 마리산의 초제는 폐지하게 하소서." 『世宗實錄』 권55, 세종 14년 3월 무인 참조.

화유수 김신국(金藎國, 1572~1657)의 건의에 따라 재개된 바 있다.13) 이 와 같은 역사적 과정은 참성단의 의례가 도교의례라는 점과 제천의례라는 점에서 촉발된 것이다. 특히 제후국으로서 천제를 지내는 것은 참례(僭禮) 라는 논리에 의한다.14) 해석하면 천자국으로서의 자존을 유지하려는 의도 와 이를 비판하려는 소중화론자(小中華論者)의 원칙론이 치열하게 논쟁을 벌인 셈이다. 그렇다면 오늘날의 개천대제는 단군제천을 통해 자주의식을 표방했던 상고의 전통15)을 복원하는 일이고, 대한민국의 자주의식을 재정 립하는 일이다.

셋째의 층위는 광복 이후의 복원과 담론들이다. 1955년 제36회 전국체 전의 성화 채화를 계기로 제천행사를 부활시키고, 이와 더불어 참성단의 원형문제와 복원문제 등 덧붙여지는 여러 담론에 관한 것이다. 특히 '민족 의 성지', '단군성조의 천제처(天祭處)', '제1의 생기처(生氣處)'와 같은 용 어16)는 학술적인 고증의 결과라기보다는 기왕의 담론들을 기정사실화한 것으로 추정된다. 강화군청이 운영하는 홈페이지에서의 안내문도 이와 유 사한 어휘들이 동원되고 있다.

---

13) 서영대, 2008. 10, 「참성단의 역사와 의의」, 개천대제축제 추진위원회 주최·주관, 『개천대제 학술세미나』 발표문, 21쪽.
14) 『중종실록』 권24, 중종 11년 2월 26일(계미). "영사 김응기는 아뢰기를, '국가에 크게 관계되는 일은 없는 것 같으나 소격서의 마리산 제사 같은 것은 다 하늘에 제사지내는 것이니, 이는 심한 참례입니다.'라고 하였다." "헌납(獻納) 조한필은 아뢰기를, '소격서의 일은 참례일 뿐이 아니라 이것은 좌도이므로 해서는 안 됩니 다.'라고 하였다"(領事金應箕曰 國家大關事 則似無矣 然如昭格署摩利山之祭 皆 是祭天 此甚僭禮 獻納趙漢弼曰 昭格署非徒僭禮 乃是左道 所不可爲也).
15) 부여의 영고(迎鼓), 고구려의 동맹(東盟), 동예의 무천(舞天)을 비롯하여 삼한의 농공시필기에 행한 오월제(五月祭)와 시월제(十月祭) 등과 같은 국중대회를 열었 던 고대의 역사적 전통이다.
16) 2003년 8월 현재 참성단 입구의 안내판. 이도학, 「참성단의 보존과 활용방법」, 『강화도 참성단－현황과 과제』, 삼랑성역사문화축제 조직위원회·강화역사문화연 구소 공동주최 『삼랑성 역사문화축제 학술세미나』 발표문, 50쪽에서 재인용함.

○ 마리산(해발 468m)의 정상에 위치해 있으며, 단군께서 하늘에 제사를 올리던 곳으로 지금도 매년 10월3일 개천절에는 천제를 봉행하고 있다. 1953년 제34회 전국체전 때부터 성화 채화지로 지정 오늘에 이르고 있다.[17]

○ 마리산 상봉(468m)에 자리잡고 있는 참성단은 단군 기원전 51년(BC2282)에 단군 왕검께서 민족만대의 영화와 발전을 위하여 춘추로 하늘에 제사를 올리기 위해 쌓은 제단이다. 기초는 하늘을 상징하여 둥글게 쌓고 단은 땅을 상징하여 네모로 쌓았으며, 이곳 마리산은 백두산 천지와 제주도 한라산 백록담의 중간에 위치해 있다 한다. 둥근 단의 지름은 8.7m이며, 네모난 단은 6.6m의 정방형 단이다.[18]

여기서 주목되는 것은 성화 채화이다. 알다시피 성화(Sacred olympic fire)는 제우스 신전에 올렸던 올림픽전통을 모방한 것이다. 성화 채화에 대한 적절성 여부에 대한 논란이 있기는 하지만 참성단의 첫 성화 채화가 1955년 전국체육대회임을 감안할 때 '새로운 전통'의 창조라는 측면에서 이해 당사자에 의해 민속화(Folklorization)된 것이다. 그러므로 새삼 시비를 삼을 필요는 없다.[19] 여기에 덧붙여 성화 채화시에 등장하는 칠선녀(七仙女) 역시 이런 맥락에서 보아도 무방하다.

현행의 칠선녀는 "천축선녀(天軸仙女), 천기선녀(天璣仙女), 천선선녀(天善仙女), 천권선녀(天權仙女), 옥형선녀(玉衡仙女), 계양선녀(桂陽仙女), 요광선녀(搖光仙女)"인데, 근거가 불명하다는 비판에 직면해 있다.[20] 비판의 구체적 준거는 숫자 7이 기독교적인 개념을 지니고 있고, 고려시대의 팔선

---

17) http://www.ganghwa.incheon.kr/pub/tur/turHtmTur08_05_02.jsp.
18) http://www.ganghwa.incheon.kr/pub/tur/turActTurView.jsp?index=43&sc=tur06030200_00.
19) 이도학,「참성단의 보존과 활용방법」,『강화도 참성단 - 현황과 과제』, 삼랑성역사문화축제 조직위원회·강화역사문화연구소 공동주최『삼랑성 역사문화축제 학술세미나』발표문, 55쪽.
20) 강화군청, 1999,『참성단 개천대제에 대한 연구고증 결과보고』, 24쪽.

궁(『신동국여지승람』 권5 개성부 사묘조)과 묘청이 평양에 설치한 팔성당(『고려사』) 및 조선조의 궁중연희 팔일무와 경기, 황해지역의 탈놀이에 등장하는 팔목중 등의 8에 관련된 문화전통이다. 그러나 『춘추운두추(春秋運斗樞)』에 등장하는 북두칠성의 이름이 "천추(天樞), 천선(天璇), 천기(天璣), 천권(天權), 옥형(玉衡), 개양(開陽), 요광(搖光)"21)임을 감안할 때, 칠선녀 모티프는 이에서 비롯된 것임을 알 수 있다.

채화하는 칠선녀(2007, 강화역사문화연구소)

북두칠성에 대한 이 명칭은 『진서』 「천문지」와 『수서』 「천문지」에 공식 명칭으로 수록된 바 있다. 북두칠성의 형상을 머리를 늘어뜨린 여성(披髮女容)으로 묘사한 것은 『불설북두칠성연명경(佛說北斗七星延命經)』에서 처음 등장하며, 선조 2년(1569) 작 「치성광불제성강림도(熾盛光佛諸星降臨圖)」에 묘사된 피발여용과 같다. 또한 1739년 작인 태안사 칠성탱과 쌍계사 삼성각의 「치성광불도」에 묘사된 칠성은 단정한 여성의 모습이다. 문헌자료로는 "소격서의 태일전은 칠성과 제수(諸宿)를 제사하는 곳인

「치성광불제성강림도(1569년 작)」 부분 모사도
(2008 김일권)

---

21) 김일권, 2008, 『우리 역사의 하늘과 별자리』, 고즈윈, 247~248쪽.

데, 그 신상이 모두 피발여용(披髮女容)이다."는 성현의 『용재총화』 기록에서도 확인된다. 성화 채화에 등장하는 칠선녀와 『진서』「천문지」에 등장하는 이름이 매우 흡사한 것은 이 때문이 아닌가 한다.

채화 등장 칠선녀	天軸仙女	天璣仙女	天善仙女	天權仙女	玉衡仙女	桂陽仙女	搖光仙女
북두칠성의 명칭	天樞	天璇	天璣	天權	玉衡	開陽	搖光
비　교	〃	天璣	天璇	〃	〃	〃	〃

〈표〉에서 보듯 2번과 3번 이름이 착종되고(天璇 ↔ 天璣) 1번과 6번 이름의 한자 표기(天軸仙女; 天樞, 桂陽仙女; 開陽)에 혼란이 보이지만 전체적으로 볼 때 대동소이하다. 아마도 별자리에 의례를 행했던 초제의 전통을 본받아 북두칠성의 이름을 따온 것이 아닌가 한다. 그리고 피발여용을 한 여성의 이미지를 반영하여 성화 채화의 7선녀로 설정한 것이 아닌가 한다. 이에 대한 본격적인 논의는 차후의 작업으로 미룬다.

3. 축제의 의의와 지역문화

축제가 비록 생산성을 바탕으로 한 일련의 대동적 제의에서 비롯되었을지라도 오늘날 생활여건을 감안한다면 그것만을 고집할 일은 분명 아니다. 전통축제의 현상이 제의성에 바탕을 놀이로서의 축제였다면 현재의 축제는 제의성이 약화되거나 사라진 반면 놀이로서의 비중이 더욱 커지고 있기 때문이다. 더욱이 전통적 신앙체계가 약화되거나 다른 종교로 대체된 다원화된 상황에서 전통축제만을 강요하는 것은 삶의 현장을 무시한 연구자나 관계자의 욕심일 따름이다. 따라서 오늘날 벌어지고 있는 축제를 전향적인 시각에서 재검토할 필요가 있다.

축제는 신명나는 한판이어야 하고, 그래서 참여자는 신명을 마음껏 향유

할 수 있는 축제라면 더욱 좋다. 참여자의 경우 지역민이 놀이판의 진정한 주체가 되고, 구경꾼 또한 능동적이고 자발적인 참여가 이루어지게끔 한다면 그 축제는 성공한 셈이다. 이는 오늘날의 축제가 월력에 따른 단순한 행사로 인식되거나 지역홍보를 위한 갖추기, 이른바 '우리지역도 이런 축제가 있다'라는 의도에서 만든 축제 형식이라는 데 대한 반성적 제언이다.

지역축제는 지역문화를 바탕으로 한다. 지역문화는 다른 지역의 문화와 차별성을 가질 때 가치를 지닌다. 다른 지역과의 차별성을 가진 그 무엇을 '정체성'이라 할 때, 정체성은 지역문화를 드러내고 지역축제를 의의 있게 하는 변별요소이다. 강화도의 참성단 축제는 강화문화의 정체성을 드러내고, 이를 강화시킬 수 있는 방향성을 지녀야 한다. 원론적인 지적이지만 강화도의 참성단축제는 이와 같은 인식과 각오에서 출발해야 한다.

지역축제는 지역의 자연성과 역사성, 문화성을 반영한다. 지역의 자연성은 강화도와 마리산이 갖추고 있는 내재적 요건이고, 달리 말하면 자연경관(自然景觀)의 특성이다. 역사성은 마리산 참성단을 중심으로 전개되어 온 역사적 맥락이다. 문화성은 역사성과 함께 강화도가 형성한 사회 속의 문화 맥락이다. 이들 요소를 반영하지 못할 경우 지역축제는 유사축제(Pseudo-festival)나 모조축제(Fake-festival)에 그치고 만다.

농어촌의 축제는 지역 공동체를 기반으로 한다. 동일한 생업 여건과 동일한 신앙공동체를 반영하기 때문에 대동의 축제를 지속시킨다. 그러나 현재의 상황은 그렇지 않다. 생업여건도 각양이고, 신앙도 각자마다 다르다. 이것은 축제를 바라보는 시각의 차이가 발생하고, 축제에 대한 거리가 달라졌음을 뜻한다. 따라서 축제에 대한 평가가 달라지고, 접근 방식도 달라진다. 사정이 이렇다면 축제는 무용해지고, 각자의 신앙적 시각으로 재단하여 극단적인 무용론까지 전개될 수 있다.[22] 이 점은 참성단 개천대제에

---

22) 실제로 이런 우려를 현실화한 논란이 벌어졌다. 울산의 대표 축제인 '처용문화제'는 울산시가 1967년부터 매년 개최해 온 '울산공업축제'를 1991년 '처용문화제'로 명칭을 바꾼 축제이다. 그러나 '처용'이라는 용어를 둘러싼 대립으로 축제가

도 그대로 적용된다. 실제로 몇몇 지자체에서 실시되는 축제가 종교적 편향성을 띤 행사라는 비판에 직면하기도 한다. 이것이 현대의 사정이다.

그렇다면 지역축제가 당면한 문제를 어떻게 해결할 수 있을까? 연구자의 논의에 따르면, 축제는 제의와 놀이라는 두 개의 축을 기본으로 한다. 제의는 종교성이고, 경건함을 기본으로 한다. 이 점 때문에 특정 종교의 저항을 받는 빌미를 제공한다. 엄연한 사실이지만 강화도 마리산의 개천대제 역시 특정종교의 비판을 감수할 수밖에 없어 슬기로운 대처를 요한다. 그러므로 다음과 같은 접근 방식을 취하는 것은 직면한 비판에 대응하여 지역축제의 지속가능성을 담보하는 방안의 하나라 생각한다.

첫째, 축제를 지탱하는 두 개의 축 가운데 제의 또는 제의성을 대체할 확고한 축을 이론적으로 확립하는 길이다. 강화군에서 주도하는 개천대제는 두 가지 각도에서 조명할 수 있다. 그 하나가 개천(開天)이고, 또 하나는 대제(大祭)이다. 개천은 '하늘을 열었다'는 뜻이고, 대제는 '큰 축제'를 뜻한다. 특히 대제를 제사라는 제한적인 의미로 읽을 필요는 없다. 거칠지만 개천대제는 의미론적으로 '하늘을 연 날을 기념하는 축제'이다. 여기서 하늘을 열었다는 것은 『삼국유사』류 방식의 단군신화적 논리이지만 조선조에 유포된 단군신화[단군이 직접 하늘에서 내려왔다는 담론]를 근거로 하여[23] 좀 더 적극적으로 해석하면 '우리나라를 열었다'

개최될 때마다 명칭 논란은 거듭돼 왔고, 2008년 10월의 제42회 처용문화제에서도 재현되었다. 울산기독교연합회 등으로 구성된 '처용문화제 명칭 폐지 시민운동본부'는 "부인과 누워 있는 역신(疫神)을 보고 노래하며 춤춘 처용을 축제 이름으로 사용하는 것은 비교육적이며 특정 종교에 편향된 것"이라며 명칭 폐지를 거듭 주장했다. 동아일보 2008.10.22 「처용문화제, 울산공업축제로 환원을」 기사 참조.

23) 조선시대의 단군전승은 크게 두 가지로 나뉜다. 『고기』와 『본기』 유형을 성리학을 바탕으로 한 합리적 사고로 재해석함으로써 신화의 비합리적인 요소를 가능한 배제시키려는 태도와 환웅(桓熊)과 백호(白虎)의 결합으로 단군이 탄생했다는 『제대조기(第代祖記)』(秋鵬, 1651~1706)와 같은 선가(仙家)의 전승이다. 전자는 단군이 직접 하늘에서 내려와 국인의 추대로 왕이 되었다는 『응제시(應製詩)』(권

는 개천 모티프(Motif)에서 '하늘에서 탄강하였다'는 천강(天降) 모티프와 '나라를 세웠다'는 개국 모티프를 찾을 수 있다. 그러므로 개천대제는 개천의 기념일인 동시에 단군이 나라

성화 채화하는 원경(2007 강화역사문화연구소)

를 처음 세운 개국 기념일로서 접근되어야 한다. 1945년 8월 15일을 광복절로 기념하고, 1948년 8월 15일을 건국절로 기념하듯이 10월 3일을 개국절로 기념하고, 이를 기념한 축제로 인식해야 한다.

둘째, 단군의 개국과 아울러 개국이념으로 설파한 홍익인간(弘益人間)을 구현하자[24]는 실천적 축제로 접근해야 한다. 나라를 처음 열고 존재하는 삼라만상을 이롭게 하자는 축제라면 특정 종교성을 반영한 것이 분명 아니다. 오히려 모든 종교들이 두루 접근할 근거를 갖는다. 이런 시각에서 제의 또는 제의성은 크게 문제될 것이 없다.

축제는 경쟁력을 지녀야 한다. 경쟁력을 지니기 위해서는 다른 축제와 변별되는 차별성(Differentiation)과 지속가능한 특성화(Specialization)를 구현해야 한다. 강화도의 마리산에 존재하는 참성단은 축제의 차별성과 지속가능한 특성화를 이룰 수 있는 것은 역사적인 근거이다. 비록 『환단고기』와 같은 재야 사서가 참성단의 축조시기를 단군왕검 51년(기원전 2283년)으로 비정함으로써 그 진위에 대한 의구심을 갖게 만들지만 고려의 강화

근, 1396) 유형과 신인(神人) 환인이 직접 내려와 곰과 결합하여 단군을 낳아 조선을 건국하였다는 『동국여지승람』 유형으로 나뉜다. 김성환, 1999, 「단군전승의 유형」, 『사학지』 32, 단국사학회, 110쪽.

24) 홍익인간(弘益人間)을 '인간을 이롭게 한다'는 것으로 해석하는 것은 잘못된 일이고, 이보다 더 큰 개념인 '인간계(人間界)를 이롭게 한다'는 뜻으로 해석해야 옳다. 여기서 인간계는 인간을 비롯한 삼라만상이 존재하는 양태를 가리킨다.

도 천도(1232년 6월) 이후의 인식과 의례들, 그리고 조선조의 의례들은 참성단의 역사성을 담보하는 명확한 준거이다.

 아울러 전국체육대회의 성화를 채화하는 곳이라는 점을 강조한다. 우리의 성화가 우리의 문화적 전통에 입각한 것이 아니다. 고대 그리스에서 올림픽경기 기간 중 제우스신전의 제단에 불타고 올랐던 성화를 재현한 베를린 올림픽대회(1936년 제11회 베를린 올림픽대회)를 모방한 것임은 분명하다. 그러나 우리의 성화 채화는 1955년 전국체육대회로 거슬러 올라간다. 서구의 행사를 본떴을지라도 강화도 마리산정의 참성단에서 성화를 채화했다는 사실은 매우 중요하다. 당시에 이미 민족의 성산(聖山)이라는 이미지가 분명하게 작용했고, 국가의례에 버금하는 행사로 성화를 채화했다는 것이다. 필자의 해석이지만 성화를 채화함으로써 온 나라 젊은이들이 모여서 기량을 겨루는 체육제전을 단군에게 알리고 국내외에 선포한 것이다. 이 점은 참성단 축제를 분명하게 바라볼 수 있는 또 하나의 근거이다. 특정종교와는 관련이 없는 우리의 축제이고, 우리의 기념일이어야 하는 까닭이 여기에 있다.

 그러나 아쉬운 것은 국가적 행사를 위해 성화를 채화하는 민속화(Folklorization)가 흔들리고 있다는 것이다. 예컨대 97무주·전주동계유니버시아드 대회의 성화가 서울 암사동에서 채화된 바 있고, 99동계아시아 경기대회의 성화가 태백산 천제단에서 채화되었다.[25] 서울 강북구에서 개최하고 있는 삼각산축제의 단군제례에서는 백운봉에서 채화된 성화를 쓰고 있다. 이와 같은 사례는 성화를 둘러싼 새로운 담론[26]이 형성되고 있고, 참성단

---

[25] 이와 같은 사례는 많다. 동두천문화원이 주최한 단군개국개천제는 소요산 원효폭포에서(1999.10.3음), 31회 부산전국체전은 금강산에서(2000.10.1), 2005년 86회 울산체전에서는 한반도 4곳에서 성화를 채화했다. 내세운 이유는 여러 가지이지만 강화도 참성단이 가진 역사적 의미를 간과한 사례들이다.

[26] 강화도가 고려 항몽전쟁 때 임금의 피난지였던 점 등을 이유로 성화 채화지를 태백으로 옮겨야 한다는 태백시 의회의 거듭된 주장(1990.5, 1996.5.28)과 강화군의회의 공식 항의와 97무주·전주동계유니버시아드 대회의 암사동 한강변에서 성화

의례에 대한 민속화를 가로막는 일종의 도전으로 작용한다. 이 문제는 강화군의회를 비롯하여 인천광역시의 행정적 차원의 적극적인 응전이 필요하고, 관계 기관 및 조직위원에 대한 다각적인 접근을 필요로 한다. 거듭 강조하건대 강화도 참성단에서의 성화채화는 더 이상 양보할 수도 없고, 사안별로 대처해야 하는 단발성 사안이 아니다. 적어도 '국가의 주요 행사에 쓰일 성화는 강화도 마리산에서 채화해야 한다.'는 선언을 법제화하고 이를 통해 전국적인 동의와 제도적 확답을 확보해야 한다. 이것은 참성단 축제의 성패를 담보하는 문화기제(Cultural mechanism)이고, 다른 지역의 축제와의 차별성을 변별하는 또 하나의 준거이다.

참성단 축제의 차별성은 바로 이와 같은 역사적 맥락에 근거한다. 시작부터 다른 지역축제와의 차별성을 내재하고 있고, 이를 계승할 때 차별성이 더욱 드러난다.

신화는 만들어가는 과정이다. 물론 전후 맥락과 역사적 근거가 없을 때에는 날조된 신화가 된다. 그러나 참성단 축제는 역사적 근거와 의미와 선언이 긍정적인 분명한 무형문화재이다. 이것을 살찌우고 현대화하는 것은 매우 유용한 일이고, 신화를 창출하는 일이다. 강화도 또한 거듭난 신화를 가져야 한다. 이것이 지역문화를 근거로 하는 축제의 의의이고 지역문화를 창달하는 길이다. 아울러 지역문화의 주권(主權)을 고양하는 문화적 기제이고, 이를 수행해야 하는 지자제 실시의 본디 취지에 부합하는 일이다.

4. 참성단 축제의 문제점 검토와 제안

2006년 현재 전국에서 개최되고 있는 축제는 무려 720여 개에 달한다. 축제는 지역의 인지도를 높여주고, 지역의 경제 활성화에 도움을 주며, 주

를 채화한 데 대한 강화군의회·강화군 체육회·강화군민이 문화체육부, 대한체육부, 유니버시아드 조직위원회에게 성명서를 발표한 것과 같은 담론을 가리킨다. 최종수,「개천대제의 현황과 과제」, 8~9쪽에서 재인용함.

민의 애향심 높게 한다.27) 이런 점에서 개별 지자체의 의욕과 관심이 집중화한다. 그러나 현재 개최되고 있는 축제는 여러 가지로 만족스럽지 못하다. 대체적인 이유는 다음과 같으며, 각항마다의 세부적인 논의는 하지 않는다.

> 첫째, 지역 특색이 제대로 반영되지 않았다.
> 둘째, 시민의 자발적인 참여가 부족하고 타자화된 관계에서 축제를 '본다'.
> 셋째, 축제의 레퍼토리(Repertory)가 천편일률적이다.
> 넷째, 상업적·홍보성 축제에 머물고 있다.
> 다섯째, 숙박·화장실 문제 등과 같은 부대시설이 미비하다.
> 여섯째, 마케팅 능력이 부족하다. 축제를 반영한 문화상품의 개발과 판매를 부가가치를 올릴 수 있는 호기를 간과하고 있다.

강화도 참성단 개천대축제는 매우 의욕적이고 다양한 프로그램을 동원하여 축제다운 면모로 일신하고 있다. 그러나 좀 더 냉정한 입장에서 분석하면 몇 가지 문제점을 찾을 수 있다.

> 첫째, 준비한 다양한 레퍼토리 사이의 연결성이 적고, 일정한 흐름이 부족한 편이다. 이는 축제의 주제를 구현하는 각종 레퍼토리가 분산되어 있는 탓이다.
> 둘째, 참성단의 역사성을 반영할 청동기시대, 단군과의 연계성이 부족하다. 최초의 민족국가인 단군조선의 건국을 기리는 개천절과 강화도만이 가지는 마리산의 기와 참성단을 소재로 하는 까닭에 피상적이기 십상이다. 그러나 이것이 곧 참성단 축제를 드러낼 수 있는 또 하나의 실마리이다. 진중하되 재기발랄한 접근이 필요하다.
> 셋째, 강화도가 지닌 지역의 자연성, 지역의 역사성, 지역의 사회문화성을 반영하거나 활용도가 낮다.

지역축제는 지역문화를 바탕으로 하되 지역의 정체성을 드러낼 때 가치

---

27) 정창권, 2007, 『문화콘텐츠학 강의』, 커뮤니케이션북스, 168~169쪽.

가 있다. 지역문화는 세계문화를 이루는 핵심적 단위가 되고, 지역문화의 특수성은 세계문화의 보편성을 이루는 가치이다. 이런 의미에서 형성된 개념이 글로컬리즘(Glocalism)[28]이다. 지역축제가 지역성을 확보하였을 때, 지역 경계를 넘어서 국제화하고 세계적인 축제로서의 명성을 획득할 수 있다[29]는 지적도 이에서 비롯한다. 이것은 축제가 지닌 지역 고유의 특성과 매력을 확보해야 하는 당위성이다. 이런 시각에서 강화도의 참성단축제의 방향성을 타진한다.

무엇보다도 축제를 통해 무엇인가를 찾으려는 사람들, 곧 참관자 또는 외래 관광객의 처지를 감안해야 한다. 참관자인 관광객은 '개성 있는 관광'과 '살맛나는 여행문화'를 즐길 수 있는 축제를 원한다. 강화도를 찾아야만 얻을 수 있는 정서적 감흥과 지적인 만족감, 그리고 강화도 축제에 참가해야만 만끽할 수 있는 축제의 '놀이성'을 확보해야 한다. 그러나 정작 강화도가 설정한 강화 개천대축제의 개최배경 및 목적은 "신념 있는 국가관 및 정체성 확립을 통한 민족자존심과 애국심 고취"이다. 이는 지역축제가 감당하기에는 무리가 있고, 축제의 참가자에게는 지나치게 피상적이며 무거운 주제이다. 누가 이 주제에 감동하고 축제에 만족할까, 냉철히 따져봐야 한다.

지역민의 입장도 이와 다르지 않다. 지역민 역시 축제에 참가하고 즐기는 적극적인 수용자, 주도적인 참가자임을 염두에 두고 이를 위해 군 전체적인 배려를 할 필요가 있다.

축제의 주체는 지역민이어야 하고, 특히 지역의 역사와 문화에 대한 전통화는 지역민들이 얼마나 관심을 가지고 주체자로 참여하느냐 달려 있다. 흔히 지역축제의 문제점으로 대두되는 것이 지역민의 관심과 참여율 제고이다. 여기서 지역사회의 관심을 유도하는 방법 중의 하나로 '지역단위의

---

28) Glocalism은 Globalism과 Localism의 합성어이다.
29) 임재해, 2001, 「지역축제의 세계화를 위한 다섯 가지 과제」, 『지역문화와 문화산업』, 지식산업사, 205쪽.

공휴일 선포'를 제안한다. 국가공휴일에 관한 규정이 법에 의해 통제되고 이에 따라 모든 관공서와 사업소의 휴무가 결정되는 현실이다. 강화도의 축제일이 공휴일이 아니면 외부인은 물론 지역민도 참가할 수 없다. 사정이 이러하니 강화도민을 대상으로 특화된 지역공휴일을 선포하는 것은 시도할 만하다. 학교의 경우 지역교육청과의 긴밀한 협의와 적극적인 협조를 통해 '재량휴업일'을 활용할 수 있다. 학생들의 참여는 축제와 지역문화에 대한 교육적 차원에서 중요하며, 여러 역할을 가지고 다양하게 참여할 수 있다는 장점이 있다. 그러나 공휴일을 무작정 선포하는 것보다 축제에 참여해야 한다는 조건을 달아야 한다. 구체적인 내용은 법적인 검토와 함께 세칙을 마련할 수 있다. 지역 단위의 공휴일 선포는 사실 유례가 없는 일이지만 그것이야말로 축제를 지역 명절로 선포하는 것이 된다. 이는 지자체가 지역문화의 중심이 되고 지역민의 삶의 질을 고양해야 한다는 지자제 실시의 본디 의도와 부합된다.30)

참성단 축제의 재활성화를 위한 시사점은 「단군신화」에서 찾을 수 있다. 강화도가 보유하고 있는 마리산의 강점은 「단군신화」와 고조선 개국을 주제로 축제를 열 수 있는 당위성을 가진 유일한 지역이라는 점이다. 아울

---

30) 이런 시각에서 다룬 논문은 장장식, 2005, 「공휴일의 국가지정과 세시풍속의 변화」, 『傳統節日與法定暇日國際研討會 발표집』, 중국민속학회·북경민속박물관 참조. 공휴일을 지정할 때 다양한 요소가 반영되어야 한다. 지연을 바탕으로 한 상원 문화가 설이라는 대명절에 밀려 소외되고 있고, 중구가 추석으로 강제 대체되는 현실은 문화보존 차원에서 일방적인 공휴일 지정은 시정되어야 마땅하다는 당위성을 제공한다. 아울러 지연공동체를 반영한 명절의 경우, 전국을 상대로 한 지정보다는 특정 지역을 바탕으로 공휴일화하여 휴무하는 방안도 강구해야 한다. 이는 일방적 공휴일 지정에서 특화된 공휴일로의 전환을 의미한다. 예컨대 강릉단오제, 법성포단오제의 경우 넓게는 강원도와 전라도의 공휴일로 제정하거나 좁게는 강릉과 영광지역의 공휴일로 지정하는 방안이다. 이를 통해 획일화하고 평준화된 명절에서 고유의 의미를 지닌 명절로 되살려 나야 할 것이다. 여기에 덧붙여 특정 지역의 공휴일 실시 여부는 해당 지방자치단체의 몫으로 돌리는 방안도 유효할 것이다.

러 청동기 시대의 국가로 인식하는 고조선과 강화도의 관계를 분명하게 설정할 필요가 있다. 청동기 시대의 대표 유물은 고인돌이고,31) 고조선은 청동기문화와 관련이 있다.

강화도에는 세계문화유산으로 지정된 청동기 시대의 고인돌이 산재하며, 특히 하점면 부근리에는 고인돌 공원이 이미 마련되어 있어 이와 연계하여 활용할 수 있다. 정족산의 삼랑성은 단군의 세 아들이 지었다는 '삼랑성' 전설을 가지고 있다. 결국 참성단 축제는 문화적으로 "참성단－삼랑성－부근리 고인돌"과 광역화되어야 한다. 그러므로 축제의 레퍼토리는 이 셋을 연결하는 프로그램과 콘텐츠로 구성되어야 하고, 한편으로 참성단을 중심에 두는 주제에 집중되어야 한다.32)

마리산, 참성단, 단군, 단군신화와 같은 용어는 참성단 축제를 이해하는 데 필요한 핵심어(Key words)들이다. 바꿔 말하면 참성단 축제의 레퍼토리는 이들을 드러내는 것으로 구성되어야 한다. 한 예를 든다. 단군신화를 소재로 한 영상물과 공연물을 빌려와 축제에 활용하고, 아예 새로운 공연물을 만드는 노력도 병행해야 한다. 예컨대 창극「청」을 벤치마킹하거나 재미있고 유익하고 세련된 가족극[어린이를 동반한 가족들을 위한 극]을 제작하는 방안이다. 실제로 이와 같은 시도는 곳곳에서 찾을 수 있다.

---

31) 흔히 '고인돌' 하면 '원시인', '원시문화'를 연상하고 실제의 축제 구성도 여기서 크게 벗어나지 못한다. 고인돌문화와 석기문화를 연상시킨 탓도 있지만 축제 담당자의 배려가 치밀하지 않은 탓이다.
32) 이를 위해 마리산을 본부로 삼고, 삼랑성과 부근리 고인돌 공원(강화역사관)을 연계하는 구성방법도 강구할 수 있다. 이는 강화도에서 벌어지는 축제들, 예컨대 고인돌축제와 삼랑성 역사문화축제를 총합(總合)하는 것을 뜻한다. 그러나 단순 통합이 아니라 이들을 유기적으로 연계하는 통합이어야 하며, 하나의 주제를 가진 스토리텔링(Storytelling) 방식이어야 한다. 더불어 이동 수단의 하나로 셔틀 버스(개인권, 가족권, 편도, 종일권 등 다양한 티켓제; 서울의 시티버스처럼 운영하되 이후 강화도 여행용 버스로 확대 방안 강구)를 개설, 운영하여 편의를 도모한다.

148 ■ 강화도 참성단과 개천대제

굿놀이 국악연극 「단군본풀이」
공연팜플렛

국악칸타타 「일어나리라」
공연팜플렛

- ○ 퓨전공연 「단군 아리랑 비보이」(국학원·국제뇌교육협회 주관, 2003.3.20)
- ○ 뮤지컬 「하늘의 연인 웅녀」(박선자 작, 이형주 작곡, 최용훈 연출, 2004.10. 3~10, 국립극장 별오름 공연)
- ○ 국악칸타타 「일어나리라 : 백두산신곡」(김용옥 극본, 박범훈 작곡, 김성녀 감독, 2007.9.11~20)
- ○ 굿놀이 국악연극 「단군본풀이」(엄인희 작, 극단 현빈, 2008.1.29~2.3)
- ○ 창작전통무용 「그늘 그 열림터」(이애현 안무, 이애현무용단, 2008.6.25)
- ○ 무예 공연 「단군의 성장기」(사단법인 국학원, 2008.11.1)[33]
- ○ 구연 「단군이야기(불어)」(파리 한국문화축제 : 프랑스 어린이를 위한 구연, 2008.11.24~29)

의외로 단군 또는 단군신화를 소재로 한 공연물이 적지 않은데, 기존의 시도를 검토할 때 장르가 매우 다양하고 나름의 볼거리를 제공한다. 만약 예산확보가 어렵거나 창작이 고비용일 경우 이들 공연물을 수정·보완해서 축제의 레퍼토리로 공연하는 방안도 좋다.

---

33) 2008년 11월 1일(음력 10.3) 천안시 목천면 국학원 내 한민족역사문화공원 개원을 기념하여 (사)국학원이 개최한 제1회 천안시민 단군문화축제에서 "개천과 단군왕검의 탄생, 단군의 성장기와 청년 시절, 단군의 활약상"을 표현하는 모듬북 공연과 무예공연이 있었다. 대전일보 2008.11.03 14면 기사.

이와 병행하여 전국의 사진 작가를 대상으로 한 '마리산, 참성단, 삼랑성 사진전'을 개최하고 이를 엽서화하거나 소책자(Handbook)를 발행하는 방안도 무방하다. 이들은 참성단 또는 마리산의 본디 의미를 상실하지 않도록 축제를 구성하는 부수적인 요소들이다.

강북구 우이동 삼각산 단군제례(2008)

축제는 공급자의 측면에서 볼 때 관광산업이다. 이런 점에서 외래 관광객을 유치해야 하고, 그 효과로 '돈이 되는' 고부가 가치를 얻을 수 있는 축제의 관광상품화가 고려되어야 한다.34) 기존의 축제에서 이런 점이 도외시된 것은 아니나 외부상인의 개입으로 지역의 특생을 반영하지 못한 형편이기 일쑤이다. 축제와 관광산업 측면에서 우선하는 것은 숙식시설 구비, 문화상품 개발 및 판매 등 여러 가지이나 이 가운데 먹을거리를 예로 든다. 전국의 축제에서 '특색 있는 먹을거리'를 찾기는 쉽지 않다. 강화도의 경우, 강화도의 특산물35)의 하나인 순무를 활용한 식당 코너36)와 판매 코너를 적극 활용한다. 난장(亂場)으로 운영하되 규격화된 구역으로 깔끔한 장터형식이면 더욱 좋다. 물론 난장을 운영하는 주체의 치열한 정직성

---

34) 이창식, 2006,「평창지역 오대제와 이벤트형 축제」, 강원도 민속학회 편,『한국축제의 이해』, 새미, 583~584쪽.
35) 인삼, 쌀, 새우, 고추, 오이와 고구마를 주재료로 활용하는 방안도 찾고, 후식이나 간식으로 인삼, 포도, 사과, 배를 활용한 주스나 생과일 코너에서 해결하는 방안도 무방하다.
36) 순무김치는 순무배추속김치, 순무밴댕이김치, 순무비늘김치, 순무석박지, 순무동치미 등 여러 종류가 있고, 순무로 만든 지역특산요리로는 순무식혜, 순무와인조림, 순무정과, 순무잎보쌈, 순무냉구절판, 순무야채피클, 순무초강회, 순무숙장아찌, 순무밀전병, 순무삼색경단, 순무경단, 순무떡케이크, 순무송편, 순무칼국수, 순무굴영양밥, 순무샐러드 등을 들 수 있다.

과 도덕성, 지역 자본성을 기본으로 한다.

전국적으로 볼 때 개천절을 동기로 하는 지역단위 또는 단체의 행사는 매우 많다. 국가 주도의 개천절 기념행사를 비롯하여 현정회 주관의 개천절[서울 단군성전] 기념식, 강북구 우이동 삼각산 단군제례,[37] 강원 태백산 정상의 개천절 행사, 지리산 청학동 삼성궁의 개천대제, 원구단 개천대제, 증평 단군전 건립 60주년 개천대제[38], 광주 무등산 천제단의 단군제례[광주민학회 주최], 대구 팔공산 비로봉의 제천의례[대구국학운동시민연합], 광주 여의산 단성전의 국조대제[광주국조숭모회] 등이 대표적인 개천절 행사 내지 개천대제이다. 이 외에 축제형태로 행해지는 단군 관련 행사도 적지 않다.

타자(他者)의 엄정한 관점에서 보면 강화도의 개천대제는 전국적으로 행해지는 개천절 행사의 하나일 뿐이다. 그러므로 이들 행사를 주관하는 단체와의 관계정립은 매우 시급하다. 이들과의 관계가 참성단 축제의 지속 가능성을 결정하는 변수임을 인식하고 강화도 참성단의 위상과 역할을 천명해야 한다. 일정 부분의 협업(協業)을 강구할 수 있고, 전략적으로 제휴할 수 있다. 이는 성화 채화의 사례와 같이 대외적인 관계 문제이며, 행정력과 정치력을 발휘해야 하는 문제이다.

끝으로 홍보와 관련된 문제를 제시한다. 흔히 축제의 홍보는 실제적 내용보다 중요하고, 내실보다 효과가 더 크다. 참성단 축제 역시 이 점을 염

---

[37] 삼각산축제에서의 단군제례는 백운봉에서 채화된 성화를 우이동의 솔밭공원으로 봉송하고, 개문례(開門禮; 한인, 한웅, 단군왕검의 위패의 문을 엶)-강신분향례(降神焚香禮; 한인, 한웅, 단군왕검께 향을 올림)-본례(本禮)의 제차로 진행된다. 본례는 "진경례(進經禮; 讀祝; 천부경을 읽음)-육배존폐례(六拜尊幣禮; 한인, 한웅, 단군왕검께 차를 올림)-폐백례(幣帛禮; 비단과 구슬을 올림)-대례(大禮; 천부경의 해설경인 圓方角經을 읽음)-음복(飮福)-필례(畢禮)의 제차로 구성된다. 제12회 삼각산축제는 2008년 10월 3일에 열렸다.

[38] 뉴시스 2008.10.3. 증평 단군전은 1948년 5월 27일 국조 단군의 영정과 위패를 봉안해 건립됐고 단군봉찬회는 해마다 어천제(음력 3월 15일)와 개천대제(10월 3일)를 거행하고 있다.

두에 두어야 하고, 가장 큰 효과를 발휘하는 방송사와의 제휴를 시도해야 한다. 이를테면 대중성을 확보한 프로그램 '무한도전'이나 '1박2일'팀을 섭외하여 마리산 주변과 참성단에서 촬영하여 개천절 특집으로 사전 방영할 수 있는 방안을 강구한다. 특정집단의 방문도 중요하지만 일반인의 참여가 더욱 의미가 있고 홍보의 효과가 극대화한다. 아울러 블로거(Bloggers)[39]들에 대한 홍보는 네티즌의 참가를 유도하는 길이기도 하고 전국적으로 높은 인지도를 형성하는 가장 빠른 길이기도 하다. 다행스럽게도 이런 시도는 2008년 개천대제에서 '홍보 블로그 운영'이란 홍보 계획의 일환으로 이루어졌다. 좀 더 확대하고 적극적으로 활용할 필요가 있다.

5. 맺음말

인간을 가리켜 '놀이의 동물(Homo Ludens)'이라 한 호이징아(J.Huizinga)의 정의를 빌리지 않더라도 놀이와 축제는 인간의 삶에서 빼놓을 수 없는 사회적 행위이다. 일과 놀이는 하나이면서 둘이고, 상호 분절되어 있으면서 하나로 통합된, 미분성(未分性)을 기반으로 하는 관계이다. 축제는 놀이라는 측면에서 소비적 행위이지만 기능적인 측면에서 생산 행위이다. 지역축제가 날로 늘어가고 지자체가 집중하는 것은 축제가 구현할 수 있는 원론적 의의를 찾을 수 있기 때문이다.

참성단 축제 또는 개천대제는 지역문화의 지평을 넓힐 수 있는 충분한 모티브(Motive)를 두루 갖추고 있다. 어느 지역의 축제보다 관련된 자연경관성, 역사, 사회문화성의 깊이가 깊다. 특히 자연경관성은 역사와 깊은 관

---

[39] 블로거는 블로그(Blog)를 운영하는 사람들을 가리킨다. 웹(web) 로그(log)의 줄임말이며, 1997년 미국에서 처음 등장하였다. 웹 게시판, 개인 홈페이지, 컴퓨터 기능이 혼합되어 있고, 블로그 페이지만 있으면 누구나 텍스트와 그래픽 방식을 이용해 자신의 의견을 올릴 수 있고, 디지털카메라를 이용한 사진자료까지 올릴 수 있는 새로운 개념의 미디어이다.

련을 갖고 있고, 사회문화성은 역사적 맥락 속에서 의미를 갖는다고 할 때, 강화도는 이 지적에 매우 적합한 지역문화를 보인다. 게다가 선사에서 현대까지 역사적 층위가 존재하고, 민간신앙의 무속에서 불교, 기독교, 가톨릭, 성공회에 이르기까지 우리나라의 다양한 종교사적 맥락을 보여준다. 특히 고려의 강도정부와 근대 서세동점(西勢東漸)의 시대에 짊어졌던 그날 그때의 역사를 자원으로 할 뿐만 아니라 남한 유일의 단군 전승과 관련된 유적을 지니고 있다는 사실을 기려야 한다. 이를 축제로서 재활성화하는 것은 매우 자연스럽고 당연한 일이다.

이에 축제활성을 위한 논리를 점검하고 몇 가지 제언을 했다. 이제 거듭 강조하고자 하는 것을 부언하며 결론으로 삼는다.

먼저 참성단 축제 또는 개천대제를 둘러싼 기본적인 인식을 제고하는 것이다. 개천대제를 개천절과 개국절의 의미로 이해하고, 이를 기념하는 축제로 재활성화하되 다른 지역과 단체의 개천절 행사와 연계 내지 협업하자는 방안이 첫 번째 제안이다. 아울러 성화 채화가 서구의 풍속에서 비롯된 것이기는 하나 기왕의 행사로 자리 잡혀 가고 있는 실정에서 확고한 입지를 대내외적으로 확약하는 방안도 병행되어야 한다. 이는 강화군의 의지와 함께 인천광역시와 협조하되 정치적·행정적 추진력을 발휘하여 다른 지역과의 관계를 분명히 해야 할 일이다.

셋째, 축제를 구성하는 레퍼토리는 강화도의 역사성과 문화성을 바탕으로 긴밀하게 연락된 것들로 배치하고, 통합해 나가야 한다. 기존의 축제 레퍼토리에 대한 심도 있는 점검이 필요하고, 주제 및 문화맥락과 관련시켜 새로운 레퍼토리를 발굴하고 배치해야 한다.

넷째, 축제의 수요자를 위한 시설은 물론이고 수요자가 즐길 수 있는 '거리'를 만들어야 함은 물론 지역민을 위한 행정적 조치가 이루어졌으면 한다. 그 중의 하나가 '지역 공휴일 선포'이다. 이를 통해 관공서와 지역사회의 휴무를 이끌어내고, 학생을 포함한 다양한 계층의 지역민이 참여할 수 있는 분위기를 만들어야 한다. 이에 덧붙여 특정 종교의 지도자들과의

에든버러 프린지 페스티발의 거리행진　　　태백산 천제단의 개천대제

협의체를 구성하고 이를 통해 이해와 통합된 결론을 도출하여 개천대제가 특정 신앙의 단순한 종교행위가 아니라 자존의식을 지닌 대한민국민의 문화행사임을 인식시켜야 한다.

다섯째, 영향력 있는 매스컴[특히 공중파 방송사]과의 제휴를 통해 홍보를 강화해야 하며, 강화도를 자발적으로 내방하게끔 외부의 관광객을 유도해야 한다. 결국 '함평 나비축제', '김제 지평선축제'와 같이 전국적인 인지도를 높여야 한다는 뜻인데, 우선적으로 인천광역시 내에서 확고한 위상을 차지하는 축제로 자리매김을 해야 한다. 행정기관의 전폭적인 지원이 요청되는 까닭이 여기에 있다.

세계적으로 성공하고 널리 알려진 축제의 공통점은 몇 가지 특징을 지닌다. 축제의 레퍼토리가 다양하되 접근하기가 용이하고 그 내용[주제]도 매우 평이하며 참가함으로써 느낄 수 있는 재미[신명]가 크다는 점이다. 그리고 참가자들의 만족도를 높일 수 있는 기반시설[숙식, 교통 등]이 탄탄하여 불편을 극소화한 상태이다. 숙박시설의 부족은 강화도 관광을 일회성 당일 여행으로 그치게 한다. 이를 해결하는 것이 급선무이다. 교통문제를 해결하기 위해 축제기간 인천─강화간 특별 선편을 마련한 것도 하나의 방안이다. 어느 하나로 효과를 볼 수 있다고 단정할 수는 없으나 전방위적인 대책을 수립하고 노력해야 한다. 이것이 여섯째 제안이다.

끝으로 남북통일을 염원하는 현재의 대치상황에서 남북 공동체의 정체성 또는 동질성을 회복하는 데 유용한 요소가 바로 '단군'이고, 강화도는 지정학적으로 그럴 만한 위치에 있다. 단군 모티프를 활용함으로써 대국적 지향점을 가져야 할 당위성이 여기에 있다. 거시적으로 볼 때 단군전승지인 강화도와 평양·구월산 등의 북한 지역과의 협력과 제휴는 반드시 필요하다. 이를 대비하는 노력의 일환으로 '개천대제'를 지속해야 하고, 축제의 당위성과 공인성을 선점해야 할 것이다.

어느 지역보다 의미가 큰 역사적인 섬이고, 자연경관이 빼어난 강화도에서 영국의 에든버러 프린지 페스티벌(Edinburgh Fringe Festival)과 프랑스의 아비뇽 축제(Festival-avignon), 브라질의 리오카니발(Rio de Janeiro Carnival) 같은 명품 축제를 기대하는 것은 과연 욕심일까? 섬 전체를 자연사박물관이나 생태박물관(Ecomuseum)[40]으로 지정해도 무리가 없는 문화와 생태의 보고 강화섬, 세계문화유산으로 선정해도 손색이 없는 강화도에서 민족의 시원을 사색하고 민족의 자존을 높이는 축제를 꿈꾼다. 거리상 서울에서의 근접성이 높을 뿐만 아니라 눈앞이 인천국제공항임을 감안할 때, 한국인을 물론 세계인이 강화의 축제를 찾는 날을 기대한다. 아무리 경제가 어렵다 하나 이제 우리도 세계 유명 축제의 반열에 들 축제 하나쯤을 가질 때가 되었다. 그것이 바로 참성단 축제요, 개천대제이다. 그리고 종국에는 명실상부한 무형문화재로 자리매김하려는 원대한 방향성을 지향해야 한다.

---

40) 생태박물관은 생태·생태학을 뜻하는 Ecology와 박물관을 뜻하는 Museum을 합성하는 말이다. 지방정부와 지역주민들이 함께 가꾸는 박물관 개념으로, 지역을 찾는 관람자들에게 지역문화를 소개하고 전통사회에서 현대사회에 이르는 지역의 변화 과정을 드러내 주는 박물관이다. 성혜영, 2004, 『박물관이 나에게 말을 걸었다』, 휴머니스트, 65~66쪽.

참고문헌

자료

『고려사』, 『세종실록』, 『중종실록』

단행본

강화군청, 1999, 『참성단 개천대제에 대한 연구고증 결과보고』
개천대제축제 추진위원회 주최·주관, 2008, 『개천대제 학술세미나』
김성환, 2002, 『고려시대의 단군전승과 인식』, 경인문화사
김일권, 2008, 『우리 역사의 하늘과 별자리』, 고즈윈
성혜영, 2004, 『박물관이 나에게 말을 걸었다』, 휴머니스트
정창권, 2007, 『문화콘텐츠학 강의』, 커뮤니케이션북스
진명숙, 2004, 『지역축제와 문화권력』, 신아출판사

논문

김성환, 1999, 「단군전승의 유형」, 『사학지』 32집, 단국사학회
이도학, 2003, 「참성단의 보존과 활용방법」, 『강화도 참성단-현황과 과제』, 삼랑성역사문화축제 조직위원회·강화역사문화연구소
이창식, 2006, 「평창지역 오대제와 이벤트형 축제」, 강원도 민속학회 편, 『한국축제의 이해』, 새미
임재해, 2001, 「지역축제의 세계화를 위한 다섯 가지 과제」, 『지역문화와 문화산업』, 지식산업사
임재해, 2008, 「무형문화유산의 보존과 전승 방향의 재인식」, 『민속학과 무형문화유산의 보존과 전승』, 한국민속학자대회 발표문
장장식, 2005, 「공휴일의 국가지정과 세시풍속의 변화」, 『傳統節日與法定暇日國際硏討會 발표집』, 중국민속학회·북경민속박물관

기타

http://www.ganghwa.incheon.kr/pub/tur/turHtmTur08_05_02.jsp
http://www.ganghwa.incheon.kr/pub/tur/turActTurView.jsp?index=43&sc=tur06030200_00

종합토론

- 일 시 : 2008년 12월 12일(금) 14:00 ~ 18:00
- 장 소 : 강화청소년수련관 강당
- 후 원 : 강화군청·강화군의회

- 사 회 : 김형우(강화역사문화연구소 소장)
- 발표자 : 윤이흠(서울대 종교학과 명예교수) / 서영대(인하대) / 김성환(실학박물관)
  이욱(한국학중앙연구원) / 장장식(국립민속박물관)
- 토론자 : 김영덕(서강대 명예교수) / 김용은(전 숭조회 사무국장) / 송화섭(전주대)
  유중현(강화문화원 향토사연구위원) / 윤명철(동국대) / 이응식(강화군 문화관광과장)
  전동결(강화군 노인회장) / 황우연(숭조회 부회장)

■ 김형우(사회) ― 종합토론의 사회를 맡은 강화역사문화연구소 김형우입니다. 오늘 한 분의 기조강연과 네 분의 주제발표가 워낙 내용이 훌륭하고 강화에 도움을 주시는 것이었기 때문에 시간의 제약이 있다는 것을 안타깝게 생각합니다. 토론자로 여덟 분을 모셨는데, 자리가 좁아 모두 단상으로 모시지 못하는 점을 정말 죄송스럽게 생각합니다.

다섯 분의 선생님들 발표는 모두 하나의 주제를 한 달에 한 번씩 토론을 진행했으면 좋을 정도로 심도 있는 것이었습니다. 기조강연을 해주신 윤이흠 교수님께서는 평화적인 단군 정신을 우리의 정체성으로 발전시켜 국제화, 세계화를 해야 한다는 말씀을 해주셨고, 서영대 교수님께서도 역대 제천행사를 정리해주시면서 제천행사는 종교를 초월한 국가제사였기 때문에 자주의식과 주체사상을 상징하는 것이었다는 말씀이 계셨습니다. 그리고 김성환 선생님께서 국가제사에서의 단군과 참성단 제사라는 주제로 참성단의 축조와 제사의례, 그리고 제사의 의미를 상세하게 정리해주셨습니다. 상단과 하단 모두에서 참성단의 제사가 있었다는 점, 음악도 사용되고 있었다는 말씀도 있었습니다. 이욱 선생님께서 신종교의 단군제사를 발표해주셨는데, 평양의 단군묘나 구월산의 삼성사에서의 단군제사를 아주 소상하게 밝혀주셔서 아주 유익했습니다. 네번째 장장식 선생님의 발표는 개천대제의 재활성화 방안을 말씀해주셨는데, 유형문화재로 개천대제를 발전시키는 방향을 발표해 주셨습니다. 성화 채화, 지역축제로서의 발전방향, 참성단 채화를 국제화까지 해야 하지 않겠느냐는 눈물이 돌 정도의 발표를 말씀을 해주셔서 대단히 감사합니다.

이에 대해서는 여덟 분의 토론이 있겠습니다. 저희에게 주어진 시간이 충분치 못하기 때문에 일단 토론내용을 모두 듣고, 그중에서 주제를 삼아 볼 것을 몇 가지 정리해서 이에 대한 논의를 다시 해보는 그런 방법으로 종합토론을 진행하도록 하겠습니다. 혹시 답변이 제대로 되지 못하거나 부족한 것은 추후에 다시 정리하는 기회를 가지도록 하겠습니다. 그럼 여덟 선생님의 토론을 먼저 듣도록 하겠습니다. 가능한 시간을 절약하기 위해서 간단하게 요점만 말씀해 주시기 바랍니다. 먼저 전동결 강화군 노인회장님께서 말씀해 주시기 바랍니다.

■ **전동결(강화군 노인회장)** ─ 강화군 노인회장 전동결입니다. 오늘 귀한 발표를 잘 들었습니다. 사실 강화 사람으로서 부끄럽기 짝이 없습니다. 제가 오늘 토론자로서의 자격이 없습니다만, 그렇지만 저는 어렸을 때부터 단군신화를 신화로 생각해본 적이 없습니다. 여하튼 단군은 실제 인물이다. 또 신화라 하더라도, 신이라 하더라도 이제는 실제 인물로, 특히 강화 사람들은 실제 인물로 모실 때가 된 것 같습니다. 과거의 사대주의가 없어지고, 식민주의가 다 없어지고, 이제 우리나라에서 마음대로 펼치고, 토론할 수가 있습니다. 그렇지만 이 단군대제, 개천대제는 더군다나 국조대제인데 아직 성전이 하나 없어요. 일반시민들도 모두 자기 조상들을 모시고 그러는데, 단군을 모신 성전이 없다는 것부터 우리나라의 민족성을 의심할 부분인 것 같습니다. 우선 세 가지 정도만 장장식 선생님께 질의를 드리겠습니다.

우리가 할 말씀을 다 하셨는데, 사실 국조 단군을 신인으로 하는 것은 하루빨리 불식해야 합니다. 이를 위해서는 국무회의에서 이런 것을 논의해야 합니다. 이것은 국가사업이거든요. 국조이면⋯ 강화도에서 한다는 것은 사실 넌센스죠. 그래서 이런 학술대회가 수차에 걸쳐 열려 이것이 국가차원으로 올라가는 작업이 필요한데, 다만 실체 인물로서 우리가 홍보하는 것이 중요하겠습니다. 다음에 이야기를 들어보니 참성단의 축조연대가 아직 불분명하다는 말씀을 하시는데, 『삼국유사』나 단군고기, 단군세기를 보면 그 연대가 나와 있습니다. 이런 것도 많은 학자들이 연구한 고조선 관련 연구에도 많이 있습니다. 물론 오늘 여기에 오신 학자들도 그렇지만, 이제는 이들을 모두 정리해서 "언제 참성단이 축조되었다"라고 이야기가 되어야합니다. 그러면 이런 유형문화재나 무형문화재가 신화로서 "그럴 것이다"라는 정도로는 국가의 정체성이 모아지지 않겠다는 것입니다. 이제는 하나하나를 실존 인물로 보아주어 그 역사성이 바로 서야 우리가 축제도 하고, 경축행사도 하고 그러지, 그 정체가 모호하면 절대 좋은 일을 이루지 못할 것이다. 그래서 이제는 이런 것을 과감하게 확립해야 할 때가 오지 않았나 하는 생각입니다. 이런 점을 질의 드립니다.

- 김형우(사회) ― 단군을 신존인물로 생각하고, 참성단의 축조연대도 확정하는 것이 좋지 않겠나 하는 그런 말씀이셨습니다. 다음에는 김영덕 서강대 명예교수께서 질의를 해 주시겠습니다.

- 김영덕(서강대 명예교수) ― 제가 역사학 전공이 아니어서 외람스럽게도 이 자리에서 토론을 하게 되었습니다. 십여년 동안 한일 고대사를 하다보니까 제가 확인한 것을 중심으로 몇 가지 말씀드리겠습니다. 제가 알아보니 백제 사람들이 오사카 남쪽 지방에 있는 가와찌라는 황무지에 가서 새롭게 세운 것이 일본 왕실이라는 것이었습니다. 그런 과정에서 백제가 세 군데에 진출한 곳이 큐슈, 오사카, 도쿄였다는 것도 알게 되었습니다. 가령 동경 북쪽에서 나온 서까래 명문, 471년에 만든 건데 거기에서 나오는 조상 이름들 중 하나가 다가미시라는 것인데, '다가'라는 나라 이름을 몰랐어요. 그런데 그것을 알게 된 직접적인 동기 하나가 창원 옆에 있는 '영산', 그것이 『삼국사기』에도 적혀있지 않지만, '다가'라는 나라가 있었다는 것을 알게 된 것이 거기 호장굿이라는 것이 있다는 것을 알게 되면서 부터였습니다. 그런데 그 굿이 언제 생겼냐하면 삼국시대 때 가야 지방에도 있었어요. 우리도 작은 나라에 별읍이 있어서 소도가 있고, 거기에 굿이라는 게 여태까지 그 명맥을 유지하고 있었다는 것, 그리고 보니까 작은 나라마다 굿이 있어 그것이 임금들이 하던 굿이

었고, 지금까지 명맥을 유지하는 곳이 몇 군데 있었습니다. 이런 행사들이 참성단 개천대제 등에 참고 될 수 있지 않을까 하는 생각에서 말씀드립니다.

■ 김형우(사회) ─ 다음은 김용은 전 숭조회 사무국장님께서 말씀이 계시겠습니다.

■ 김용은(전 숭조회 사무국장) ─ 김용은입니다. 저는 여러분들 앞에 이러다 할 말씀을 드릴 처지가 아닙니다. 저는 강화군에 사단법인 숭조회라는 단체에서 한동안 일을 본 입장에 있었기 때문에 그것과 관련해서도 몇 가지 말씀을 드리겠습니다. 오늘 여러 선생님들의 훌륭하신 말씀을 잘 듣고, 몰랐던 점도 많이 깨달은 기회가 돼서 감사드립니다. 저희 숭조회에서는 개천대제가 아닌 단군대제를 봉행하고 있습니다. 그 단군대제는 아까 발표에서도 말씀이 계셨지만, 정권이 바뀌고 나라가 바뀌고 또 시대가 바뀜에 따라서 많은 변천을 해왔습니다. 숭조회에서 개천대제가 아닌 단군대제를 봉행하게 된 동기는 설립목적에도 있습니다만, 어느 나라나 국조가 계십니다. 그 나라를 최초에 세운 국조가 있기 때문에, 우리나라는 국조 단군을 모시기 때문에 단군님의 건국이념인 홍익인간 정신, 또 이화세계, 국태민안 이런 이념을 가지시고 우리나라를 건국하셨고, 아까 말씀하신 바와 같이 인간뿐만 아니라 온 삼라만상을 사랑하고 존경하고 보존하고, 또 국조를 우리가 존경하는, 조상을 숭상하는, 개인 사가에서도 뿌리가 있고 줄기가 있고 가지가 있는 것입니다. 반드시 국조 할아버지가 계시기 때문에 이런 취지에서 단군제사를 봉행한다는 사업취지를 정해 단군제사를 오늘까지 10월 상달에 봉행하고 있습니다.

오늘 이 개천대제와는 조금 차원이 다른 봉행 행사를 하고 있었다는 것을 말씀드립니다. 아까 개천대제와 관련해서 강화의 역사성, 기능성,

문화성이 모두 구비되어 있는 조건입니다. 또 선사시대부터 고인돌 등 역사문화유산이 이어져오고 있습니다. 강화는 또 한국역사의 축소판이라고 말할 수 있습니다. 그래서 오늘 국가적인 행사가 시대 변천에 따가서 없어졌기 때문에 강화에서 유일하게 국조 단군을 모시게 되었습니다. 오늘 말씀을 들으니 역사적으로도 국가적으로도 강화에서 꼭 지켜야 될 것이 이것이라고 생각합니다. 이런 점에서 약간 말씀을 드렸습니다.

■ 김형우(사회) ― 숭조회는 우리 지역에서 단군제사를 모셔온 단체입니다. 역시 숭조회의 고문으로 계신 황우연 선생님께서 논평을 해주시겠습니다.

■ 황우연(숭조회 부회장) ― 이제야 제가 강화에 사는 보람을 찾는 것 같습니다. 오늘 참여해주신 여러 선생님께서 외지에서 오셔서 역사를 정립해주신 것 같습니다. 저는 말씀 중에 제가 듣고자 알고자 하는 것이 몇 가지 있어서 잠깐 말씀 드리겠습니다. 대제에 대한 것은 상당히 해박하게 말씀을 해주시고, 많은 것을 찾아서 말씀해 주셨습니다. 그런데 천제, 개천에서 '하늘 천'자에 대한 말씀은 하나도 없으신 것 같습니다. 이에 대해 제가 연구해 놓은 것이 있으니 한번 검토해 주시면 감사하겠습니다. 다음은 개천절을 왜 10월 3일로 정했는가의 문제입니다. 그 날짜에 대한 의의가 밝혀지지 않았습니다. 그것과 관련해서도 말씀드리고, 참성단 상방하원으로만 말씀하셨는데 사실은 하나부터 열의 원리를 넣어 축조한 것입니다. 그것과 관련한 말씀도 좀 드렸으면 좋겠습니다. 7선녀 역시 그 뜻을 북두칠성에서 찾으려면 절대 안됩니다. 제가 그것도 찾아 놓았습니다. 저는 학자는 아닙니다. 하지만 저는 강화발전협의회 회장입니다. 강화도에 대한 원류와 이치를 찾다보니까 참성단의 원류가 강화도에 있고, 강화도의 원류가 내 몸에 있었습니다. 이것을 설명한 것이 『천부경』입니다.

■ 김형우(사회) — 그럼 7선녀를 선정할 때, 혹시 선생님께서 참여하셨거나 혹 들은 이야기가 있으신가요? 처음에 지정할 당시에 말입니다. 처음에 그것을 정한 게 어느 분이었는지 아시나요?

■ 황우연(숭조회 부회장) — 그것은 7일 생리에 있는 것입니다. 달의 생리가 7일 간격으로 변합니다. 그것을 어머니산이라고 해서 마니산이 생리를 똑같이 합니다. 마니산의 생리는 어머니들과 같아서 체온이 변합니다. 그런 것을 의미하는 것입니다.

■ 김형우(사회) — 다음은 강화문화원 향토사연구위원이신 유중현 선생님께서 토론 말씀이 계시겠습니다.

■ 유중현(강화문화원 향토사연구위원) — 오늘 학술세미나에서 많은 것을 배우고 깨닫게 해주신 것에 대해 고마운 말씀을 먼저 드립니다. 먼저 국가 제사에서의 단군과 참성단 제사를 발표해주신 김성환 선생님께 먼저 질의를 드립니다. 제가 알기로는 예부터 나라에서는 봄가을로 또는 정례적으로, 재난이 있으면 천제를 지낸 것으로 알고 있습니다. 또 고조선과 삼국시대에도 제천의례가 있었고, 특히 고려와 조선시대에 역사 기록을 통해 마니산 참성단에서 천제를 올린 사실을 알 수 있습니다. 정부 수립 이후 개천절과 전국체전 성화 채화 시에 천제를 올리는데, 사적 제136호인 참성단을 『고려사』에서는 단군이 하늘에 제사를 지내던 제단이라고 했습니다. 그래서인지 조선시대에도 고려시대와 마찬가지로 별에게 제사를 지냈다는 기록이 있습니다.

제가 여쭙고 싶은 것은 개천대제를 단군께서 하늘에 제사지냈던 의례대로 복원해야 한다고 생각하는데, 그 당시의 천제의례가 남아있지 않고 고려와 조선시대를 거치면서 도교에서 별에게 제사를 지내는 의례로 지내지다가 지금은 천제 홀기나 진설이나 제주가 사뭇 달라진 시점입니다. 단군을 신봉하는 대표적인 종교인 단군교, 한얼교, 단단학회 등은 단군의 천제가 아니라 단군에 대한 의례를 행하고 있는 줄 아는데, 단군께서 참성단을 쌓으시고 천제를 지내면서 국태민안과 자손만대의 번영을 기원하던 그 당시로 올라가서 단군의 천제의례를 지금 재현하여 천제를 지낼 수 있는지의 여부에 대해 어떻게 생각하고 계신지 묻고 싶습니다.

■ 김형우(사회) ― 단군 당시의 의례로 개천대제를 복원하면 어떻겠는가에 대한 질문이셨습니다. 이어서 동국대학교의 윤명철 선생님을 모시고 질의를 듣도록 하겠습니다.

■ 윤명철(동국대) ― 한국의 제천의례에 대해 발표해 주신 서영대 선생님께 여쭙겠습니다. 25쪽에 보면, 국가 이데올로기 등 이런 측면에서 말씀하셨습니다. 북한에서도 역시 주체사학이 발전하기 전까지는 단군신화라든가 고구려신화를 국가의 정통성 입장에서 계급적 통치체제의 정당화시키면서 이를 활용하고 있다고 말씀드릴 수 있습니다. 물론 평소에는 그럼 말씀을 하시지는 않지만, 대체로 이 글에서는 국가 이데올로기라는 측면에서 말씀하셨는데, 제천행사와 연관하여 이를 꼭 국가이데올로기와 연관하여 말할 수 있는지, 특히 초기 국가에서 이런 측면의 검토에 대해 다시 한 번 말씀해 주시기 바랍니다. 2장을 고조선, 3장을 삼한, 4장을 삼국시대로 설정하셨는데 3장과 4장을 구분하신 이유가 무엇인가? 이 역시 저로서는 좀 궁금합니다. 아울러서 3장에서『삼국지위지동이전』을 가지고 옥저까지 상세하게 말씀하셨는데, 고조선 지역에 속해 있던 소수 종족은『삼국지위지동이전』에 포함된 종족이 있고, 「북적」전에 포함된 종족이 있는데 「북적」전에 포함된 종족, 남북 만주에 있으면서 거기서 명멸했던 소수종족에 대해서는 어떻게 해야 할 것인가의 문제에 대해서도 말씀해주시기 바랍니다.

장장식 선생님의 발표와 관련해서도 한 가지 말씀드리겠습니다. 매우 역동적인 발언을 해주셔서 저로서도 매우 공감하는 바입니다. 그러면서 한 가지 질문드릴 것은 단군신화도 이야기, 주몽의 고구려건국신화도 이야기, 이런 이야기를 재구성하는 작업도 필요한데 이런 부분들은 장장식 선생님과 강화도에 계신 분들이 이런 행사를 할 경우 이미지를 조금 더 부드럽게 역동적으로 재구성하여 주셨으면 좋겠습니다. 저는 개인적으로 단군을 할아버지라고 하는데, 단군을 할아버지라고 할 경우는 돌아가셨을 때이고, 고조선을 한창 건국할 때는 창업자의 입장에서는 역동적인 젊은이라고 생각합니다. 따라서 행사를 할 경우에 단군의 이미지를 조금 더 부드럽고 젊게 해서 역동적인 모습으로 재구성하는 것이 어떨까 그런 생각을 합니다.

■ 김형우(사회) ─ 윤명철 선생님 말씀은 단군이 참성단에 제사지낼 때에는 할아버지가 아닐 수 있겠다 그런 말씀이셨습니다. 개천대제의 활성화를 위해서는 단군 할아버지에 대한 이미지의 정리가 필요하다는 것인데, 잠시 후 토론을 진행하도록 하겠습니다. 마지막으로 전주대학교 송화섭 선생님의 토론을 듣도록 하겠습니다.

■ 송화섭(전주대) ─ 오늘 발표를 들으면서 공부를 좀 많이 했습니다. 발표해주신 선생님들께 진심으로 감사드리고, 발표자 중에 김성환 선생님께서 국가제사에서의 단군과 참성단 제사를 발표해 주셨는데, 이미 고증도 되었고, 내용도 정리가 되었고, 제사 절차라든가 이런 것도 소상하게 밝힐 수 있으니 이제 마니산에서의 개천대제를 어떻게 해 나가느냐의 문제가 중요한 것 같습니다. 지금 주제가 국가제사라는 것을 명시했으니 이는 국가에서 주관한 관사(官祀)라는 의미인데, 그렇다면 이것은 강화군의 입장에서 국가제사를 치룰 수 없습니다. 이를 어디까지 올릴 것이냐, 말하자면 초헌관을 누가 맡을 것인가, 대통령이 맡을 것인가, 국무

총리가 맡을 것인가, 아니면 문화부장관이 할 것인가의 문제입니다. 이것을 강화도냐, 인천광역시냐, 국무총리냐 해가지고 그 산하에 추진위원회를 구성하여 국가제사로 격상시킬 실질적인 작업이 있어야 합니다.

북한에 다녀오신 분이 계실 것이지만, 북한에 가면 반드시 참여해야 하는 곳이 단군릉입니다. 국가의 전략적인 차원에서 라도 남한에 단군릉은 없다고 하더라도 단군이 제사지 내던 개천대제는 국가 차원에서의 전략이 필요합니다. 초헌관이 누구인가에 따라서 위상과 격식이 결정될 것으로 봅니다. 예산이나 모든 시스템도 마찬가지입니다. 이 부분에 대해서 강화군민들이 의견을 모으는 작업이 우선 있어야 한다고 생각됩니다. 이제는 강화군과 강화문화원, 강화역사문화연구소 등이 개천대제의 내용과 음악, 무용, 절차 등을 복원하는 팀을 구성하여 이를 연구하고 무형문화제로 등록할 수 있도록 하여야 합니다. 그리고 이를 국제화시키는 작업도 함께 병행되어야 합니다. 이런 전략을 지금부터 시작해야 되지 않겠나 하는 생각입니다.

■ 김형우(사회) ─ 개천대제를 국가제사로 승격하는 방안을 구체적으로 논의해야하지 않겠는가 하는 말씀이셨습니다. 국가제사로 승격되면, 자연스럽게 지방의 제사들도 정리될 수 있다는 것입니다. 지금 질문으로 정리할 수 있는 것이 많지 않습니다. 먼저 단군 당시의 제사 모습을 복원할 수 있지 않겠느냐의 질문이 있었습니다. 그리고 참성단의 축조 연대를 확정하면 좋지 않겠는가의 문제도 있었습니다. 세 번째로 국가제사로의 격상문제, 이야기를 많이 재구성하는 문제도 있었습니다. 우선 첫 번째로 김성환 선생님께서 단군제사와 관련한 것을 간략하게 말씀해 주시지요.

■ 김성환(실학박물관) ─ 단군이 참성단에서 천제를 지냈다는 기록에 의해서 의례를 그대로 복원할 가능성이 있겠느냐는 그런 질문이셨는데요. 사실

상 그런 기록만 남아 있지 그 의례나 내용에 대해서는 전혀 전해지는 것이 없습니다. 제가 조선왕조실록을 중심으로 참성단과 관련한 내용을 발제해서 말씀을 드렸습니다만, 그것은 전반적인 내용입니다. 이제는 하나하나의 각론으로 들어가야 할 것 같습니다. 무용이나, 노래나, 음악이나, 제천과 관련한 의례의 절차나 하는 것들이 각론적으로 세밀하게 연구가 된 다음에 복원작업을 해야 할 것 같습니다. 그런 부분에 있어서 앞으로 시간이 얼마나 있을지는 모르겠습니다. 단군이 지냈다는 제천의례를 복원하는 문제는 좀 어려울 것 같습니다.

■ 장장식(국립민속박물관) ─ 제가 이 글을 작성하면서 각 지역에서 벌어지고 있는 제차를 참고적으로 잠시 말씀드리겠습니다. 태백산의 경우는 번시례라는 의례를 먼저 시작함으로서 비웃 같은 것을 입은 헌관이 나와 쑥으로 된 것을 향처럼 태우는 그런 경우가 있었습니다. 거기에서는 9번 절을 합니다. 9라는 숫자가 강조되고 있습니다. 우의동의 경우에서는 세 분의 신인 환인, 환웅, 단군왕검을 모시고 유교식 의례처럼 하되 독축의 경우『천부경』을 한 번 읽는 절차가 있고, 두 번째로는『천부경』의 해설경인『원방각경』을 독축하는 의례가 진행되고 있습니다. 다른 지역하고 좀 차이가 있습니다. 현재의 상태에서는 이를 진행하는 각각의 단체의 성격에 따라 의례가 뒤섞여 있다는 말씀을 드릴 수 있을 것 같습니다. 이를 나름대로 통일시키기란 어려운 상황이 아닌가 그런 생각이 듭니다.

■ 김형우(사회) ─ 시간이 많지 않은 관계로 서영대 선생님께서 국가제사의 문제라든가, 하지 못하신 말씀을 간략하게 정리해주시기 바랍니다.

■ 서영대(인하대) ─ 강화에 다니면서 여러 어르신들이 참성단의 개천대제를 국가제사로 승격 시키는 것이 좋겠다는 말씀을 듣고 저 역시 이 점에

서는 전적으로 동의합니다. 국가제사라는 것은 국가에서 지내는 제사인데, 조선시대나 고려시대에 보면, 국가제사라는 것은 왕이 직접 오기보다는 그 신에게 축문을 올릴 때 누구의 이름으로 올리는가 하는 것이 국가제사를 가름하는 기준입니다. 왕이 직접 오지 않더라도 왕의 이름으로 축문을 올리고 관리가 파견되어 대독을 해도 국가제사입니다. 국가제사라는 개념을 꼭 왕이나 대통령이 와야 한다는 어렵게 생각하실 필요가 없다고 생각합니다.

윤명철 선생님께서 상당히 구체적으로 몇 가지 질문을 해주셨는데요. 제천행사라는 것이 꼭 국가이데올로기만 있는 것이 아니지 않느냐는 질문이 계셨습니다. 공동체의 결속도 있다는 말씀이신데요. 동예의 무천 같은 경우가 그렇습니다만, 그런 경우도 포함되어 있습니다. 하지만 오늘 이 자리가 저 개인적으로도 참성단의 의례가 국가제사로 승격되기를 바라는 입장에서 국가제사에 초점을 두었습니다.

3장과 4장을 분리한 것에 대해서는 우리 고대사에서 고조선 – 삼한시기 – 삼국시기를 어떻게 나누느냐는 상당히 쟁점이고 저 자신도 고민을 하다 보니 시대적으로 나누는 것이 큰 문제가 없을 것 같아 그렇게 하였습니다. 이는 우리 고대사의 시기구분과 연동되는 문제로 이해해 주시면 좋겠습니다. 또 중국 주변의 소수 민족의 제천에 대해서도 고려해 보아야 하지 않는가의 문제에 대해서도 동감입니다. 그런 문제에 대해서는 앞으로 고민을 해야 할 것입니다.

이런 행사를 하게 된 목적은 결국 개천대제가 활성화되고 누가 보더라도 한국의 민족의식과 관련된 대표 축제로 활성화되기를 바라는 그런 마음에서입니다. 지금 이것은 어떤 면에서 첫걸음이라고 할 수 있습니다. 앞으로 많은 주목과 조언, 관심을 주시면 이런 점들을 종합하여 좋은 개천대제가 될 수 있도록 노력하겠습니다.

■ 김형우(사회) ─ 이욱 선생님께서는 단군 제사와 관련해서 주로 발표를 해

주셨는데, 개천제와 관련해서 의견이 계시면 말씀해 주시기 바랍니다.

- 이욱(한국학중앙연구원) — 단군에 대한 제사를 보니 실제로 여러 곳에서 다양한 방식으로 진행이 되고 있었습니다. 그 진행 방법, 특히 참성단에서 어떻게 할까 하는 것은 큰 가지일 것 같습니다. 중요한 것은 이를 끌어가는 힘이라는 것은 국조, 민족의 시조라는 것이 아닐까 생각합니다. 그런 것을 분모로 해서 우리 고유의 것을 만들어가는 것이 중요하지 않을까 생각합니다.

- 김형우(사회) — 마지막으로 오늘 토론회를 마무리하는 측면에서 윤이흠 선생님께서 총평을 해주시면 감사하겠습니다.

- 윤이흠(서울대 종교학과 명예교수) — 오늘 내내 참석한 사람으로서 이런 생각이 들었습니다. 우선 여기에는 두 가지 쟁점이 있습니다. 하나는 제천행사를 국가적으로 발전시켜야 한다는 것과 다른 하나는 그러기 위해서는 무엇을 해야 하는가의 문제인 것 같습니다. 후자를 위해서는 역시 제가 앞서 말씀드린 바와 같이 단군사상이나 단군의 역사적 실체를 계속 강조하는 것입니다. 그런데 깊이 파헤칠수록 이것이 역사적 사실이라는 것을 확인할 수 없다라고 하는데, 그러면 우리가 여기서 중요한 사실 하나를 놓치게 됩니다. 이렇게 단군사상을 확신하는 사람조차도 논쟁이 벌어지는데, 이 회의장 밖에 있는 사람들은 어떻게 생각하고 있을 것인가의 문제입니다. 이곳 밖에 있는 사람들이 훨씬 많을 것인데. 이 사람들을 설득해야만 단군제사를 국가제사로 하느냐의 논의가 가능한 것입니다.

그런데 우리가 지금까지 이야기한 것은 상당히 정치적인 생각을 가지고 있다는 것입니다. 고려나 조선에 했던 제사의 내용을 그렇게 나열해 놓고 그러니까 국가 차원으로 확대하자 그런 논리인데요, 그 전에 해야 할 일이 있습니다. 우리는 단일민족이고, 그 근원은 단군에 있고, 단군사상에 있으며, 이것은 살아 움직이며, 앞으로도 살아 움직일 것이라는 전제가 있다면, 먼저 논쟁이 끝나야 한다는 것입니다. 이것이 정말 정치적인 것입니다. 기술적인 것이구요. 단군사상이 중요하다는 것을 먼저 정리하고 다음에 세계화니 하는 발전론에 있는 사람들과의 논의가 필요합니다. 그들은 상당한 힘을 가지고 있습니다. 이 사람들을 설득할 수 있는 것은 단군의 중요성이지, 과거의 구체적인 문제는 아무리 이야기해도 한계가 있습니다. 구체적인 문제는 학계에서 학문의 입장에서 하고, 이 자리는 학문의 자리가 아닙니다. 또 한 가지 미신론이 아주 작은 것으로 보이지만, 이 사람들의 입도 막을 수 있는 논리가 필요합니다.

기본적으로는 이런 두 가지 방향으로 가야한다고 생각합니다. 학문적인 연구와 이를 현대 사회에서 뿌리내리게 할 수 있는 문화운동이 그것입니다. 문화운동으로 전개되기 위해서는 우선 자질구레한 논쟁거리는 벗어나서 단군사상에 대해 합의를 이끌 수 있는 논의가 이루어져야 합니다. 거기에 강화도가 좀 들어가고 그렇게 되어야지, 만약 강화도를 강조하면서 단군을 참성단으로 모두 몰아버리면 단군을 믿는 우리나라의 많은 단체들도 여기에서 고개를 돌려버리게 됩니다. 이것은 대단히 비정치적이고 비현실적으로 보이는 것이지요. 그래서 앞으로 단군운동을 하기 위해서는 학술운동의 지원을 받아 문화운동으로 가야하지 않겠는가 하는 그런 생각입니다. 한참 하다가 정치적인 계산을 해야지, 순서가 바뀌면 불가능하지 않은가 합니다.

■ 김형우(사회) ─ 시간이 많지 않습니다만, 객석에 계신 선생님들께서 말씀이 계시면 해주셨으면 좋겠습니다.

■ 객석(1) ─ 단군왕검은 마니산에 제사를 지내면서 우리나라의 시조입니다. 그런 것을 학교 다닐 때부터 배워 왔고, 긍지를 가지고 있는데 학술

적으로 보다 조명을 해주셨으면 좋겠습니다.

■ 김일권(한국학중앙연구원) ― '개천'이냐 '제천'이냐의 문제는 중요한 것 같습니다. '제천'이라고 할 경우에는 또 다른 문제가 파생될 수 있을 것 같습니다. 의례로서 갈 경우에는 '예론'으로서의 예제 문제가 함께 제기될 수 있는데, 그것은 현재 참성단의 이름하고도 관련이 있다고 생각됩니다. 아까 김성환 선생님께 쉬는 시간에 여쭤보기도 했습니다만, 참호라는 성곽의 참성이냐, 별에 참례하는 참성이냐의 문제는 이 두 가지가 역사적으로 모두 나오고 있는데, 짐작하기로 몽골난 때 이곳에서의 행사가 처음 시작 되었다면, 몽골 전쟁과 관련된 참호로서 먼저 축조가 되었다가 이것이 조선전기에 별 제사로서 성격이 바뀌었다는 의견도 나올수 있는데, 별 제사와 관련한 참성이냐 아니냐의 문제는 중요합니다. 제천의례를 하는데 참호에서 한다는 것은 맞지 않은 것 같습니다. 아울러 천제를 지향한다면, 천단이라는 개념이 동원될 것인데 천단으로의 성격도 어떻게 고려하여야 할 것인가 문제도 있습니다. 참성단에서의 제천의례라는 것은 주신의 신위가 설정이 되고, 단군은 시조신으로서 배위가 될 것 같습니다. 배위가 되기 때문에 주신에 대한 문제가 있을 것 같습니다. 오늘 논의가 단군을 중심으로 진행되었는데, 그 이면에 있는 개천에 대한, 제천에 대한 성격 규명을 어떻게 할 것인지 이런 고민이 함께 이루어져야 할 것으로 생각됩니다.

■ 김형우(사회) ― 다른 선생님께서도 잠깐 좀 말씀이 계시겠습니다.

■ 권용빈(강화군민) ― 마니산의 명칭에 대해서인데요. 마리산과 마니산 두 가지로 나오는데 이에 대해서 이전에 숭조회에서도 마리산으로 바로 잡아주어야 한다고 했었는데, 시정되지 않은 바 있습니다. 이를 한 가지로 바로 잡아주셨으면 좋겠습니다.

■ 김형우(사회) — 그것을 결정할 문제는 꽤 중요한데, 오늘 그것만 이야기 하더라도 또 하루 종일해야 하기 때문에 다른 기회로 미루는 것이 좋을 것 같습니다. 장시간 동안 토의에 참석해주신 발표자 선생님과 토론자 선생님들께 감사드리며, 처음부터 지금까지 경청해 주신 여러 선생님들께도 감사의 말씀을 올립니다. 오늘 학술회의는 첫 번째입니다. 앞으로 강화군에서 적극 관심을 가져주시면 10년은 족히 참성단 개천대제를 가지고 논의하는 자리가 마련될 것이라고 생각합니다. 그 결과들이 점차 쌓이다 보면 더욱 좋은 개천대제가 되지 않을까 싶습니다. 서두르기 보다는 윤이흠 선생님 말씀처럼 조금씩 문화운동부터 시작해서 또 정치적인 모색도 하면서 개천대제의 방향을 잡아나가는 것이 좋을 것으로 생각됩니다.

장시간 고생하셨습니다, 이것으로 '개천대제 재정비를 위한 학술회의'를 마치도록 하겠습니다. 감사합니다.

보 론

참성단의 역사와 의의 ∥ 서영대
개천대제의 현황과 과제 ∥ 최종수

이 논문들은 2008년 10월에 강화문화원 주관으로 개최된 개천대제(開天大祭) 학술세미나의 발표요지를 정리한 것이다.

참성단(塹城壇)의 역사와 의의

서 영 대
(인하대교수)

1. 머리말

강화 섬 남쪽 끝에 우뚝 솟은 마니산. 가파른 918 계단을 따라 힘겹게 오르면 정상 부근에서 돌로 쌓은 커다란 제단을 만난다. "눈은 천리 밖을 바라보며 몸은 구중(九重) 하늘에 있는 듯하다"[1]고 읊은 이강(李岡, 고려 공민왕 때의 인물)의 시가 실감나게 다가온다. 또 사람에 따라서는 기가 폭포수처럼 쏟아지는 한국 제일의 생기처(生氣處)라는 사실도 느낄 수 있다고 한다. 여기가 바로 단군이 하늘에 제사했다고 전하는 참성단이다.

참성단이 단군 관련 유적이란 점은 15세기 문헌인 『고려사』(1451년)[2]와 『세종실록지리지』(1454년)[3]에 처음 등장한 이래 널리 알려진 사실이

---

1) 『신증동국여지승람』 권12, 강화도호부, 祠壇, 塹城壇 "已得眼看千里地 況疑身在九重天".
2) 『高麗史』 권56, 地理志1, "江華縣 有摩利山[在府南 山頂有塹星壇 世傳檀君祭天壇]".
3) 『세종실록』 권, 지리지, 강화 "山頂有塹星壇 壘石築之 壇高十尺 上方下圓 壇上四面 各六尺六寸 下廣各十五尺 世傳朝鮮檀君祭天石壇 山麓有齋宮 舊例每春秋 遣代言設醮 今上十二年庚戌(1430) 始遣二品以上 齋宮壁上 有東字韻詩 太宗潛龍 嘗爲代言 齋宿于此 次韻 今刻于板上 以金塡之".

다. 그리고 단군 유적이기 때문에 민족사적 의의가 크다고 하여 1955년 이래로 매년 전국체육대회의 성화도 이곳에서 채화되고 있다.

그럼에도 불구하고 구체적으로 들어가면 참성단이 무엇인지에 대해서는 잘 모르거나 잘못 알려진 부분이 많다. 참성단축제를 맞이하여, 참성단에 관한 지극히 기초적인 몇 가지 사실을 언급하는 이유는 여기에 있다.

2. 참성단 관련 자료

참성단을 언급하기에 앞서 참성단 관련 자료를 일별할 필요가 있다. 참성단을 종합적으로 정리한 자료는 없고, 관련 자료는 여기저기에 산재되어 있기 때문이다.

참성단 자료로는 우선 연대기 자료가 있다. 『고려사』나 조선왕조실록 같은 것이 그것으로, 참성단의 역사적 변천을 이해하는 데 유용한 자료이다.

둘째, 지지류(地誌類)이다. 지지류에는 전국을 대상으로 한 지지와 강화도만의 지지가 있는데, 전자를 대표하는 것이 『신증동국여지승람』이다. 그리고 후자를 대표하는 것으로는 이형상(李衡祥, 1653~1733)이 강화도에 은거하면서 1696년(숙종 22)에 저술한 『강도지(江都誌)』, 1932년에 간행된 박헌용(朴憲用)의 『속수증보 강도지(續修增補江都誌)』가 있다. 이들 자료는 참성단의 이모저모(형태·규모·의례 등등)에 대한 가장 종합적인 자료이며, 따라서 가장 중요한 자료이다.

셋째, 지방관 재직·거주·여행 등으로 강화도와 관련을 가진 인물들의 문집에 참성단을 언급한 부분들이 있다. 여기에는 주로 시문이 많지만, 1717년(숙종 43)의 참성단 개축을 전하는 최석항(崔錫恒, 1654~1724)의 「참성단개축기(塹城壇改築記)」같은 중요한 자료도 있다.[4] 그밖에 참성단의 제문인 청사(靑詞)를 수록한 문집도 있다(『율곡집(栗谷集)』).

---

4) 『損窩遺稿』 권12 참조.

넷째, 일기류이다. 이러한 자료로는 전순필(全舜弼, 1514~1581)의 『선조강화선생일기(先祖江華先生日記)』가 있다.5) 이것은 전순필이 1574년(선조 7)~1577년(선조 10)까지 4년간 강화의 책임자인 강화유수를 역임하면서 기록한 일기로, 곳곳에 참성단 관련 기록이 보이며, 그중에서도 참성단 제사 관련 기사는 매우 중요한 자료이다.

참성단 관련 기록은 앞으로도 계속 발굴된 여지가 있으나, 일단은 이상의 자료를 토대로 참성단의 이모저모를 살펴보기로 하자.

3. 명칭과 의미

제사시설을 흔히 단묘(壇廟)라 한다. 이 가운데 단은 노천의 제단으로, 조선시대에 토지와 곡물의 신을 제사하던 사직단이나, 산천·풍운뇌우(風雲雷雨)·성황(城隍)을 함께 모시던 남단(南壇) 등이 그것이다. 그리고 묘는 사(祠)라고도 하는데, 제사용 건물로 신위는 그 안에서 제사되며, 종묘 같은 것이 그것이다. 그리고 일반적으로 단에서 모셔지는 신은 자연신이 많으며, 묘에서 제사하는 신에는 인간기원신이 많다.

그렇다고 할 때 참성단이란 이름은 그것이 노천의 제단인데서 유래한다. 그리고 참성단이 제단의 형태를 취한 것은 자연신의 일종인 천신을 제사하는 곳이기 때문이다.

여기까지는 문제가 없으나, 참성이란 명칭에 대해서는 약간의 혼란이 있다. 우선 발음상의 혼란이 있는데, 참성단을 첨성단이라 하는 사람이 있다. 그러나 이것은 귀에 익은 경주의 첨성대를 연상한데서 비롯된 오해일 뿐, 분명 잘못이다. 혼란은 한자 표기에도 있는데, 참성단(塹城壇)·참성단(塹星壇)·참성단(參星壇)이 혼용되고 있기 때문이다. 이러한 혼용은 어제오

---

5) 인하대학교 한국학연구소 기관지인 『한국학연구』 11(2000)에 李成妣의 해제와 함께 원문이 영인 수록되었으며, 2006년 인천역사자료관에서 역주본이 간행되었다.

늘의 일이 아니라 옛 문헌에서부터 있었다. 그러므로 어느 쪽이 올바른 표기를 가려내기란 쉽지가 않다.

그러나 별 성(星)자가 들어간 표기는 아무래도 문제가 있는 것 같다. 참호를 뜻하는 '참'과 별 '성'이 합쳐져서는 의미가 통하지 않는다. 또 참성(參星)이란 별이 28수(宿) 중에 있지만, 참성단과 밀접한 관계를 가진 것은 아니기 때문이다. 이에 비해 참성단(塹城壇)이라면, 그렇게 자연스럽지는 않더라도 의미는 통한다. 즉 '참호와 성벽 안에 있는 제단'으로 풀이가 가능하다. 따라서 다른 대안이 없는 이상, 참성단은 참성단(塹城壇)으로 표기하는 것이 타당할 것 같다.

그렇다면 여기서 또 다른 문제가 대두된다. 도대체 무엇을 가지고 참성이라 했느냐는 문제이다. 이 점에 대해서는 두 가지 가능성을 생각해 볼 수 있다. 하나는 마니산 일대를 에워싸고 있는 마니산성이 있었다고 함으로, 그것이 참성일 가능성이다. 다른 하나는 참성단을 둘러싸고 있는 돌담 자체를 참성이라 했을 가능성이다. 그러나 마니산 일대에 대한 조사가 불충분한 상황에서 이 문제는 아직 숙제로 남겨둘 수밖에 없다.

이밖에 참성단을 초단(醮壇) 또는 초성단(醮星壇)[6]이라고도 했다. 이것은 참성단에서 하늘의 별에게 초(醮)라는 도교식 제사를 지낸 데서 유래한 명칭이며, 제성단(祭星壇)이라 한 것도 이러한 맥락에서 이해할 수 있다. 또 단군대(檀君臺)라 부르기도 했다는데, 그것은 단군이 제천하던 대(臺; 흙이나 돌로 높이 쌓은 곳), 즉 단군제천대(檀君祭天臺)를 압축한 것으로 풀이되고 있다.[7]

---

6) 『신증동국여지승람』 권12, 강화도호부, 산천제단.
7) 김성환, 2008, 「강화도 단군 전승의 이해와 인식」『인천학연구』 8, 인천대, 134쪽.

4. 참성단의 축조 시기

참성단이 단군께서 하늘에 제사하던 제단이라고 한다면, 참성단은 단군조선 때부터 있었던 셈이 된다. 또『환단고기(桓檀古記)』같은 재야사서에서는 참성단의 축조시기를 단군왕검 51년(기원전 2283년)으로 못 박고 있기까지 하다.

그러나 여기에는 문제가 있다. 우선 참성단 일대가 단군의 영역이었는지 확실하지 않기 때문이다. 물론 단군의 도읍지나 영역에 대해서는 아직 정설이 없다. 그러므로 강화도에는 고인돌이 많고, 고인돌은 고조선의 무덤 양식

〈사진1〉 참성단 전경

이라는 점을 가지고, 강화도가 단군의 세력권이었을 가능성을 생각해 볼 수는 있다. 그러나 고인돌은 참성단과 한참 떨어진, 강화 북부지역에 주로 분포하고 있다는 점에서 문제는 여전히 남는다.

또 단군과 참성단의 관련성이 조선시대 이래의 자료에서는 많이 언급되고 있지만, 정작 고려 이전의 자료에서는 확인되지 않는다는 점도 문제이다. 예컨대 고려 말 목은 이색(李穡, 1328~1396)과 이강(李岡)은 참성단을 언급하면서도, 그것을 누가 축조한 것인지 모르겠다고 하거나, 막연히 태고적의 일이라 했다.[8] 이들은 참성단에서 제사를 주관하는 등, 참성단과 관련이 깊은 인물이다. 그럼에도 불구하고 단군과의 관련성을 말하지 않았다는 것은 고려시대까지만 하더라도 참성단이 단군과 관련된다는 인식이 그리

---

8) 『신증동국여지승람』 권12, 강화도호부 참성단조에 수록된 이색과 이강의 시 참조.

보편화되지 않았음을 의미한다. 따라서 참성단이 단군 때 축조되었다는 설을 무조건 따르기는 어려운 것이 사실이다.

이와 관련하여 삼랑성(三郞城) 조사 결과도 참고가 된다. 삼랑성은 강화에 있는 또 하나의 단군 유적으로, 단군께서 세 아들을 시켜 쌓았다는 산성이다. 일명 정족산성(鼎足山城)으로, 전등사를 둘러싸고 있으며, 1866년 병인양요 때 프랑스 군대와의 격전지로도 유명한 곳이다. 그런데 삼랑성은 축조 기법으로 미루어 삼국시대의 성일 가능성이 높다고 한다.9) 다시 말해서 단군과 관련시킬 수 있는 증거는 드러나지 않았다는 것이다.

참성단이 기록에 처음 등장하는 것은 고려 원종(元宗) 5년, 즉 1264년이다.10) 원종이 조공을 바치러 오라는 몽고의 요구를 피하기 위해 초제라는 도교 제사를 지낸 장소가 바로 참성이었다는 것이다. 그러므로 현재로서는 참성단의 축조시기를 13세기 이전 어느 때로 해두는 것이 제일 안전하다. 물론 축조시기를 더 올려볼 수 있을 가능성은 얼마든지 열어두고 말이다.

그렇다면 어떻게 해서 참성단이나 삼랑성이 단군의 유적이란 전승이 생기게 되었을까라는 점이 궁금해진다. 막연한 추측이지만, 이것은 고려의 강화 천도와 관련이 있을 것 같다. 고려는 몽고의 침략에 대항하기 위해 1232년(고종 19) 6월 강화로 천도를 단행한다. 이때 고려로서는 강화가 새로운 도읍지로 적합하다는 사실을 설명할 필요가 있었을 것이다.

그런데 당시 고려에서는 단군의 존재가 새롭게 부각되고 있었다. 역사의 근원으로서, 그렇기 때문에 민족의 결속을 다지는데 있어 중요한 정신적 토대로서 단군의 중요성이 재인식되고 있었다. 이런 분위기에서 천도파의 일부 인사들이 강화의 유적을 단군과 연결 지음으로서 강화 천도의 당위성을 선전했고, 그 결과 참성단이나 삼랑성이 단군 유적으로 여겨지게 되었던 것이 아닌가 한다.

---

9) 이형구·노태천, 1996, 「강화도 삼랑성 실측조사 연구」『백제논총』5, 백제문화개발연구원 참조.
10) 『高麗史』 권26, 세가26 원종 5년 6월 庚戌 "移御妙智寺 又親醮于磨利山塹城".

5. 참성단 의례(儀禮)

참성단은 고려와 조선시대에도 국가제사의 제단으로 활용되었다. 참성단 제사로는 임시제와 정기제가 있었다. 임시제는 특별한 일이 있을 때, 이를 해결하거나 극복하기 위해 치러졌다. 외침의 격퇴나 가뭄 때 비를 비는 의례, 변괴의 기양(祈禳=解怪祭) 같은 것이 그것이다. 이에 비해 정기제는 연 2회, 매년 봄과 가을에 거행하는 것이 원칙이었다. 정기적 제사의 목적에 대해서는 구체적인 언급이 없지만, 국가의 안녕과 평안을 비는 것이었음은 충분히 짐작할 수 있다.

제사는 중앙에서 파견된 제관(祭官)이 담당하였다. 제관 파견은 고려시대부터 확인되는데, 고려시대에는 정3품직인 밀직사 대언(密直司 代言)이 제관으로 파견되었던 사실이 전한다.[11] 그러나 제관의 구성 등 구체적인 내용은 미상이다.

이에 비해 조선시대의 제관에 대해서는 보다 구체적인 내용이 전한다. 조선시대에도 제관은 관리 중에서 임명되었으며, 행향사(行香使)·헌관(獻官)·전사관(典祀官)으로 구성되었다. 이 중 행향사는 제관의 단장으로 1430년(세종 12) 이래 2품 이상의 관리가 임명되는 것이 원칙이었으나, 『선조강화선생일기』를 보면 전순신의 강화유수 재임기간 중에 파견된 행향사는 모두 정3품관이다. 따라서 행향사의 품계가 규정대로 지켜지지 않은 경우도 상당히 있었던 것 같다. 그리고 헌관은 부단장격으로, 『선조강화선생일기』에 의하면 종4품직이 임명되었으며, 강화나 그 주변 군현의 지방관이 담당하는 경우도 상당수 있다. 또 전사관은 실무자로서 제단 안팎의 청소, 제기나 제물 등에 관한 일을 담당했는데, 『선조강화선생일기』에 의하면 종

---

11) 고려말 慶復興(『고려사』 권111, 경복흥전)과 후일 조선의 태종이 된 李芳遠(『신증동국여지승람』 권12, 강화도호부, 祠壇)이 확인되며, 李穡이 참성단을 제사한 것도 1362년(공민왕 11) 대언으로 있을 때가 아닌가 한다(『牧隱詩藁』 권4, 「摩尼山紀行」 참조).

6품(軍器寺 主簿)~종9품직(昭格署 參奉)이 임명되었다.

　제관들은 국가로부터 제사에 사용할 향과 축문을 받아 참성단으로 향하며, 도착 날짜를 공문으로 미리 강화부에 통지한다. 제관들 가운데 지방관이 포함될 경우, 따로따로 출발하여 일단 강화유수부에 집결하고, 여기서 1박을 한 후 참성단을 향해 출발한다. 단 실무자인 전사관은 행향사나 헌관 보다 미리 강화부에 도착하여 제사 준비를 하는데,12) 이 중에는 제사에 사용할 술을 빚는 것이 중요한 임무의 하나였다.

　참성단에는 제사 준비와 제관의 숙식을 위한 시설로 마니산 아래에 재궁(齋宮)이 있었다. 화도면 문산리 산64-2에 그 터가 남아있는데, 천재암지(天齋庵址)라고 하는 것이 이곳이다.13) 강화부를 출발한 제관들은 재궁으로 와서 함께 1박을 한다. 재궁에 머물 동안 제관들은 언행을 삼가며 심신을 깨끗이 한다. 이른 바 재계(齋戒)를 하는 것이다.

　이튿날 점심 식사 후 10여리의 산길을 견여(肩輿)를 타고 참성단으로 향하여, 한밤중(2경 무렵)에 참성단에 도착하여 의례를 참성단 제사의 구체적인 내용에 대해서는 이형상(李衡祥)의 『강도지(江都誌)』 사단(祠壇) 참성단(塹城壇)조의 설명이 비교적 자세하다.

　　우리 왕조에서도 고려의 옛 제도에 따라 이곳에서 별에 대한 초(醮)를 거행한다. 제단 위에는 포장을 치는데, 나무로 만든 신주[木主]는 없고 단지 지방(紙榜)에 네 상제(上帝)의 위호를 쓴다. 하단(下壇)에는 성관(星官) 90여 위를 모시며, 제사가 끝나면 지방을 모두 불살라 버린다. 봄·가을로 제사를 거행할 때 소격서(昭格署)의 관원이 40일전에 내려와 술을 빚으며, 소찬(素饌)으로 제사

---

12) 李衡祥의 『江都誌』 祠壇, 塹城壇조의 설명에 의하면, 昭格署의 관원이 40일전에 내려와 술을 빚었다고 한다.
13) 재궁터의 위치에 대해서는 3가지 설이 있다(서영대, 1999, 「강화도의 참성단에 대하여」, 『한국사론』 41·42, 서울대 국사학과, 236쪽). 그런데 古加鄕土史編纂委員會의 『摩利誌』(1997) 306쪽에 의하면, 재궁은 처음에 마리산 東脈 북편 德浦里 찬우물에 있다가, 연대 미상에 문산리 약박골 後山 頂上으로 옮겼고, 다시 1639년(인조 17)에 현재의 위치로 옮겼다고 한다. 그러나 근거가 무엇인지 알 수 없다.

하는데, 이것은 도가(道家)의 일에 가까운 것이며, 명산(名山) 등에 제사하는 예가 아니다.

이에 의하면 첫째, 제단은 상·하 2단으로 구성되어 있으며, 제단 위에는 천막을 쳤다.

둘째, 상단에는 네 상제의 신위를, 하단에는 90여 성관(星官)의 신위를 모셨다. 이 중 상제 4위란 도교에서 말하는 사어(四御)를 가리키는 것 같다. 사어란 호천금궐지존옥황대제(昊天金闕至尊玉皇大帝)·중천자미북극대황대제(中天紫微北極大皇大帝)·구진상궁남극천황대제(句陳上宮南極天皇大帝)·승천효법후토황지기(承天效法后土皇地祇)가 그것인데, 이들은 도교의 최고신인 삼청(三淸)을 보좌하며, 삼청과 더불어 천지만물을 지배하는 신으로 여겨진다.14) 기록에 따라서는 참성단에서 옥황상제를 제사했다고 하는데,15) 옥황상제도 사어(四御)의 하나이므로, 문제가 되는 것은 아니다. 한편 성관(星官)은 별의 신들을 가리키는 것 같다. 이렇듯 많은 별들을 제사하기 때문에 성신(星辰)에 제사하는 곳이란 말이 있게 된 것 같다.16) 도교에서는 많은 성신(星辰)들을 신으로 받든다. 그렇지만 90여 위의 성관(星官)의 구체적인 내용이 무엇인지 알 수 없다. 다만 참성단에서 28수(宿)를 제사했다는 기록으로 미루어,17) 90위 중 28수가 포함되었음은 짐작할 수 있다.

이밖에도 참성단에서는 옥황상제의 배향(配享)으로 노자(老子)를 모셨으며, 또 염라(閻羅)를 제사했다는 기록도 있다.18) 노자는 도교에서 태상노군(太上老君)이라 하여 도교의 비조(鼻祖)로 받드는 인물이다. 또 염라는 사후세계의 심판자로 불교에서 유래한 신이지만, 중국 도교에서 이미 신앙

---

14) 馬書田, 1996, 『道敎諸神』, 團結出版社, 12~17쪽.
15) 『中宗實錄』 권14, 중종 6년 6월 계미 및 권27, 중종 11년 12월 경진.
16) 『燕山君日記』 권7, 연산군 6년 2월 병신.
17) 『中宗實錄』 권27, 중종 11년 12월 경진.
18) 『中宗實錄』 권26, 중종 11년 12월 경신.

대상으로 삼은 바 있고,[19] 조선시대 도교 관청인 소격서(昭格署)에서도 염라대왕을 모셨다.[20]

이렇듯 기록에 따라 약간의 차이가 있다면, 그것은 기록의 누락 때문이거나 시대에 따른 변화 때문일 수도 있다. 이 점을 밝힐 수는 없지만, 여하튼 참성단에서는 도교의 신들이 제사의 대상이었다고 할 수 있겠다.

셋째, 신들은 지방(紙榜)에 이름을 써서 모셨으며, 제사를 마치면 지방은 모두 불살라 버렸다. 중앙의 도교 관청인 소격서(昭格署)의 경우, 상(像)과 위패를 병용했다. 즉 태일전(太一殿)의 성수신(星宿神)들과 삼청전(三淸殿)의 옥황상제(玉皇上帝)·태상노군(太上老君)·보화천존(普化天尊)·재동제군(梓潼帝君; 文昌帝君) 등 상위 신들은 상으로, 사해용왕(四海龍王)·신장(神將)·명부 시왕(冥府十王) 등은 위패(位牌)를 사용하여 모셨다.[21] 그럼에도 불구하고 참성단에서 지방을 사용한 것은 이곳이 야외라는 특수한 사정 때문이 아닌가 한다.

넷째, 조선시대의 유일한 도교관청인 소격서가 참성단 제사에 깊이 관여하고 있었다. 이것은 참성단 제사를 거행하기 40일 전에 소격서에서 제관(祭官)이 내려와 술을 빚었고, 진설(陳設)에도 관여했다는 사실을 통해 알 수 있다.

다섯째, 육류를 사용하지 않고, 소찬(素饌)으로 제사했다. 참성단 의례에서는 다(茶)·탕(湯)·주(酒)를 바쳤다는 기록도 있다.[22] 도교의 의례를 대표하는 것으로는 정화의례인 재(齋)와 기원의례인 초(醮)가 있는데, 재에서는 동물을 제물로 사용하지만, 초에서는 나물이나 과일만을 사용한다.[23]

---

19) 窪德忠, 1989, 『道教諸神』, 四川人民出版社, 163~167쪽.
20) 『中宗實錄』 권13, 중종 6년 5월 병인 및 『明宗實錄』 권5, 명종 2년 5월 병자. 成俔의 『慵齋叢話』 권2(『大東野乘』 所收)에는 소격서에서 冥府 10왕을 모셨다고 하는데, 10왕 중 염라대왕이 5번째임은 주지의 사실이다.
21) 成俔, 『慵齋叢話』 권2(『大東野乘』 所收).
22) 『成宗實錄』 권172, 성종 15년 11월 을사.
23) 松本浩一, 崔俊植 역, 1990, 「道教와 宗教儀禮」 『道教란 무엇인가』, 민족사, 182쪽.

조선왕조에서도 이러한 규정은 그대로 지켜졌다. 세종 2년(1420) 종묘 대향(宗廟 大享)의 날짜가 삼계대초(三界大醮)와 겹침에 따라 짐승을 잡아야 할 것인지 말 것인지를 두고 논란이 있었다는 것도 이러한 사실을 반영한다.24) 삼계대초 때는 짐승을 잡아서는 안되기 때문에 문제가 발생한 것이다. 따라서 참성단에서는 도교의례 중에서도 초재(醮齋)가 거행되었음을 알 수 있다.

초(醮)는 소재도액(消災度厄)을 목적으로 야간에 거행하는 것이 일반적이다.25) 그런데 이색(李穡)의 시「마니산기행(摩尼山紀行)」에는 "향의 연기 피어오르니 별조차 낮은 듯, 악곡(樂曲)이 연주되어 분위기 엄숙하네(香昇星爲低 章入氣初肅)"・"만 길 높은 단 밤 기운도 맑은데, 축문을 올리고 나니 세상일이 잊혀지네(萬丈玄壇夜氣淸 綠章才奏澹忘情)"라는 구절이 있다.26) 여기서 향을 피우고 음악이 연주되고 축문을 읽었다는 점으로 미루어, 이것은 참성단에서 제사를 지내면서 지은 것이 분명하다. 그렇다고 할 때 참성단 제사는 야간이나 새벽에 거행되었다고 할 수 있다.

또 효종 때 강화교수(江華敎授)를 지낸 석지형(石之珩; 1610~?)의 참성단 시에도 "여명에 상대(上臺)에 오르니(拂曙登臨上上臺)"・"새벽의 제사를 위해 산을 넘어서 고대(高臺)에 오르니 장관이 펼쳐있네 별이 가까우니 선녀의 웃음소리 들리는 듯(爲將晨事陟巑岏 聊上高臺展壯觀 星近怳聞天女笑)"라고 했는데,27) 이 역시 의례의 시간이 새벽임을 시사하고 있다. 따라서 참성단에서의 의례는 초제(醮祭)의 규정에 충실한 것이었다고 하겠다. 그리고 참성단을 일컬어 참성초단(塹城醮壇)・마리산초단(摩利山醮壇)・마니산 초성단(摩尼山 醮星壇)・제성단(祭星壇)이라 한 이유도 충분히 짐작할 수 있다.

---

24) 『世宗實錄』 권7, 세종 2년 정월 갑인.
25) 松本浩一, 앞의 논문, 181쪽.
26) 『牧隱詩稿』 권4 참조.
27) 李衡祥, 『江都誌』, 古跡, 塹城壇.

이렇듯 참성단에서는 도교의 신들을 모시고, 도교 의례인 초재(醮齋)가 거행되었으므로, 유교식 국가의례와는 다른 점이 많았다. 예컨대 신에게 드리는 제문도 청사(靑詞)라 하여 청등지(靑藤紙)라는 푸른 종이에 붉은 글씨로 축원내용을 적었으며, 여기에 국왕이 친압(親押; 국왕이 친히 축문에 御諱를 써넣는 일)하지 않았다. 뿐만 아니라 제사에 필요한 향과 축문을 국가에서 내려 보내기는 했지만, 행향사(行香使)에게 직접 전달하지 않으며,28) 제기로 보(簠)나 궤(簋)를 사용하지 않았다.29)

참성단에서 도교식의 초제가 베풀어진 것은 고려시대부터 확인된다. 원종 5년(1264)에 거행된 것도 국왕의 친초(親醮)였고, 공민왕 때 경복흥(慶福興, ?~1380) 마리산 참성에서 초제를 지냈다는 기록,30) 우왕 5년(1379) 사신을 보내어 마리산에 초제를 지내게 했다는 기록이 있다.31)

이후 참성단 초제는 조선시대에도 계승되었지만, 조선왕조는 유교를 지배이념으로 하고 있었던 만큼, 일찍부터 이를 폐지하자는 주장이 있었다. 즉 세종 14년(1432) 예조판서 신상(申商, 1372~1435)은 참성단이 대단히 비루(卑陋)하다는 이유를 들어 폐지를 주장했던 것이다.32) 그러나 한동안 문제가 되지 않다가, 중종 때는 소격서 혁파가 논의되면서 참성단 초제도 함께 공격의 대상이 되었다. 특히 조광조(趙光祖, 1482~1519) 세력이 집권하여 소격서 혁파를 집요하게 거론하면서, 참성단 초제를 폐지해야 한다는 목소리도 더욱 높아진다. 그 이유는 제천은 천자만이 할 수 있는데, 참성단 초제는 제천에 해당하므로, 제후국에서 제사하는 것이 명분에 어긋나는 참례라는 것이었다. 그리고 선조 때 이이(李珥, 1536~1584) 같은 유학자는 국왕의 참성단 초례청사 제작 명령에 대해, 이단을 부추기는 것이라 하여 거부하기도 했다.

---

28) 『明宗實錄』권25, 명종 14년 7월 갑술.
29) 『成宗實錄』권172, 성종 15년 11월 을사.
30) 『高麗史』권111, 열전24, 慶福興.
31) 『高麗史』권63, 지 7, 예5, 雜祀.
32) 『世宗實錄』권55, 세종 14년 3월 무인.

그러나 참성단 초제는 이 때문에 중지된 것은 아니며, 임진왜란을 계기로 중지되었다. 그러다가 이형상의 『강도지』에 의하면, 인조 16년(1638) 예조(禮曹)와 강화유수(江華留守) 김신국(金藎國, 1572~1657)의 건의에 따라 참성단 제사는 부활된 것 같다. 이에 따라 이듬해에는 마니산 참성단을 다시 수축했다.33) 이후 참성단 초제는 조선왕조의 유일한 도교의례로서 명맥을 유지했던 것 같으나, 그것이 언제 중지되었는지는 모르겠다.

이렇듯 참성단은 국가 제사가 행해지는 장소였으므로, 국가에서는 제사경비의 조달을 위해 제전(祭田)을 지급하였다. 1377년(우왕 3)에 최영이 마니산 참성의 제전과 관리의 녹봉을 제외한 강화와 교동의 다른 토지의 소출은 군량으로 사용하자는 건의를 하고 있었던 사실로 미루어,34) 이것은 고려 시대에도 이미 지급되어 있었던 것이라 할 수 있다. 그리고 고려 시대 제전의 규모는 알 수 없으나, 조선 시대에는 10여무(餘畝)가 지급되었다고 한다.

6. 참성단의 형태

지금 남아있는 참성단은 크게 두 부분, 전정부(前庭部)와 제단부(祭壇部)로 이루어져 있다. 전정부는 제단의 앞마당에 해당하는 부분인데 야트막한 돌담으로 둘러싸여 있다. 또 제단부는 돌을 쌓아 만든 제단과 제단으로 올라가는 계단이 결합된 모습이다.

이 제단을 옛 기록들은 '상방하원'(上方下圓)이라 했다. 위는 둥글고 아래는 네모나다는 의미이다. 나아가 둥근 것은 하늘, 네모난 것은 땅을 형상화한 것이라 했다. 땅이 위, 하늘이 아래란 해석은 이상하게 들릴 수 있다. 그래서 지형에 따라 쌓다보니 그렇게 모습이 된 것일 뿐, 우주론적 해석은

---

33) 『仁祖實錄』 권39, 인조 17년 10월 임자.
34) 『高麗史』 권82, 兵志2, 屯田 참조.

견강부회라고도 할 수 있다.
  그러나 신성과 통하는 제단을 우주의 축도로 만드는 것은 세계종교사에서 흔히 볼 수 있다. 현재 중국 북경에 남아있는 천단(天壇)이 원형과 홀수를, 지단(地壇)이 방형과 짝수를 기본으로 하고 있는 것도 천원지방(天圓地方)과 천양지음(天陽地陰)이란 우주관을 제단 축조에 적용한 결과이다.

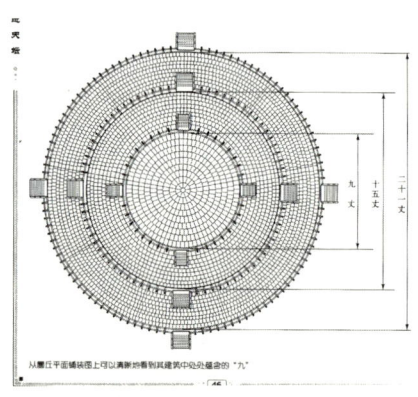

〈사진 2〉 북경 원구단(圜丘壇)

  이런 의미에서 참성단이 우주론적 구조를 가지고 있다고 해서 이상할 것은 없다. 예컨대 『주역』의 괘 가운데 태괘(泰卦☷+☰)라는 것이 있는데, 땅(☷)이 위, 하늘(☰)이 아래인 형상으로, 음양 조화 만사형통(萬事亨通)하는 의미로 해석되고 있다. 하늘의 양기는 위로 올라가는 성질이 있고, 땅의 음기는 아래로 내려가는 성질이 있으므로, 하늘과 땅이 도치되면 가운데서 좋은 기가 모이기 때문이란 해석이다.
  돌을 쌓음에 있어, 참성단은 아무런 접착제를 사용하지 않고, 적당한 크기로 다듬어 짜 맞추었다. 그래서 참성단을 쌓은 돌이 무너져 내리는 일이 여러 차례 있었고, 개축도 수시로 있었다. 참성단 밖 한 바위에는 1717년(숙종 4) 퇴락한 참성단의 개축 시말을 적은 「참성단개축기(塹城壇改築記)」가 새겨져 있어, 이러한 사실을 뒷받침하고 있다.

그 결과 참성단은 개축과정에서 상당한 변형이 있었다. 1909년 우리나라 학부에서 일본인들에게 의뢰하여 참성단을 실측한 도면이 남아있다. 이 것과 지금의 참성단을 비교해 보면, 그 사이에도 제단으로 통하는 계단 등에 변형이 있었음을 알 수 있다.

7. 참성단의 의의

끝으로 참성단의 의의 내지 가치에 대한 언급하고자 한다. 참성단의 중요성은 논자에 따라 다양하게 지적될 수 있겠지만, 여기서는 두 가지만 언급하고자 한다.

첫째, 가장 오래된 전거를 가진 단군유적이라는 점이다. 단군 관련 유적은 한반도에 곳곳에 있다. 이중에는 평양 숭령전(崇靈殿)·구월산 삼성사(三聖祠)처럼 후대에 단군을 제사하던 시설도 있지만, 단군과 직접 관련되는, 단군 당시의 것으로 전하는 유적도 상당수 있다. 예컨대 묘향산에는 단군이 태어났다는 단군굴 등이 있는가 하면, 구월산에는 단군이 승천했다는 단군대가 있고,[35] 강동에는 한때 세상을 떠들썩하게 했던 단군릉이 있다. 뿐만 아니라 같은 강화도에도 단군이 세 아들을 시켜 쌓았다는 삼랑성(三郞城 =정족산성)이 있다.

일률적으로 말하기는 어렵지만, 구비전승만 전하는 유적 보다는 문헌적 근거가 있는 유적이 더 중요하며 가치가 있다. 구비전승은 전승과정에서 변질이 많이 되기 때문이다. 그리고 근거가 되는 문헌이 더 오랜 것일수록 유적의 의미와 가치는 커진다. 그렇다고 할 때 남한을 물론 남북한을 통틀어, 단군유적 가운데 강화도의 참성단과 삼랑성 보다 문헌적 근거가 올라가는 것은 없다. 단군릉 같은 것은 15세기말~16세기 초의 『동국여지승람』에 처음 등장하는데 비해, 참성단과 삼랑성은 『고려사』에 이미 단군유적으

---

[35] 김성환, 2002, 『고려시대의 단군전승과 인식』, 경인문화사 참조.

로 언급되어 있기 때문이다.

　현재 많은 한국인들이 단군을 민족의 시조 내지 민족의 뿌리로 여기고 있다. 그래서 단군에서 민족 정체성을 확인하고, 단군을 통해 민족의 동질성을 찾으려 한다.[36] 그런데 바로 이러한 단군에 관한 유적으로서 문헌적 근거가 가장 오랜 것이 참성단과 삼랑성이라 할 때, 이들 유적이 가지는 민족사적 의의는 마땅히 주목되고 부각시켜야 한다.

　둘째, 자주의식의 표상이란 점이다. 참성단은 단군이 하늘에 제사하던 곳이라 한다. 우리 민족의 제천 전통은 삼국시대 이전부터 기록을 통해 확인된다. 부여의 영고, 고구려의 동맹, 동예의 무천 등이 그것이다. 그리고 고조선의 정치권력이 하늘에서 기원했다는 단군신화로 미루어, 제천의 전통은 고조선 시기로 소급될 가능성은 충분하다. 이러한 의미에서 단군이 제천했다는 것도 있을 수 없는 사실이 아니다.

　제천의 전통은 고려시대로 이어졌으며, 그것은 삼국시대에 비해 중국의 유교식 예제(禮制)의 세례를 많이 받은 것이었다. 원구단(圜丘壇)이란 제단의 이름이나 제사의 절차 등이 바로 그러했다. 그러나 제천의례 중에서도 중국은 동지제천을 중시한 데 비해, 고려에서는 정월 상신(上辛)의 기곡(祈穀)에 비중을 두었다. 이것은 고려의 제천이 중국의 복사판이 아니었음을 의미한다. 즉 동지제천이 음양의 교체란 새로운 질서의 시작과 더불어 군주권력의 갱신이란 정치적 의미가 강한 것임에 비해, 정월 상신의 기곡은 풍요를 기원하는 농경의례적 성격이 두드러진다.

　고려 때까지 이어지던 제천의 전통은 조선시대로 오면서 진통을 겪는다. 태조~세종 때까지는 존폐를 반복했으며, 세조 때 일시 부활하는 듯 했지만, 결국 중앙의 국가제사에서 자취를 감추고 말았다.[37]

---

36) 고조선이 있다면 시조가 있었을 것이고, 그런 의미에서 단군의 실재를 부인할 수는 없다.
37) 한형주, 2002, 「祭天禮의 설행과 폐지」『조선초기 국가제례 연구』, 일조각 참조. 조선시대에는 南壇에서 천신의 일종인 風雲雷雨의 신을 제사하긴 했지만, 최고신

이것은 유교적 명분론이 빚어낸 결과였다. 유교적 명분론에 의하면[예컨대 『예기』 王制], 제천은 하늘로부터 천명을 받은 천자만의 독점물이었다. 따라서 조선왕조는 천자국이 아니기 때문에 제천을 해서는 안 된다는 것이다.

그렇다고 할 때 하늘과 직접 교류할 수 있는 채널로서의 제천은, 적어도 동아시아 문화권에서는 자주의식의 표상이었다. 고구려가 독자적 천하관을 가지고 있었다느니, 고려가 황제국이었다느니 할 수 있는 것도 이들 국가가 제천의례를 거행했기 때문이다.

그런데 조선시대의 경우, 중앙에서는 중지되고 말았지만, 지방에서는 최고신 상제(上帝) 제사가 유지되고 있었으니, 참성단이 바로 그곳이다. 이런 의미에서 참성단은 조선시대에도 민족의 자존심을 지키는 마지막 보루였으며, 민족의식의 표상이었다고 할 수 있겠다.

최근 유행하는 주장의 하나는 민족이란 고정불변한 실체가 있는 것이 아니라 상상의 공동체(imagined community)[38]에 불과하다는 것이다. 그렇다고 할 때 민족을 운위하는 것은 허구를 쫓는 무의미한 일이 될 수도 있다. 그러나 현대에도 민족 간의 생존경쟁이 엄연히 존재하며 민족주의가 여전히 유효한 이데올로기인 이상, 상상의 공동체라고 해서 민족문제를 도외시할 수는 없다. 특히 민족의 분단을 경험하고 있는 우리에게는 더욱 그러하다.

그런 의미에서 우리에게는 민족이란 공동의 상상을 가능케 할 수 있는 그 무엇이 필요하며, 이때 단군은 중요한 그 무엇이 될 수 있다[물론 단군이 유일한 그 무엇이라고는 생각하지 않는다]. 그렇다고 한다면 참성단의 민족적 의의와 중요성은 아무리 강조해도 지나치지 않을 것이다.

인 (昊天)上帝를 제사하는 제천과는 의미가 다르다.
38) Benedict Anderson(1936~   )의 용어

8. 맺음말

　단군 유적은 강화를 제외한 남한의 다른 지역에서는 찾아볼 수 없다. 또 남북한을 통틀어도 참성단이나 삼랑성(三郞城)만큼 전거(典據)가 오랜 단군 유적은 없다. 북한에서 대대적으로 선전하고 있는 평양의 단군릉만 하더라도 기록에 등장하는 시대가 참성단에 비해 훨씬 늦다. 뿐만 아니라 북한에서는 최근 평양 부근 화성동이란 곳에서 제단유적을 찾아내고, 이를 단군시대의 것이라 주장하는데, 제단의 모습이 참성단과 같다는 것이 그 근거이다.[39] 이처럼 의미 있는 유적이기에 1964년 국가에서는 사적 제136호로 지정 보호하고 있으며, 전국체전 때마다 성화도 이곳 참성단에서 채화한다.[40]

　그럼에도 불구하고 참성단에 대한 우리의 관심과 이해가 충분했다고는 생각되지 않는다. 우선 참성단에 대한 학술적 조사 및 연구가 미흡하다. 2004년 강화군에서 참성단 자체에 대한 실측조사를 실시한 것은 그나마 다행이지만, 아직 참성단과 그 주변에 본격적 조사는 행해진 바 없다[예컨대 문산리 齋宮址]. 또 많은 사람들이 참성단을 찾고 있는데, 이 과정에서 자신도 모르게 참성단 훼손에 일조를 하고 있다. 그래서 강화군에서는 일반인의 접근을 막기 위해 참성단 주변에 철책을 둘렀는데, 이것이 과연 올바른 보호 대책인지도 반성이 필요할 것 같다.

　그리고 매년 10월 3일 참성단에서 거행하는 개천대제도 지난 1999년 사계의 전문가들의 연구 결과를 토대로 진행하는 것이지만, 10년이 지난

---

39) 류충성, 1998, 「새로 발견된 룡성구역 화성동 고대제단유적」 『조선고고연구』 1998-4, 42~43쪽.
　　2003년 10월 초 평양 방문 시, 북한의 사회과학원 관계자로부터 들은 바에 의하면 최근 평양 북쪽의 順安에서도 비슷한 형태의 제단 유적이 발견되었다고 한다.
40) 전국체전 성화를 참성단이 아닌 다른 곳, 심지어 북한의 묘향산에서 채화하려는 움직임도 있었다.

참성단(塹城壇)의 역사와 의의 ■ 195

지금 재검토를 요하는 부분이 없는 것은 아니다.

참성단을 좋아하고 아끼는 사람의 하나로, 이러한 문제들이 하루빨리 해결되어, 참성단이 역사유적으로 길이 보존되기를 바란다.

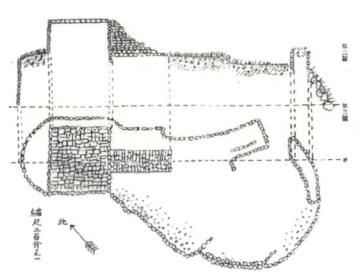 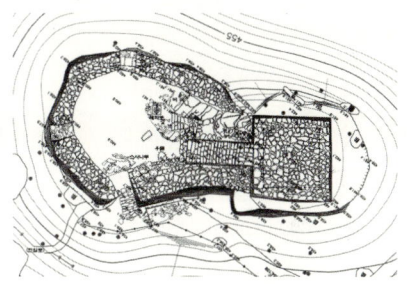

〈사진 3〉 1909년 참성단 실측도   〈사진 4〉 2004년 참성단 실측도

〈사진 5〉 참성단 전경

참고문헌

자료

『高麗史』,『세종실록』,『성종실록』,『中宗實錄』,『燕山君日記』,『明宗實錄』,『仁祖實錄』,『신증동국여지승람』,『損窩遺稿』,『牧隱詩藁』,『江都誌』,『慵齋叢話』,『大東野乘』

단행본

강화군, 2004,『마니산 참성단 정밀실측조사보고서』
古加鄕土史編纂委員會, 1997,『摩利誌』
김성환, 2002,『고려시대의 단군전승과 인식』, 경인문화사
馬書田, 1996,『道敎諸神』, 團結出版社
窪德忠, 1989,『道敎諸神』, 四川人民出版社

논문

김성환, 2008,「강화도 단군 전승의 이해와 인식」『인천학연구』8, 인천대
류충성, 1998,「새로 발견된 룡성구역 화성동 고대제단유적」『조선고고연구』1998-4
서영대, 1999,「강화도의 참성단에 대하여」『한국사론』41·42, 서울대 국사학과
松本浩一, 崔俊植 역, 1990,「道敎와 宗敎儀禮」『道敎란 무엇인가』, 민족사
이형구·노태천, 1996,「강화도 삼랑성 실측조사 연구」『백제논총』5, 백제문화개발연구원
한형주, 2002,「祭天禮의 설행과 폐지」『조선초기 국가제례 연구』, 일조각

개천대제의 현황과 과제

최 종 수
(한국문화원연합회장, 개천대제 집례관, 과천문화원장)

1. 머리말

　매년 10월 3일이면 참성단에서 거행되는 개천의식인 개천대제 봉행과 성화채화로 이어지는 행사에 강화군민은 물론 인천시와 전국 각지의 많은 분들의 관심이 되고 있다.
　더구나 전국체육대회의 성화채화는 같은 장소에서 천제 봉행 후 채화하여 강화도를 일주 한 후 개최도시까지 봉송되는 국가적인 행사로 이어져 오고 있다.
　그러나 99년 동계아시아경기대회를 밝힐 성화는 태백산 천제단에서 채화되었으며 2000년 부산에서 개최되었던 전국체전 때에는 마니산, 금강산, 포항 호미곶에서 채화된 성화를 합화(合火)하는 형식으로 이루어졌으며 2001년 부산아시아 경기대회 조직위원회에서는 강화를 제외시켜 인천지역의 정계, 시민단체 등이 이의 변경을 요구하는 등 반발하기도 하였다.
　이와 같이 매년 국내에서 이루어지고 있는 성화채화 행사뿐만 아니라 천제봉행행사도 태백산과 삼각산과 전국 곳곳에서 봉행되고 있는 현실에서 국가의 대사인 개천대제와 성화채화를 어떻게 보존해 나가며 역사 앞에 당당히 정체성을 지켜가기 위하여 마니산 성화는 어디로 갔는가라고 외치는 것뿐만 아니라 개천대제가 모든 천제의 중심이며, 마니산 참성단이 중심이며 우리강화가 그 중심에 있다는 것에 긍지를 갖고 내용을 충실히 하며 강화군의 축제가 아닌 국가의 대사(大事, 大祀)로 이루어 가는 것이 우리 강화인의 몫이라 생각한다.

2. 참성단 천제의 취지

백두산과 한라산의 중간지점, 한반도 중심지의 요충지에 위치한 강화도 마니산은 세 봉우리가 나란히 있어 그 모양이 아름답고 웅장한 명산이다.

단군왕검께서 단군 기원 51년(BC 2282)에 마니산 정상에 상방 하원형의 제단을 쌓고 배달민족 만대의 영화와 발전을 위하여 하늘에 제사를 올리시니 4,300여년의 역사를 가진 마니산 천제의 시작이다.

단군조선으로부터 삼국시대, 고려시대, 조선시대에 이르기까지 역대왕조는 도처에서 천제를 받들었으되 마니산 참성단을 제1의 제천단으로 삼아왔다.

한일합방으로 중단되었던 제천행사는 1955년 제36회 전국체전 때부터, 국가의 예로 강화군수가 제주가 되어 천제를 올리고 성화를 채화하였으며 공식적인 제천행사를 부활시키고자 하는 여망이 이어져 왔다.

몇 해 전부터 몇몇 뜻있는 사람들이 별도로 천제를 지내고 있으니 오늘에 사는 우리는 국조 단군의 홍익이념을 펼치고 민족정기를 바로 세우고자 하는 마니산 천제행사에 함께 참여하고 더욱 발전시켜 나가야 할 것이다.

3. 현황

　매년 가을 참성단에서 거행하는 제천의식과 성화채화행사에 대하여 천제의 내력, 홀기, 축문, 제수준비, 진설 등 여러 가지 사항을 고증, 연구하여 단군왕검께서 하셨던 것과 같은 제의례, 칠선녀 춤, 성화채화를 종합검토하고 보다 경건하고 엄숙한 제전이 되도록 하기 위한 노력이 미흡한 실정이다.

　그동안 아래와 같은 연구 보고가 있었으며, 그 외에 많은 문제제기가 있었으나 이에 따른 후속조치가 이루어지지 않고 있는 실정이다.

>　1999년 참성단 개천대제 고증 및 연구용역(이상태 외 3명)
>　2003년 강화도 참성단 현황과 과제 학술세미나
>　　　　(삼랑성역사문화축제조직위원회, 강화역사문화연구소)
>　1998년 칠선녀 성무에 대한 연구보고와 학생지도가 국립국악원에 의하여
>　　　　있었으나 보고서가 남아 있는지는 확인되지 않고 있다.

1) 참성단

　참성단 돌바닥, 계단의 변형, 좌우성의 변형여부, 우물, 성화로 등의 고증 및 복원이 필요하며 참으로 성스러운 단이며 태고의 신비를 간직한 참성단은 불행히도 전국에서 찾아와 국민들과 외국인에게 개방이 안 되고 있다.

　민족의 성지인 참성단을 둘러싼 흉측한 철책과 "들어가지 마시오"라는 표지판과 함께 군사시설을 방불케 하는 철책으로 사방을 두룬 참성단은 더 이상 성스러운 제단의 모습이 아니다.

　사적을 보호하려는 당국의 입장을 이해할 수가 있겠다.

　단군 동상의 목이 잘리는 사건이 생겨나는 이 시대에 단군성지인 참성단 역시 훼손의 대상이 될 수도 있다.

여기에 무속인들의 기도행위와 얼마 전 모 종교단체의 교주가 이곳을 성지로 선포하고 제를 올리는 등 참성단은 이미 오래전부터 무속인들에게 기 받는 장소로 알려졌다.

그렇다 해도 대다수 지각 있는 국민의 수준을 무시하면서 굳이 성지인 참성단을 이런 방법으로 보호해야 하는 것은 재고할 필요가 있다.

예로부터 참성단에서 올려지는 제천의식은 곧 하느님의 자손이라는 사실과 민족의 자존을 확인하는 행사였다. 국왕이 제주가 됨으로서 그 권위를 인정받고 함께 제사를 드림으로서 백성의 뜻이 하나로 모일 수 있었다.

참성단은 심지어 유교가 지배이념으로 정립되었던 조선시대에도 기우제나 나라에 우환이 있을 때 불길함을 해소하기 위하여 제사를 지내기도 하며 종교성지로서도 위상을 잃지 않았다. 오늘날에도 전국체전의 성화 점화의식을 행함으로서 그 전통을 잇고 있는 명실공이 민족의 성역이 되고 있다.

2) 칠선녀 춤

강화사의 기록은 물론, 최초 전국체전 성화 채화 시에 그리스의 성화 채화 의식을 도입했다 하더라도 이제는 새로운 문화의식으로 잡아가고 있다. 그러나 1998년 국립국악원에 고증을 의뢰하여 일부 수정된 무(舞)와 악(樂)의 학술적인 검토보고서를 살펴봐야 하겠으며 제단위에서의 춤이 타당한가에 대한 의문도 생긴다.

3) 제수

제사형식과 연관되어 준비하는 것이어야 한다. 천과, 천수, 천내, 천체, 오곡 등의 제수와 천반, 천탕의 제수가 맞는지 알 수 없으며 도교의식과 연계할 때의 제수준비에 재검토가 필요한 부분이라 보인다.

4) 제사 형식

제일 큰 문제로 기록에 나오는 초제형식의 제사로 해야 하는가 아니면 현재 진행중인 유교형식의 제사로 해야 하는가는 시급히 정리해야 될 부분이며 제관들의 복장 역시 함께 검토되어야 될 것이다.

5) 제관

유교형식이냐 아니면 초제형식이냐에 따라 제관의 명칭, 복장, 홀기가 정해져야 할 부분이다.

6) 성화채화

채화취지 검토는 물론이고 제천행사와 칠선녀 춤 그리고 성화채화를 어떻게 연결하느냐 하는 문제는 다시 한 번 연구과제로 보인다.

<전국체육대회 역사와 성화채화>

1920. 7.13 조선체육회 창설
1920. 11 전조선 야구대회
1925 종합경기대회 시작
1934 전 조선 종합경기대회
1938 조선체육회 해산(18회 대회 이후 중단)
1955 제36회 전국체육대회에 처음으로 성화 등장. 고 이상백 박사의 아이디어로 단군왕검이 하늘에 제사를 드린 전설이 깃든 강화도 마니산에 채화된 성화가 대회장까지 봉송되었다.
1996. 6.11 대한체육회 의견 표명. 특별한 역사적 사실의 발견이나 지리적 환경의 변화가 발생하지 않는 한, 강화도 참성단에서 체전성화는 채화할 것이라고 변경불가 의견 표명

7) 축제의 형식

인천시장 또는 대통령을 초헌관으로 모셔야 된다는 의견이 있다. 그렇지만 현재 개천대제 명칭은 유지되고 있으나 실제 강화에서는 작년(2007년)까지 고인돌축제의 한 부분 행사처럼 느껴지는 것은 본인만의 생각인지도 모르겠다.

4. 타 지역의 실태와 강화군의 대응

1) 성화채화 및 천제(일부신문기사참고)

1997. 1.24   성화채화/ 서울 암사동/ 97무주, 전주동계유니버시아드 대회
1998. 8.14   건국기념채화 호랑이, 곰, 칠선녀 등장/ 참성단/ 강화군 협조, 에버랜드
1999. 1.26   성화채화/ 태백산 천제단/ 99동계아시아 경기대회
1999.10. 3   천제봉행/ 참성단, 백두산/ 개천절기념 민족공동행사 준비위원회
1999.음10.3   단군개국개천제/ 소요산 원효폭포/ 동두천문화원
1999.11.11   단군대제/ 마니산 재궁터 상설축제장/ 강화 숭조회
2000.10. 1   성화통일의 불 채화/ 금강산/ 전국체전합화, 제81회 전국체전(부산)
2000.10. 3   국조단군님 나신날 행사/ 마니산 상설축제장/ 한문화운동연합
2000.10. 3   개천예술제 성화채화/ 진주성 순의제/ 진주문화예술관
2001. 3.28   풍년기원제/ 참성단/ 강화군 농촌지도자 연합회
2001.10. 3   개천제례/ 일산호수공원/ 고양시 향토문화보존회
2005.음3.15   어천절 선의식/ 참성단/ 대종교 총본사

2) 다른 지역의 성화채화 의견

(1) 1990.5 강화도 태백시 상공회의소 등의 망언
"강화도가 고려항몽 전쟁 때 임금의 피난지였던 점 등을 이유로 성화채화지를 태백으로 옮겨야 한다"는 주장이 있었음.
이때 강화에서는(1990. 5. 29) 마니산 성화 지키기 협의회 운동본부 구성(상임대표 김선홍, 공동대표 홍재현, 이호경, 김수일, 집행위원장 윤수근) 반대운동, 서명운동 당국에 건의

(2) "문화체육부, 대한체육회, 97무주, 전주 동계유니버시아드 대회 조직위원회는 역사 앞에 중대한 과오를 저질렀다."고 강화군의회. 강화군 체육회, 강화군민 일동은 성명서를 발표 전달하다.

"유니버시아대회의 성화를 아무 의미도 없는 서울의 한강변 모래밭에서 채화하려는 것은 실로 나라와 역사성과 민족의 뿌리를 망각한 소행이다."

(3) 1996. 5. 28
태백시 의회는 "강화도가 몽고의 침입을 막는 치욕의 땅으로 성화채화 장소로 적합하지 않다" 태백산 채화를 주장.
1996. 5. 30 강화군의회에서 태백시의회에 사과요구, 마니산 성화 지키기 운동전개

(4) 2001. 2. 8
강화군은 "전국체전 성화채화는 강화 마니산으로 한다"는 내용을 골자로 하는 건의서를 인천시와 함께 국회를 비롯하여 청와대와 문광부 등에 제출하기로 하고 참성단 천제를 국가적인 행사로 승격시키기 위해 문화재청에 중요무형문화재 지정 신청서를 제출할 계획이다.

(5) 2005 강화군에서 청와대에 건의서 제출하였다.

5. 강화지역민의 개선에 관한 다양한 의견

1) 참성단 축제와 개천대제

(1) 단군관련 세미나가 필요하다
(2) 단군을 신화로 인식하는 것이 문제이다.
(3) 제례부문의 연구가 필요하다.
(4) 칠선녀 춤의 음악을 경쾌하고 청아하게 변경하자.
(5) 개천대제시 칠선녀, 관람객의 안전문제 고려
(6) 사진촬영팀의 통제 필요
(7) 천제의식과 성화재화를 별도로 하는 안을 검토하자
(8) 첨성단에서는 본제사만 지내고 하단제사는 천재궁에서 하자.
(9) 제수를 풍족하게 하자.
(10) 국가적인 大祀로 하자
    (이승만 대통령 천제계획 있었으며 안호상 문교부장관이 지냈다.)
(11) 당분간 7선녀로 하고 8선녀 검토하자.
(12) 7선무는 하단에서 해야 한다.
(13) 장소협조문제 해결책을 검토하자.
(14) 성화채화를 초헌관이 하는 것이 좋다.
(15) 제례의식 초제가 좋다.
(16) 제례의식 유교식이 좋다.
(17) 단군이 천제를 마니산에서 지낸 이유를 밝혀야 한다.
(18) 천제 : 상단에서 남성중심
    초제 : 하단에서 여성중심
    뒷풀이 : 남녀혼성으로 제례봉행하는 방법 검토하자.
(19) 신위를 환인(天), 환웅(地), 단군(人) 3위로 하자.
(20) 소, 돼지 머리를 제수로 올리자.

(21) 제주는 단술, 막걸리, 청주 3가지로 사용하자.
(22) 천제는 참성단이 아닌 천제궁에서 봉행하자.
(23) 제례 악(樂)이 있어야 한다.
(24) 도교의례와 유교의례를 병행하자.

6. 참성단 천제 기록문헌

○ 단군왕검이 단기 51년 강화도 마니산에 첨성단을 쌓고 단기 54년 3월에 천제를 지냈다.
　　—「단군세기(檀君世紀)」,「마한세가(馬韓世家)」,『수산집(修山集)』동사(東史) —
○ 단군은 남쪽을 순행하다 이곳에 이르면 반드시 강화마니산 참성단에 올라 천제를 올렸는데 역대적으로 계승하여 제천하였다.
　　—『규원사화(揆園史話)』,『춘관통고(春官通考)』—
○ 단군 17세 여을 신미년(BC 1550)에 마한 15세 두막해가 즉위하여 다음해 3월 16일 마니산 참성단에서 제사하였다.
　　—『삼한관경본기(三韓官境本紀)』—
○ 고구려 19대 광개토대왕이 순찰할 때 마니산 참성단에 올라 친히 제사하였다.
○ 을지문덕 장군은 해마다 3월 16일에는 강화마니산에서 10월 3일에는 백두산에 올라 천제를 올렸다. —「고구려본기(高句麗本紀)」—
○ 고려 공민왕 원년과 5년 3월에 왕명에 의하여 참성단에서 천제를 지냈다. —「고구려본기(高句麗本紀)」—
○ 조선 태종은 강화 마니산 참성단에 거동하시어 초례를 봉행하였다.
　　—『여지승람(輿地勝覽)』—
○ 조선 명종은 이율곡으로 하여금 초정사를 짓게 하여 제를 올렸다.

○ 조선 인조 17년(1639년) 마니산 참성단을 수축하고 제를 올렸다.
   ―『강도지(江都誌)』―
○ 숙종 43년(1717) 강화유수 崔錫恒이 참성단을 중수함(乙酉端陽 月 行 留守 崔錫恒) [인천시 문화재자료 13호]
○ 근세에 순종황제 때까지 춘추로 제사를 거행함.

7. 고려사의 제천의례

王名	祭期	祭主	對象(配享)	目的	祭場	記事
成宗 2년	1월 辛未	王	太祖	祈穀	圓丘	率 雨府等諸官 及 廟社, 郡望
睿宗 1년	7월 己亥	王親祀	皇天上帝:太祖	禱雨	會慶殿	
睿宗 15년	7월 庚戌			祈雨	圓丘	
睿宗 16년	5월 辛巳	命有司		雩祀	圓丘	
仁宗 15년	5월 己丑		祭天	禱雨		王 齋宿 南郊
仁宗 22년	1월 辛酉	祀				
元宗 2년	4월 辛丑			禱雨	圓丘	
忠烈 15년	5월 甲午			祈雨	圓丘	
忠烈 34년	5월 甲申			祈雨	圓丘	
忠宣 1년	4월 丁丑			禱雨	圓丘	
忠肅 19년	5월 癸巳			禱雨	圓丘	
恭愍 19년	1월 丙辰	王親祀			圓丘	

8. 향후대책에 대한 의견

1) 개천대제보존회(가칭)설립 ― 강화문화원, 강화군, 강화군체육회, 강화군민, 학자, 강화군 향토사학자 등이 참여하는 단체를 구성하여 개천대제를 보존, 연구, 개선하는 중심이 되도록 한다.

2) 참선단의 원형복원 ― 단, 성, 계단, 우물 등을 문헌고증과 현지조사를

통하여 원형 복원하도록 문화재청에 건의하고 제단을 덮는 주변나무를 제거한다.

3) 초제, 유교식 제사 등 그간의 연구와 실현가능한 현지 사정을 검토하여 제례의식, 제관 제수 등을 재정립하며 보존한다.

4) 칠선녀 춤과 성화 채화의 구성과 위치 및 개천대제와의 연결 및 악(樂) 등 제반요소를 검토한다.

5) 참성단을 둘러싸고 있는 철책은 다른 방법이 있는가를 검토한다.

6) 인천시 향토유적인 참성단 중수비의 마모를 막기 위한 보호대책을 세운다.

7) 국조 단군왕검께서 신화가 아닌 우리의 역사적 사실임을 홍보교육 (『단기고사』, 「동이열전」, 『삼국유사』 등)

8) 만족할 만한 연구, 보완 보존 대책이 이루어진 후에 국가의 대사(大祀)로 건의하고 무형문화재로의 지정을 건의한다.

참고문헌

『강화도 참성단 현황과 과제』(삼랑성 역사문화축제조직위원회, 강화역사문화연구소)
『참성단개천대제고증연구보고서』(이상태 외 3명)
『제천의례의 역사적 고찰』(금장태)
『주간 조선』 1874호 (조선일보사)
『참성단 축제 평가보고서』(강화군)
 각종신문보도자료

부 록

― 참성단 개천대제 사진 ―

〈사진 1〉 1955년 참성단 개천대제

〈사진 2〉 1956년 성화 채화

〈사진 3〉 1960년대 말 참성단 전경

〈사진 4〉 1960년대 말 참성단 전경

〈사진 5〉 1974년 참성단 개천대제

〈사진 6〉 1976년 참성단 개천대제

〈사진 7〉 1986년 참성단 개천대제

사진 8〉 2008년 참성단 개천대제의 칠선녀

〈사진 9〉 2008년 참성단 개천대제

찾아보기

ㄱ

가경절 123
『가락국기』 49
각사覺辭 118
각색병各色餠 80
감악산 신당 75
『강도지江都誌』 68, 80
강어대제降御大祭 114
강화 68
강화 개천대축제 129
강화도 40
강화문화 139
강화부 65
강화부사 79
강화유수 179
강화유수부 81
개국 모티프 141
개양開陽 137
개천開天 140
개천경절開天慶節 107
개천대제開天大祭 129, 130
개천대제보존회 206
개천생민시화천존단제신조開天生民施化
　　天尊檀帝神祖 114
개천일 122
개천절 123
개천제 114
경배식敬拜式 104, 116, 118, 123

경복흥 96
계양선녀桂陽仙女 136
고구려 건국신화 49
『고려사』 48
고인돌 147
고인돌축제 202
고조선 39
공서린孔瑞麟 85
광주 무등산 천제단 150
광주 여의산 단성전 150
교사郊祀 56
교생校生 76
구봉령具鳳齡 96
구월산 68
구진상궁남극천황대제句陳上宮南極天皇大帝
　　83
국가제사 54
국동대혈國東大穴 52
국조國祖 69
국중대회國中大會 52
굿 52
권근權近 96
궐산 105
규원사화揆園史話 134
글로컬리즘Glocalism 145
금와왕 53
기곡祈穀 57
기양제 68
기우 89
기우제 68

기자 68
기자祈子 신앙 92
기자묘箕子廟 69
기자사당 70
김석원金錫元 93
김신국金藎國 135
김영유金永濡 73
김응기金應箕 83, 85
김질金礩 93

ㄴ

남단南壇 54
내단 79
노자老子 83, 185

ㄷ

단군 39
단군교 104
단군교부흥경략檀君敎復興經略 113
「단군교포명서」 106
단군대 133
단군 동상 199
단군릉 133
단군묘 104, 105
단군사檀君祠 68
단군세기 134
단군신궁 110
단군신앙 41
단군신화 39
단군왕검 39
단군 유적 178

단군 의례 104
단군전檀君殿 113
단군제사 68, 71
단군제천 135
단군제천대檀君祭天臺 180
단군조선 39
단군천왕檀君天王 105
단군천황檀君天皇 110
단군천황정전檀君天皇殿 110
단기고사 207
단목령궁檀木靈宮 117
단애종사 124
단황전 111
대경절大慶節 122
대단大壇 54
대사大祀 57
대시조大始祖 110
대제大祭 107, 140
대조선개국대시조단군천황신위大朝鮮開
　國大始祖檀君天皇神位 110
대종교大倧敎 104, 113
대종교중광육십년사 121
대초大醮 58
대황조 108
대황조단군성신지위大皇祖檀君聖神之位 108
도교 52
도교 제사 87
도교의례 58
도배都排 80
『동각잡기東閣雜記』 73
『동국여지승람』 191
동맹 51
동맹제東盟祭 49
동맹제 49
동명성왕묘 104

동지제 58
동지제천 192
두일백杜一白 106

민병한 113
민속화Folklorization 129

ㅁ

마니산 40, 89
마니산기행摩尼山紀行 187
마니산산신 92
마니산 재궁 75
마니산참摩尼山塹 85
마니산참성제전摩尼山塹城祭田 84
마니산 초성단摩尼山 醮星壇 187
마리산 65
마리산 산신제 93
마리산산천지신摩利山山川之神 94
마리산정 142
마리산 제사 85
마리산지신摩利山之神 94
마리산참성摩利山塹城 72
마리산참성초례청사摩利山塹城醮禮青詞 96
마리산초단摩利山醮壇 85, 187
마리산 초제 75
마리산 향사 83
망궐례望闕禮 60
명도命刀 80
명지命紙 80
명찰明察 81
모조축제Fake-festival 139
묘청 137
묘향산 68
무천 51
무형문화재 131

ㅂ

박숭질朴崇質 74, 79
박승임朴承任 96
박영효 113
박헌용朴憲用 178
배단排壇 79
백두산 120
백포 종사 125
번제燔祭 122
변계량卞季良 59
보궤簠簋 76
보화천존普化天尊 186
봉교과규奉教課規 107
봉교절차奉教節次 107
분향焚香 111
『불설북두칠성연명경佛說北斗七星延命經』 137

ㅅ

사시대제四時大祭 111
사시제四時祭 107
사의祀儀 70
사전祀典 59, 68
사해용왕四海龍王 186
삭망제朔望祭 107
삭제 114
산천신 53
삼각산 단군제례 150

삼계대초三界大醮　76, 187
삼계초제三界醮祭　79
삼국시조묘　104
『삼국유사』　70
『삼국지』 위서魏書 동이전　50
삼랑성三郎城　134
삼성궁의 개천대제　150
삼성당三聖堂　68
삼성사三聖祠　68
삼신산三神山　120
삼일치재三日致齋　79
삼청三淸　58, 185
상산上山　120
상일常日　60
상제上帝　80
서거정徐居正　93
서경신사　68
서사誓辭　108
서운관정 박염朴恬　73
서운부정 장득수　73
서운정 애순艾純　73
석지형石之珩　81
선의식　104, 119
『선조강화선생일기先祖江華先生日記』
　　68, 76
성관星官　81
성조聖祖　114
성화 채화　142, 197
성황城隍　179
『세종실록』 지리지　134
소격서　66
소격서제조　76
소사　89
소제小祭　107
소중화론자小中華論者　135

소찬素饌　81
『속수증보 강도지續修增補江都誌』　178
『수서』　137
수혈　52
숭령전崇靈殿　103
승천효법후토황지기承天效法后土皇地祇
　　83
시명지주始命之主　68
시역고제始役告祭　92
시조묘始祖廟　104
시흥교화지주始興敎化之主　68
신궁神宮　110
신궁건축지　110
신궁봉경회　110
신살초神殺醮　76
신상申商　85, 188
신용개申用漑　86
신조神祖　116
『신증동국여지승람』　178
신채호　121
16신神　82

ㅇ

아사달산　105
안순환安淳煥　113
안숭선安崇善　85
어천일　122
어천절　123
어천제　114
염라閻羅　185
염라대왕　83
영고　51
영보도량靈寶道場　76

오제五帝　55
옥형玉衡　137
옥형선녀玉衡仙女　136
옥황상제玉皇上帝　186
옥황상제　83
외단　79
요광搖光　137
요광선녀搖光仙女　136
『용재총화』　138
우사雩祀　57
우사雨師　86
우사단　59
운마악雲馬樂　84
원구단 개천대제　150
원구단圓丘壇　56
원구단圜丘壇　56
원구제　56
원단圓壇　59
원단군교原檀君教　106
원숙元肅　72, 74
원조元祖　114
위수位數　79
위전位田　70
유교　52
유사섭사有司攝事　54
유사축제Pseudo-festival　139
유숭조柳崇祖　83
유화　53
윤자운尹子雲　93
의식규례발포안儀式規例發佈案　116, 123
이강李岡　96, 177
이방원　96
이색李穡　49
이양달李陽達　72, 74
이이李珥　88, 96

이종성李宗城　88
이파李坡　74, 79
이형상　68
임사홍任士洪　92
입교절차入教節次　107

ㅈ

장백산長白山　121
장후張厚　73
재궁齋宮　71, 184
재동제군梓潼帝君　186
재랑齋郎　80
재생Revival　129
재전통화Retraditionalization　129
재초齋醮　58
재활성화Revitalization　129
전등사　182
전사관典祀官　81
전사청典祀廳　75
전순필全舜弼　68, 74
전조선　69
전조선前朝鮮 단군檀君　105
정대붕鄭大鵬　87
정두화　113
정족산　147
정족산성鼎足山城　182
정창손鄭昌孫　93
정척鄭陟　69
정훈모鄭薰謨　113
제석산帝釋山　120
제성단祭星壇　180, 187
제전祭田　84
제천　47, 48

제천의례 47
제천의식홀기祭天儀式笏記 121
조광조趙光祖 188
조박趙璞 68
조선 태조 110
조선단군朝鮮檀君 69, 71
조선시조단군지위朝鮮始祖檀君之位 105
조선유교회 113
조선총독부 113
조선후단군지위朝鮮侯檀君之位 71
조청정계비朝淸定界碑 120
종묘제례악 131
주몽 49
『주서周書』 55
『주역』 190
중광일 122
중광절 114, 123
중단 83
중사中祀 69
중제中祭 107
중천자미북극대황대제中天紫薇北極大皇大帝 83
증평 단군전 150
지단地壇 190
『진서』 137
진수陳壽 50

ㅊ

참성 73
참성參星 180
참성塹城 73
참성단 제사 86
참성단 초제 76
참성단 40
참성단參星壇 179
참성단塹城壇 179
참성단塹星壇 179
「참성단개축기塹城壇改築記」 178
참성단축제 130
참성대塹城臺 73
참성초단塹城醮壇 79, 187
참성초행향사塹城醮行香使 67, 74
천강天降 모티프 141
천과天果 123
천궁天宮 117
천권天權 137
천권선녀天權仙女 136
천기天璣 137
천기선녀天璣仙女 136
「천문지」 137
천반天飯 123
천부天府 117
천산天山 120
천상天床 125
천선天璇 137
천선선녀天善仙女 136
천수天水 123
천신 47
천신종교 120
천양지음天陽地陰 190
천원지방天圓地方 190
천재암지天齋庵址 184
천제天祭 47
천제봉행행사 198
천조대신 110
천조산天祖山 120
천조황전 111
천지합제 60

천진전天眞殿　117
천추天樞　137
천축선녀天軸仙女　136
천당天湯　123
천황대제天皇大帝　58, 82
첨성단　179
청동기문화　147
청등지靑藤紙　188
청사　88
초단醮壇　180
초성단醮星壇　180
초제醮祭　67
최고신supreme being　48
최석항崔錫恒　178
최호원　67, 74
축사祝史　80
춘추대향春秋大享　111
춘추운두추春秋運斗樞　137
「치성광불도」　137
「치성광불제성강림도熾盛光佛諸星降臨圖」　137
친제親祭　71
칠선녀七仙女　136

ㅌ

태묘太廟　111
태백산　121
태백산 천제단　142
태상노군太上老君　185, 186
태일太一　82
태일궁太一宮　93
태일성太一星　92
태조고황제전　111

ㅍ

팔선궁　136
팔성당　137
팔일무　137
평양　68
평양군사平壤君祠　68
평양묘平壤廟　68
평양사당平壤祠堂　68
평양신사　68
풍사風師　86
풍운뇌우風雲雷雨　179
풍운뇌우신　60

ㅎ

하륜河崙　69
한명회韓明澮　93
해괴제解怪祭　73
해모수　53
행향사行香使　76
향사香使　81
향사홀기　115
향축香祝　81
허조許稠　69
허종　74
헌관　81
호천금궐지존옥황대제昊天金闕至尊玉皇大帝　83
호천상제天皇大帝　55, 57
호천오방제昊天五方帝　58
홍암　124
홍암 나철羅喆　106
홍익인간弘益人間　141

『환단고기』 141
환웅 39
환웅천왕桓雄天王 105
환인 39
환인천왕桓因天王 105
황궁우皇穹宇 61
회빈문會賓門 57
회삼경 125
희락사모지사戱樂思慕之事 49

| 필자소개 |

윤이흠　서울대학교 종교학과 명예교수
서영대　인하대 교수
김성환　실학박물관
이　욱　한국학중앙연구원
장장식　국립민속박물관
최종수　한국문화원연합회장, 개천대제 집례관, 과천문화원장

강화도 참성단과 개천대제

초판 인쇄 ‖ 2009년 2월 06일
초판 발행 ‖ 2009년 2월 16일

저　자 ‖ 윤이흠, 서영대, 김성환, 이욱, 장장식, 최종수
펴낸이 ‖ 한정희
출판등록 ‖ 1973년 11월 8일 제10-18호
편　집 ‖ 신학태, 김하림, 한정주, 문영주, 이지선
영　업 ‖ 이화표　관리 ‖ 하재일, 양현주
주　소 ‖ 서울특별시 마포구 마포동 324-3
전　화 ‖ 02-718-4832　팩스 ‖ 02-703-9711
홈페이지 ‖ www.kyunginp.co.kr / 한국학서적.kr
이메일 ‖ kyunginp@chol.com

ISBN 978-89-499-0628-7　93910
값 15,000원

ⓒ 2009, Kyung-in Publishing Co, Printed in Korea
※ 파본 및 훼손된 책은 교환해 드립니다.